SPINOZA

DANS LA MÊME COLLECTION

Aristote. Une philosophie en quête de savoir, par R. Bodéüs, 272 pages.
Augustin. L'expression du Verbe, par D. Doucet, 192 pages.
Berkeley. Un nominalisme réaliste, par D. Berlioz, 224 pages.
Blondel. Un univers chrétien, par B. Saint-Sernin, 192 pages.
Cabanis. L'idéologie physiologique, par Cl. Jolly, 216 pages.
Cournot. Le réalisme, par B. Saint-Sernin, 192 pages.
Daseinsanalyse, par Ph. Cabestan et Fr. Dastur, 224 pages.
Deleuze. La passion de la pensée, par P. Montebello, 256 pages.
Descartes. La règle de la raison, par M. Spallanzani, 276 pages.
Destutt de Tracy. L'idéologie rationnelle, par Cl. Jolly, 272 pages.
Diderot. Un matérialisme éclectique, par A. Ibrahim, 240 pages.
Duns Scot. La métaphysique de la singularité, par G. Sondag, 240 pages.
Épicure. La nature et la raison, par P.-M. Morel, 224 pages.
Fichte. Réflexion et argumentation, par I. Thomas-Fogiel, 256 pages.
Gadamer. Une herméneutique philosophique, par I. Weiss, 216 pages.
Habermas. La raison publique, par R. Chennoufi, 240 pages.
Hegel. Une philosophie de la raison vivante, par A. Stanguennec, 248 pages.
Heidegger. La question du Logos, par F. Dastur, 256 pages.
Hobbes ou l'œuvre de la raison, par M. Malherbe, 272 pages.
Hume. Une philosophie des contradictions, par J.-P. Cléro, 256 pages.
Kant. L'invention critique, par M. Castillo, 248 pages.
Maître Eckhart. Une philosophie du christianisme, par K. Flasch, 336 pages.
Malebranche. Une philosophie de l'expérience, par D. Moreau, 224 pages.
Montaigne. L'usage du monde, par P. Mathias, 224 pages.
Montesquieu. Le droit et l'histoire, par F. Markovits, 232 pages.
Nicolas de Cues. L'homme, atome spirituel, par G. Federici Vescovini, 248 pages.
Les néokantiens. Valeur et vérité, par É. Dufour, 192 pages.
Le néostoïcisme. Une philosophie par gros temps, par J. Lagrée, 212 pages.
Le scepticisme. Vivre sans opinions, par St. Marchand, 240 pages.
Pascal. La force de la raison, par H. Bouchilloux, 240 pages.
Platon. Le désir de comprendre, par M. Dixsaut, 256 pages.
La philosophie romantique allemande. Un philosopher infini, par A. Stanguennec, 224 pages.
Ricœur. Philosopher à son école, par J.-Ph. Pierron, 248 pages.
Sartre. Liberté et histoire, par A. Guigot, 256 pages.
Spinoza. Union et désunion, par P. Sévérac, 272 pages.
Les Stoïciens. La liberté et l'ordre du monde, par R. Muller, 292 pages.
Voltaire. Du Cartésianisme aux Lumières, par É. Martin-Haag, 192 pages.

BIBLIOTHÈQUE DES PHILOSOPHIES

Directeur : Michel MALHERBE

SPINOZA

UNION ET DÉSUNION

par

Pascal SÉVÉRAC

LIBRAIRIE PHILOSOPHIQUE J. VRIN
6, place de la Sorbonne

PARIS V[e]

Imprimé en France

ISSN 1281-5675
ISBN 978-2-7116-2344-0

www.vrin.fr

συμφερτὴ δ' ἀρετὴ πέλει ἀνδρῶν καὶ μάλα λυγρῶν
Dans l'union s'affirme la valeur des hommes
même très médiocres[1]

AVERTISSEMENT

Dans quelle édition lire Spinoza ?

Si on souhaite une édition de poche, les quatre volumes des *Œuvres complètes*, traduites et annotées par Charles Appuhn, en GF-Flammarion, peuvent être consultés avec profit. Nous y avons pris nos citations ou nos renvois pour les *Principes de la Philosophie de Descartes*, les *Pensées métaphysiques* et la correspondance – la traduction en a été parfois modifiée lorsque cela nous a paru nécessaire.

Pour les autres textes, nous avons privilégié les éditions proposant le texte latin.

Il existe désormais une édition de référence en français des *Œuvres* de Spinoza, publiée sous la direction de Pierre-François Moreau aux PUF, dont trois volumes sont à ce jour parus : volume I (2009), *Premiers écrits* (*Traité de la réforme de l'entendement* traduit par M. Beyssade et *Court traité* traduit par J. Ganault) ; volume III (1999), *Traité théologico-politique*, traduit par J. Lagrée et P.-F. Moreau ; et volume V (2005), *Traité politique*, traduit par Ch. Ramond.

Pour l'*Éthique*, nous utilisons la traduction de B. Pautrat aux Éditions du Seuil (1988), parfois modifiée. Nous avons également souvent consulté l'élégante traduction d'A. Guérinot aux Éditions Ivrea (1993).

On trouvera le détail de ces références, ainsi que d'autres éditions et traductions des œuvres de Spinoza, dans la bibliographie.

1. Homère, *Iliade*, XIII, 237, trad. fr. E. Lasserre, Paris, GF-Flammarion, 1965, p. 220.

En notes, les références aux ouvrages de Spinoza sont abrégées de la manière suivante :

TRE, § 11	*Traité de la réforme de l'entendement*, paragraphe 11.
CT, II, 5/1	*Court Traité*, seconde partie, chap. V, paragraphe 1.
PPD, I, 7, sc. (A, p. 257)	*Principes de la philosophie de Descartes*, première partie, proposition 7, scolie, p. 257 dans la trad. Appuhn (vol. I, GF-Flammarion).
PM, I, 2 (A, p. 342)	*Pensées métaphysiques*, première partie, chap. 2, trad. Appuhn p. 342 (vol. I, GF-Flammarion).
L 30 (A, p. 232)	*Lettre 30*, trad. Appuhn p. 232 (vol. IV, GF-Flammarion)
TTP, XV1, 5	*Traité théologico-politique*, chap. XVI, paragraphe 5.
TP, 4/5	*Traité politique*, chap. IV, paragraphe 5.
E, II, 13, dém.	*Éthique*, partie II, proposition 13, démonstration.

Autres abréviations utilisées pour l'*Éthique* : « ax. » pour axiome, « déf. » pour définition, « préf. » pour préface, « post. » pour postulat, « cor. » pour corollaire, « sc. » pour scolie, « aff. » pour affects, « expl. » pour explication.

Ma gratitude va à Sophie Gouverneur, Chantal Jaquet, Frédéric Lordon et Ariel Suhamy pour leur soutien et leurs précieux conseils. Elle va également à Michel Malherbe qui a relu entièrement une première version de cet ouvrage. Ainsi qu'au Chat.

Je tiens enfin à remercier, s'il se peut, une institution : le Collège International de Philosophie, qui m'a donné la disponibilité de temps et d'esprit pour ce travail.

INTRODUCTION

Pour beaucoup, philosophes ou non, Spinoza est avant tout le nom d'un affect : lire Spinoza, penser avec Spinoza, se servir de Spinoza, ce n'est pas simplement s'atteler à un objet d'étude comme un autre, ce n'est pas, comme disait Gilles Deleuze, gratter un vieil os avec indifférence ; c'est chercher, à travers l'épreuve d'une pensée à la complexité et à la radicalité certaines, une véritable modification de soi.

Toute la philosophie de Spinoza peut en effet être lue à travers cette question centrale : comment, étant donné notre situation au monde, modifier notre rapport à nous-mêmes, et aux autres, de telle sorte que nous puissions être plus fermes, plus forts, plus heureux ? Comment, étant donné les rapports déjà constitués, élaborer de véritables unions qui nous permettent de jouir de la liberté la plus grande ? Spinoza est un penseur de l'union : union psychophysique dans l'égalité des puissances du corps et de l'esprit ; union politique et religieuse à travers la force des passions communes. Mais en même temps, de telles unions doivent être comprises à partir de leur principe et de leur fin : union ontologique de chaque modalité de la nature avec son principe substantiel, Dieu ; union éthique des hommes dans la convenance de leurs corps et dans celle de leurs esprits, en vue de la jouissance du salut.

La question éthique de la philosophie spinoziste devient ainsi celle de l'union : celle de *savoir à quoi et comment nous devons nous unir pour nous sauver*. Ou encore : comment s'en sortir, sans sortir… de l'immanence d'une vie, qui est, dans la vie divine, notre vie.

Savoir à quoi et comment nous devons nous unir pour nous sauver : cette formulation du problème ne va pas sans difficultés.

1) D'abord, on peut se demander *de quoi* il faut nous sauver : quel est l'ennemi à combattre, que faut-il changer : notre vie même ? En quoi consiste alors le salut : en une tension, celle d'une lutte ou d'un effort, ou

bien en une détente, celle d'un apaisement ou d'une jouissance ? Si l'union fait la force, alors la question est de savoir que faire de cette force, ou quel effet fait cette force.

2) Ensuite, on peut se demander qui est ce « nous » qui doit s'unir : notre esprit ou bien notre corps – pouvons-nous nous sauver *corps* et *âme* ? Et pouvons-nous nous sauver seul, par nous-même, ou bien n'y a-t-il de salut que collectif, que par les autres et avec eux ? Qui alors serait ce « nous » pluriel, cette communauté qui, par l'union, peut se sauver ?

3) Enfin, on peut se demander comment interpréter ce *devoir* d'union pour notre salut : quelle en est la source, Dieu, la Raison, l'État ? Ce devoir renvoie-t-il à la pure nécessité immanente d'un processus auquel nul ne saurait en vérité échapper, ou bien relève-t-il d'une forme d'obligation que nous aurions à remplir ? En somme, *l'union que nous avons à effectuer n'est-elle pas toujours en quelque manière déjà effective ?*

Nous allons tenter de faire la lumière sur ces questions, en montrant comment elles traversent toute la philosophie spinoziste. Certes, nous ne pourrons prétendre ici parcourir en son entier une œuvre qui, si elle est moins volumineuse que d'autres, demeure en bien des passages difficilement praticable. Nous ne tenterons pas non plus de lisser les problèmes auxquels se confronte la lecture, ni de négliger l'évolution du système. Mais, au prisme de la question de l'union, nous tenterons de ressaisir la pensée spinoziste à travers trois dimensions.

1) Dimension ontologique d'abord, qui étudie dans une première partie « l'union en Dieu » : union des attributs constitutive de l'essence divine et surtout union des productions de Dieu en Dieu lui-même – union complexe, qui explique à la fois la distinction réelle des attributs et la distinction modale des affections, qui se conçoit pourtant différemment selon qu'on a affaire au fini ou à l'infini, et par laquelle nous devons penser l'articulation entre une certaine forme d'impuissance de notre existence et pourtant sa radicale immanence dans la puissance absolument infinie.

2) Dimension psychologique et physique ensuite, qui analyse en deuxième partie ce que le *Traité de la réforme de l'entendement* présente comme la finalité éthique par excellence : la connaissance de « l'union de l'esprit avec la Nature ». Ce qui sera l'occasion de penser l'union des idées entre elles (de l'union explicative dans la pensée à l'union réflexive dans l'esprit), mais aussi et surtout l'union de l'esprit avec le corps : il en va alors de la compréhension de cette idée que, psychiquement, nous sommes ; de l'affect de son union avec le corps ; et de la définition de notre individualité et de notre conscience.

3) Dimension éthique, religieuse et politique enfin, qui montre dans la troisième et dernière partie combien sont difficiles les unions, tant avec autrui qu'avec soi-même (« unions et désunions affectives »): à partir d'une compréhension des logiques de notre affectivité, nous aurons alors à distinguer entre les unions partielles, en extériorité, imaginatives (horizon du théologico-politique) et les unions totales, en intériorité, intellectuelles (horizon de l'éthique); et voir ainsi comment il est possible – au cas où cela serait souhaitable – de conjurer nos désunions.

PREMIÈRE PARTIE

L'UNION EN DIEU (ONTOLOGIE ET ANTHROPOLOGIE)

CHAPITRE PREMIER

DE LA FAIBLESSE À L'UNION

> Autant pas se faire d'illusions, les gens n'ont rien à se dire, ils ne se parlent que de leurs peines à eux chacun, c'est entendu. Chacun pour soi, la terre pour tous. Ils essayent de s'en débarrasser de leur peine, sur l'autre, au moment de l'amour, mais alors ça ne marche pas et ils ont beau faire, ils la gardent tout entière leur peine [1].

LE CONSTAT DE L'IMPUISSANCE

On a souvent fait de Spinoza un philosophe de la joie, et cette présentation n'est certainement pas erronée si on considère la finalité éthique de sa pensée : elle consiste tout entière à renforcer notre propre puissance, à l'augmenter, c'est-à-dire à s'en réjouir de plus en plus. Ainsi, le préambule de la deuxième partie de l'*Éthique* affirme que ne seront pas expliquées toutes les choses qui se déduisent de l'essence de Dieu, mais seulement celles « qui peuvent nous conduire, comme par la main, à la connaissance de l'esprit humain et de sa souveraine béatitude ». Or, cette béatitude n'est autre que la jouissance de notre propre perfection.

Cependant, Spinoza, tout au long de son œuvre, fait une place centrale sinon à la souffrance et à la tristesse, du moins à la faiblesse et à l'impuissance. Nous ne dirons certes pas que l'œuvre de Spinoza est hantée par le spectre de cette impuissance ; mais que celle-ci constitue une donnée de base qui est d'abord reconnue comme telle, ensuite fréquemment rappelée, enfin combattue pas à pas. Cette donnée de base, qui est comme la toile de fond de l'anthropologie spinoziste, est masquée par les premières pages de

1. Céline, *Voyage au bout de la nuit*, Paris, Gallimard, 1981, p. 292.

l'*Éthique* consacrées à la compréhension de Dieu, de cet être absolument infini et d'une perfection sans faille. Mais elle réapparaît régulièrement, surtout à partir de la deuxième partie, lorsque le propos est davantage centré sur l'esprit et le corps humains – jusqu'à faire l'objet de la plus longue partie de l'*Éthique*, la quatrième.

Cette prise en compte de la négativité, qui doit être entendue comme difficulté d'exister, comme incapacité à vivre heureux, est présente dès les écrits dits de jeunesse. Et de façon parfois plus frappante que dans l'*Éthique*. Le texte le plus radical à cet égard se trouve dans le *Court Traité* :

> Étant donnée la faiblesse de notre nature, nous ne pourrions exister sans jouir de quelque chose à quoi nous unir et par quoi nous renforcer [1].

Notre nature est faible ; nous avons donc besoin de trouver un réconfort : de nous unir à quelque chose pour en jouir, pour en tirer force et contentement. Nous avons besoin d'aimer. Sans doute pourrait-on faire valoir que le besoin d'amour prend ordinairement plutôt la figure du besoin d'être aimé : d'être consolé, réconforté voire glorifié. Mais on notera alors que ce besoin d'être aimé n'est qu'un cas du besoin d'aimer : l'amour, nous dit le *Court Traité*, « n'est autre chose que la jouissance d'une chose et l'union avec elle »[2]. Nous aimons être aimé, car nous avons besoin de jouir de quelque chose – d'un être semblable à nous par exemple, ou de la simple idée qu'il nous aime. Jouir d'une chose, nous unir avec elle, en être renforcé : telle est l'implacable loi de la survie humaine, eu égard à « la faiblesse de notre nature » – l'alimentation étant sans doute l'une des premières illustrations de cette loi : nous jouissons des nourritures auxquelles nous nous unissons, cette union étant ici consommation (nous faisons tout avec elles en les détruisant) et assimilation (nous les intégrons pour les transformer en notre propre être). Voilà pourquoi chacun d'entre nous, ou presque, aime manger.

Mais est-ce à dire que la philosophie spinoziste, contrairement à la manière dont on la présente ordinairement, n'est pas une philosophie de la pleine positivité ? Contre toute attente, la nature humaine, et le désir d'exister, doivent-ils être appréhendés à partir du manque, et non de leur force intrinsèque ? À moins que l'énoncé du *Court Traité* ne soit que la position – temporaire – d'une anthropologie de l'impuissance, plus tard dépassée dans l'*Éthique* par une ontologie de la puissance.

Sans nier qu'il y ait des évolutions dans son œuvre, depuis les premiers écrits jusqu'au *Traité politique*, il faut néanmoins observer qu'à cette idée

1. CT, II, 5/5.
2. CT, II, 5/1. Cette définition de l'amour sera reformulée dans l'*Éthique*.

jamais Spinoza ne dérogera : nous sommes bel et bien des êtres de besoin. Notre corps a besoin de façon permanente d'autres corps pour être comme « régénéré »[1], et pour que chacune de ses parties puisse accomplir sa tâche – ce qui permettra à l'esprit, en même temps, de développer sa puissance de penser[2]. Or, pour se conserver, pour se procurer ce dont nous avons besoin, chacun de nous a besoin des autres ; chacun de nous a besoin de la société commune :

> Les hommes ne peuvent guère se maintenir en vie ou cultiver leur âme sans le secours les uns des autres[3].

On ne saurait évidemment affirmer que la doctrine spinoziste, parvenue à sa maturité, développe une ontologie de la faiblesse – il n'est pas certain toutefois que les premières œuvres le fassent davantage. Mais force est de constater que le spinozisme est toujours attentif aux limites de la puissance humaine, et partant à sa dépendance vis-à-vis des autres parties de la Nature. À tel point que certaines de ses affirmations – dont la portée ontologique est nette – ont pu justifier qu'on parle d'une philosophie tragique. Il n'est pour s'en convaincre que de lire, dans l'*Éthique*, l'unique axiome de la partie IV, consacrée à la servitude humaine :

> Aucune chose, dans la nature des choses, n'est donnée, qu'il n'en soit donné une autre plus puissante et plus forte. Mais une chose quelconque étant donnée, il en est donné une autre plus puissante, par laquelle celle-là peut être détruite.

Sur cet axiome repose la pensée des limites humaines[4]. Une telle pensée a des conséquences politiques : à la fois nous sommes perpétuellement menacés de destruction par la puissance d'autres choses, d'autres hommes notamment ; et en même temps nous avons besoin de leur commerce, de leur puissance pour nous renforcer. Ou plutôt : c'est parce que nous sommes limités et dépendants qu'il nous faut nous associer avec d'autres. La société naît donc du besoin ; et avoir besoin de la société signifie devoir faire corps avec d'autres corps pour être plus puissant, pour composer des corps plus forts. Mais cette pensée des limites a aussi des conséquences éthiques : l'homme est plongé dans un milieu qui ne lui est pas *a priori* favorable[5] ; et si son essence actuelle se caractérise comme effort de persévérance en soi, sans doute est-ce en partie parce qu'il a à résister à ce qui le

1. Voir E, II, post. 4 de la petite physique succédant au scolie de E, II, 13.
2. Voir E, IV, app., chap. 27.
3. TP, 2/15.
4. Voir E, IV, 3, ainsi que le début de E, IV, app., chap. 32.
5. E, IV, app., chap. 30 : « les choses n'agissent pas à cette fin de nous affecter de joie ».

rend fini et bien souvent impuissant : à savoir les choses extérieures, avec lesquelles il est en continuel rapport. Exister pour un homme s'accompagne donc nécessairement de peine : et l'on comprend que cette peine ou cette difficulté d'exister ait pu être ressentie (à la manière de Céline) comme ce que chacun tente d'oublier dans l'amour, d'effacer dans l'union avec une chose qui puisse procurer quelque joie.

Du point de vue du projet éthique, la pensée des limites a donc une dernière conséquence : il faudra toujours être vigilant sur la grandeur véritable des moyens dont nous disposons pour nous arracher à cette faiblesse, car la raison est d'autant plus forte qu'elle ne se méprend pas sur ses pouvoirs; elle doit notamment savoir – c'est là l'objet de la toute fin de l'*Éthique* – que pour se sauver définitivement de cette humaine faiblesse, pour accéder en somme à la béatitude, le chemin est extrêmement difficile, et rarement parcouru :

> Et cela certes doit être ardu, qui se trouve si rarement. Car comment pourrait-il se faire, si le salut était facile et qu'il pût être trouvé sans grande peine, qu'il fût négligé presque par tous ? Mais tout ce qui est excellent est difficile autant que rare. [1]

Si la faiblesse humaine, individuelle et collective, n'était pas toujours présente à l'esprit de Spinoza, de telles mises en garde seraient inutiles. Elles prennent sens dès lors qu'il s'agit de penser la possibilité d'un projet éthique : un tel projet s'explique même, en partie, par le constat de cette humaine faiblesse.

COMMENT PARLER DE NOS FAIBLESSES ?

Il est une page de Spinoza, sans doute l'une des premières qu'il ait méditées, qui articule de façon frappante le constat d'impuissance et le désir de vivre mieux : c'est la page qui ouvre le *Traité de la réforme de l'entendement*. Spinoza y dit « je », et ce « je » a ici une valeur autobiographique; Spinoza parle en première personne de ses propres tourments, et cet engagement intime donne toute sa force à cette page, qui est en même temps emblématique d'un certain pli de la pensée spinoziste : ne reconnaître la réalité d'une imperfection que dans le geste qui pose la possibilité d'un perfectionnement. Lisons le début du *Traité de la réforme de l'entendement* :

1. E, V, 42, sc. Voir également TP, I/5.

> Quand l'expérience m'eut enseigné que tout ce qui advient couramment dans la vie commune est vain et futile, comme je voyais que tous les objets de mes soins et de mes craintes n'avaient en eux-mêmes rien de bon ni de mauvais, si ce n'est dans la mesure où l'âme en était émue, je résolus finalement de chercher s'il y avait quelque chose qui serait un bien véritable, capable de se communiquer et qui, une fois tout le reste rejeté, serait l'unique affection de l'âme; bien plus, s'il y avait quelque chose dont la découverte et l'acquisition me feraient jouir pour l'éternité d'une joie suprême et continue [1].

En un sens, cette ouverture du *Traité de la réforme de l'entendement* a de quoi surprendre : la règle de la vie ordinaire étant la vacuité des choses, alors cherchons l'exception qui donne la plénitude ! Soyons toutefois, pour commencer, attentifs au procédé d'écriture. La phrase est écrite au passé, elle nous renseigne sur deux moments qui sont déjà dépassés : d'abord le constat de la vanité du monde, ensuite la prise de décision. Elle donne sa tonalité à tout le prologue du *Traité de la réforme de l'entendement*, qui est construit autour de cette évocation des affres du passé, traversée en même temps par l'affirmation, de plus en plus nette, de la possibilité de s'en arracher. Ce qui peut apparaître presque comme une contradiction – tout est vain, cherchons donc ce qui ne l'est point – est en vérité un balancement, qui lentement se met en branle, entre crainte d'une vie vide et espoir d'une joie éternelle. La résolution finale d'instituer une nouvelle manière de vivre est alors le fruit d'une patiente conquête. « *Je résolus finalement* », répète le texte; « finalement », c'est-à-dire après bien des efforts, des tergiversations, après bien des flottements de l'âme que rappellent les 17 premiers paragraphes. Quels sont donc ces tourments que Spinoza évoque de façon si personnelle ?

D'abord, il y a eu la peur de perdre la proie pour l'ombre, le certain pour l'incertain : pourquoi renoncer aux agréments réels de la vie ordinaire (aux plaisirs que procurent notamment reconnaissance sociale et argent), et s'aventurer dans une vie qui ne garantit nullement d'offrir ce que nous cherchons – « le bonheur suprême » [2] ? Ensuite, il y a eu la tentative de compromis : continuer à jouir des plaisirs de la vie ordinaire tout en essayant d'obtenir une certitude quant à la nouvelle manière de vivre [3]. Mais ce compromis, nouvelle angoisse, était impossible : les biens que nous poursuivons ordinairement – la reconnaissance (*honor*), l'argent (*divitiæ*), le sexe (*libido*) – nous absorbaient trop pour nous laisser la force de penser

1. TRE, § 1.
2. Voir TRE, § 2.
3. Voir TRE, § 3.

à cette vie nouvelle : la recherche des honneurs et des richesses est une spirale sans fin, le désir de reconnaissance une aliénation au désir d'autrui, le plaisir sexuel une hébétude de l'esprit. Puis, angoisse suprême, il y a eu la découverte de l'échec certain à trouver son bonheur dans ces biens ordinaires, qui jamais ne tiennent leur promesse[1] : dès lors qu'ils sont considérés comme des fins en soi, ces biens constituent, par l'inconsistance de leur nature et les excès auxquels ils entraînent, « un péril extrême »[2].

Cependant, la perception de ce déséquilibre entre les dangers réels de la vie ordinaire et la possibilité d'un bonheur indestructible en la vie nouvelle a ouvert, « finalement », la résolution de vivre autrement : ce n'était après tout… qu'une question de vie ou de mort. Ou bien passer sa vie à la perdre, peu à peu ou brutalement, en des maux certains ; ou bien chercher à la gagner, pour toujours, en un bien certain. Entre la certitude de l'existence des maux ordinaires, et la certitude de l'essence de ce bien extraordinaire, la décision était naturelle et nécessaire. Elle n'a pas été un choix où se fût exercé un quelconque libre arbitre, en son fond indéterminé ou indifférent. Elle n'a pas été non plus un pari, à la manière de Pascal. Elle fut la résolution d'un problème, tranché difficilement, mais définitivement, par le désir de vivre.

Telle est l'évidence sur laquelle repose la décision de changer de vie, et que rappellera plus tard l'*Éthique* :

> Nul ne peut désirer être heureux, bien agir et bien vivre, sans désirer en même temps être, agir et vivre, c'est-à-dire exister en acte.
> DÉMONSTRATION : La démonstration de cette proposition, ou plutôt la chose même, est évidente par soi […][3].

Cette évidence, toutefois, grandit à mesure qu'elle s'éprouve dans l'expérience même des moments de délibération, de réflexion, de méditation conquis sur l'agitation de la vie ordinaire. Plus je parviens à penser à cette vie meilleure, plus le désir de vivre s'engouffre en cette pensée, et en confirme la vérité. La pensée d'une nouvelle manière de vivre mieux est déjà une nouvelle manière de mieux vivre : elle est la manière de vivre où s'affirme le mieux le désir de vivre, tout court.

Le discours qui retrace, dans le *Traité de la réforme de l'entendement*, le cheminement vers la décision finale de cette nouvelle vie est scandé par des verbes, et des formules, qui disent peu à peu toute l'importance prise par ces moments de pensée gagnés sur les périls de la vie ordinaire :

1. Voir P.-F. Moreau, *L'expérience et l'éternité*, Paris, PUF, 1994, p. 151-156.
2. TRE, § 7.
3. E, IV, 21.

moments de pensée qui sont aussi des moments de vie, et qui en prouvent la vérité, c'est-à-dire la réussite, l'efficacité[1]. Cette conquête culmine dans le paragraphe 11, le plus réflexif, qui constate l'effet progressif de ces méditations : dans les intervalles, de plus en plus fréquents, où l'esprit ne se laisse plus subjuguer par les plaisirs ordinaires, mais s'installe, peu à peu, dans la pensée du vrai bien, se dessine alors le salut :

> Voici seulement ce que je voyais : tant que l'esprit se tournait vers ces pensées, il se détournait des premiers objets et pensait sérieusement à une nouvelle règle de vie ; ce fut pour moi un grand soulagement. Car je voyais que ces maux n'étaient pas d'une nature telle qu'ils se refusent à céder aux remèdes. Et bien qu'au début ces intervalles aient été rares et n'aient duré qu'un espace de temps très limité, pourtant, à mesure que le bien véritable me fut de mieux en mieux connu, ces intervalles devinrent plus fréquents et plus longs.

Nous le voyons : Spinoza ne s'interdit jamais de parler de l'impuissance, surtout lorsqu'il s'agit de la sienne – de ses errements et de ses erreurs, de ses ignorances et de ses incertitudes. Mais c'est toujours en même temps pour les relativiser : cette négativité n'a aucun sens en soi, car notre faiblesse n'est jamais absolue. Ou plutôt, cette faiblesse ne devient absolue que lorsque nous sommes omnubilés par elle, sans jamais la connecter avec les moyens de la réduire.

C'est pourquoi la pensée de l'impuissance de l'homme pris dans les rets de forces qui non seulement ne se composent pas spontanément avec lui, mais même menacent à tout moment de le détruire, n'est pas le dernier mot du discours spinoziste. Ainsi, l'axiome de la partie IV, qui énonce la possibilité d'être détruit par plus puissant que soi, ne vaut, précise la partie V, que pour les choses situées de façon spatio-temporelle : il perd toute pertinence dès lors que ces choses sont considérées dans leur éternité[2]. De surcroît il n'est pas impossible de lire cet axiome avec espoir : nulle chose – qui nous soit nuisible ! – n'est donnée dans la nature (pas un seul affect de tristesse, par exemple), qui ne puisse en même temps être vaincue par autre chose de plus puissant[3]. De la même manière, le dernier chapitre d'*Éthique* IV, qui débute par le rappel des limites humaines, se conclut plus fortement sur la satisfaction que nous pouvons retirer à comprendre cette loi, selon laquelle nous sommes « une partie de la nature tout entière, dont nous suivons l'ordre ».

1. Voir TRE, § 2-7.
2. E, V, 37, sc. Nous approfondirons ultérieurement cette distinction entre temps et éternité.
3. Tel est l'usage que fait la démonstration de la proposition 7 de l'axiome de la partie IV.

Spinoza n'écrit donc point de texte sur la misère de l'homme : il ne s'attarde pas à décrire son impuissance, pour la déplorer ou la railler. On reconnaît là son refus, à maintes reprises réitéré, de se complaire dans ce registre de discours, désespéré, indigné ou cynique :

> Les philosophes conçoivent les affects par lesquels nous sommes tourmentés comme des vices dans lesquels les hommes tombent par leur propre faute ; c'est pourquoi ils ont coutume d'en rire, d'en pleurer, d'en médire, ou, quand ils veulent montrer plus d'élévation, de les maudire [1].

Le réflexe spinoziste est celui de la réflexion : non pas rire, pleurer ou s'indigner, mais comprendre [2]. Ou plutôt, il est toujours de ne mentionner l'impuissance humaine, ou ceux qui en font des gorges chaudes, que pour d'emblée chercher à comprendre, et repérer ce qui peut malgré tout nous être bon. Ainsi, à Oldenburg, évoquant notamment la guerre qui oppose en 1665 les Provinces-Unies à l'Angleterre, Spinoza écrit-il :

> Si ce personnage fameux qui riait de tout vivait en notre siècle, il mourrait de rire assurément. Pour moi, ces troubles ne m'incitent ni au rire ni aux pleurs ; plutôt développent-ils chez moi le désir de philosopher et de mieux observer la nature humaine [...]. Et c'est ce défaut seul de connaissance qui est cause que certaines choses, existant dans la nature et dont je n'ai qu'une perception incomplète et mutilée, parce qu'elles s'accordent mal avec les désirs d'une âme philosophique, m'ont paru jadis vaines, sans ordre, absurdes [3].

Cette lettre est comme un éclaircissement de la première phrase du *Traité de la réforme de l'entendement* : les choses de la vie quotidienne paraissent vaines et futiles... à qui ne les comprend pas. Ce sentiment d'absurdité du monde, cette angoisse même devant la vacuité de l'ordinaire sont choses naturelles : comment ne pas les éprouver à l'observation du chaos engendré par les conflits passionnels entre les hommes ? Mais cet aveu de Spinoza, assez touchant de la part d'un penseur dont on imagine, jeune, les tourments existentiels, ne vaut que parce qu'il décrit une situation passée, dépassée par l'entreprise positive de recherche d'une connaissance et d'une vie meilleure. De tels sentiments, bien évidemment, peuvent toujours ressurgir ; mais derechef ils ne seront reconnus, exposés, travaillés que comme l'objet d'un nouveau dépassement.

1. TP, 1/1.
2. Voir la préface de la partie III de l'*Éthique*.
3. Lettre 30 (A, p. 232).

La jeunesse de Spinoza a été marquée sans aucun doute par un sentiment, angoissé, d'absurdité de l'existence : bien des textes l'attestent. Aussi les œuvres de jeunesse déploient-elles plus sûrement une ontologie de la vanité mondaine plutôt que de la faiblesse humaine. Il est vrai cependant que le *Court Traité* est plus radical que le *Traité de la réforme de l'entendement* dans son essentialisation de l'impuissance de l'homme. Il paraît faire de cette impuissance non pas tant la *conséquence* de notre attachement à des biens qui sont incapables de nous sauver, que le *principe* d'une union à des choses qui nécessairement nous perdent :

> Concernant les [choses] *périssables* (puisque, comme il a été dit, nous devons nécessairement, de par la faiblesse de notre nature, aimer quelque chose et nous y unir pour exister), il est clair qu'en les aimant et en nous unissant à eux nous ne renforçons en aucun cas notre nature, parce qu'ils sont eux-mêmes faibles et qu'un invalide ne peut pas en soutenir un autre [1].

Notre bonheur ou notre malheur, dit encore le *Traité de la réforme de l'entendement*, « ne dépend que d'une chose, la qualité de l'objet auquel l'amour nous attache » [2]. Des biens périssables, vains et futiles, ne pourront nous rendre heureux, puisque nous ne pourrons être portés par eux : l'invalide doit choisir de bons remèdes. Le *Court Traité* comme le *Traité de la Réforme de l'Entendement* ont donc en commun – et l'*Éthique* ne l'infirmera pas – de reconnaître que le bonheur se trouve effectivement non pas en soi, mais dans une altérité à soi : Spinoza n'oppose pas à la vanité des choses extérieures la recherche d'un bonheur à trouver en soi. Le salut est en partie dans l'*objet* aimé, il dépend de sa *validité*.

Mais lisons la conséquence qu'en tire le *Court Traité* :

> Et par suite nous concluons ainsi : si ceux qui aiment les choses périssables qui ont encore une certaine essence, sont si malheureux, combien le seront ceux qui aiment les honneurs, les richesses et les plaisirs, qui n'ont pas du tout d'essence [3] !

La radicalisation du *Court Traité* tient donc non seulement à l'essentialisation de la négativité (la nature humaine est en elle-même faible), mais aussi à la néantisation de ce qui, dans le *Traité de la réforme de l'entendement*, a quelque positivité : honneurs, richesses, plaisir sexuel peuvent même être considérés comme des biens s'ils sont mis au service

1. CT, II, 5/6.
2. TRE, § 9.
3. CT, II, 5/6.

de la joie souveraine recherchée – du moins, seront-ils sans excès, et « ne feront guère de tort »[1].

S'agit-il donc d'un indice pour soutenir une antériorité du *Court Traité* par rapport au *Traité de la Réforme de l'Entendement*? Si oui, il est maigre. Quoi qu'il en soit, la position de Spinoza sur les biens périssables, ailleurs qu'en ce texte, est qu'ils ne constituent pas de faux biens, des biens illusoires sans aucune réalité ou consistance. S'ils sont vains, c'est d'abord qu'ils ne peuvent nous assurer un réel bonheur, une « joie suprême et continue », même s'ils peuvent nous procurer des joies passagères, plus ou moins intenses – ce qui prouve qu'ils ont quelque positivité. Mais si certaines choses peuvent paraître vaines et futiles, c'est surtout parce qu'elles s'accordent mal avec les désirs d'une « âme philosophique », comme Spinoza le disait à Oldenburg, c'est-à-dire avec la raison[2]. Ces jugements de valeur négatifs, dépréciateurs sur certains objets, résultent donc de la contradiction entre le désir de celui qui juge et l'effet que lui font ces objets. Or le désir qui sourd en l'homme de raison est avant tout celui de comprendre : apparaît donc comme vain et futile, ridicule et absurde, ce qui contrarie « l'âme philosophique » dans son effort d'explication des choses naturelles.

Cependant une telle âme, pour Spinoza, doit demeurer persuadée de l'ordre et de la connexion de toutes les choses entre elles, de leur union totale et sans reste. D'où vient une telle conviction ? Pourquoi n'est-elle pas ébranlée par le constat récurrent de l'existence de multiples choses qu'elle ne parvient pas à comprendre ?

L'ÉNIGME DE LA COHÉSION : SE PERSUADER DE L'UNION DE TOUTES CHOSES AVANT DE LA COMPRENDRE ?

Y aurait-il donc un acte de foi chez Spinoza, qui donne la force à la fois de rechercher l'éternel dans l'évanescent, comme au début du *Traité de la réforme de l'entendement*, et d'affirmer l'union de toutes les choses sans la comprendre, comme il le fait à maintes reprises ? Car il est une faiblesse, encore, que Spinoza reconnaît volontiers : celle de la raison, incapable d'atteindre l'ordre du tout, autrement dit de saisir comment s'articule chacune des parties de l'univers avec toutes les autres. Il le confie à

1. TRE, § 11.
2. Voir également TTP, XVI, 4 et TP, 2/8.

Oldenburg dans la lettre 30; il l'affirme également sans ambiguïté dans le prologue du *Traité de la réforme de l'entendement*:

> Nulle chose, en effet, considérée dans sa nature, ne sera dite parfaite ou imparfaite, surtout quand nous saurons que tout ce qui arrive se produit selon un ordre éternel et selon les lois déterminées de la Nature. Mais comme l'*humaine faiblesse* n'accède pas à la pensée de cet ordre [...] [1].

C'est une constante du discours spinoziste: de grandes étendues d'ignorance sont sans cesse reconnues, pourvu que cette reconnaissance ne soit pas le prétexte (dont usent superstitieux et théologiens) pour noyer les îlots de connaissance certaine. Mais d'où vient cette certitude que tout convient, qu'il existe une union ordonnée entre toutes les choses? L'enjeu est grand pour deux raisons: d'abord, parce que l'affirmation de l'union spécifique entre ces parties de la Nature que sont les hommes a de quoi dérouter – sur quels arguments repose-t-elle? Ensuite et surtout parce qu'une telle affirmation sous-tend la définition même du souverain bien, telle qu'elle est donnée dans le *Traité de la réforme de l'entendement*: il n'est rien d'autre que la jouissance d'une « nature humaine beaucoup plus forte », avec d'autres individus autant que faire se peut:

> Ce qu'est cette nature, nous le montrerons en son lieu: c'est la connaissance de l'union qu'a l'esprit avec la Nature tout entière [2].

Spinoza concède volontiers notre faiblesse – notamment celle qui nous fait ignorer les lois qui organisent toutes choses; mais il ne cède jamais sur cette position théorique: tout convient, chaque partie de la Nature est unie avec toutes les autres. Le projet éthique, tel qu'il est conçu au début du *Traité de la réforme de l'entendement*, consiste donc à « connaître » cette union – notamment l'union de notre esprit avec la Nature. Nous verrons quelle forme prend cette union dans l'*Éthique*. Mais au point où nous en sommes, le problème éthique peut se formuler en ces termes: il ne sera possible de résister, comme Spinoza dit l'avoir fait, au sentiment d'absurdité du monde – humain surtout – qu'à partir de cette certitude qu'il existe un ordre éternel par lequel tout est uni; se sauver, c'est jouir, en la partageant, en la communiquant aux autres, de cette connaissance de l'union qui ensemble nous rend plus forts, plus fermes, plus parfaits. Mais en même temps – et là apparaît un cercle – notre pensée ne saurait encore atteindre à cet ordre. La solution est de faire la différence entre la connaissance du détail des lois qui organisent toutes choses, et les font tenir ensemble, et

1. TRE, § 12-13 (nous soulignons).
2. TRE, § 13.

la connaissance de l'existence de cette union et cohésion de toutes choses. La première exige un patient effort, sans doute indéfini; la seconde en revanche peut faire l'objet d'une certitude première grâce à laquelle cet effort peut être entrepris. Mais derechef, qu'est-ce qui justifie cette conviction de l'union ordonnée de toutes les choses entre elles, et partant de notre esprit avec la Nature tout entière?

C'est la question même que lui pose Oldenburg, à la lecture de cette position théorique[1]. Précisant qu'il faut bien faire la différence entre « les raisons qui persuadent de cet accord et de cette liaison », et la connaissance absolue de la manière dont cette union est réalisée (« je n'ai pas cette science; elle requerrait la connaissance de la nature entière et de toutes ses parties »), Spinoza prévient d'abord qu'il n'est pas question de concevoir cet accord des parties entre elles, cette convenance ou cohésion du tout (le latin utilise les verbes *convenire* et *cohaere*), à travers des jugements de valeur: « je n'attache à la nature ni beauté, ni laideur, ni ordre, ni confusion »[2]. Cette précision préliminaire ne passera pas inaperçue d'Oldenburg, qui l'interrogera : pourquoi l'existence, selon vous, de cette union, qui se fait à travers des lois déterminées, ne constituerait-elle pas un *ordre*[3]? Dans le célèbre appendice d'*Éthique* I, Spinoza fait cette même remarque, sur un ton d'ailleurs un peu plus emporté, ou moqueur :

> Et puisque nous plaît plus que tout ce que nous n'avons pas du mal à imaginer, pour cette raison les hommes préfèrent l'ordre à la confusion; comme si l'ordre était quelque chose dans la nature indépendamment de notre imagination.

Spinoza poursuivra dans la même veine au sujet de l'harmonie : elle « a fait perdre la tête aux hommes jusqu'à leur faire croire que Dieu, lui aussi, trouve du charme à l'harmonie ».

Et pourtant, Spinoza n'affirme-t-il pas l'existence d'une union réglée entre toutes les choses? Ne parle-t-il pas au début du *Traité de la réforme de l'entendement* d'ordre éternel, au début de l'*Éthique* d'ordre divin immuable[4]? Il y a incontestablement une ambivalence de l'usage spinoziste du mot « ordre », tantôt revendiqué, tantôt repoussé. Ce qui justifie ce « flottement » vient en fait des deux manières d'appréhender l'ordre. Soit de façon imaginaire, par opposition au désordre : est ordonné ce qui

1. Voir Lettre 31 (A, p. 233).
2. Voir Lettre 32 (A, p. 235-236).
3. Voir Lettre 33 (A, p. 240).
4. E, I, 33 : « Les choses n'ont pu être produites par Dieu d'aucune autre manière, ni dans aucun autre ordre, qu'elles ont été produites ».

convient à mes habitudes de penser, ce qui plaît à ma mémoire (je m'y retrouve) ; est désordonné ce qui est contraire à mes attentes, à mon imaginaire. Soit de façon intellectuelle : est ordonné ce qui obéit à des lois d'organisation connaissables ; et cet ordre de la nature est éternel et sans contraire. Il peut donc y avoir du désordre ou de la confusion pour moi (pour mon imagination ou mon désir) ; il ne peut y en avoir en soi. Il y a un ordre de la nature qui jamais n'est perturbé, qui n'est en soi ni beau ni laid, ni harmonieux, ni dysharmonieux : un ordre qui est, tout simplement[1].

Or cette conviction de l'existence d'un ordre immuable, axiologiquement neutre, par lequel toutes les parties de l'univers sont unies, est explicitée par une étrange hypothèse : celle d'un ver vivant dans le sang[2]. Spinoza explique en effet que les composants du sang – nommés à son époque « lymphe » et « chyle » – peuvent être considérés ou bien comme des parties, ou bien comme des touts[3] : tout dépend de la manière dont s'organisent les parties elles-mêmes de ces composants, les *particules*. Si ces particules de la lymphe et du chyle s'ajustent (*accomodare*) entre elles, alors toutes ensemble elles constituent un tout, à l'égard duquel chyle et lymphe seront considérés comme des parties. Si les particules en revanche ne s'ajustent pas entre elles, alors se distingueront des parties dans le sang, qui seront dès lors considérées comme des touts.

Or, la fiction de ce ver capable de perception (il distingue les particules sanguines) et de raisonnement (il calcule comment ces éléments se repoussent ou se communiquent une partie de leur mouvement) a deux conséquences. D'une part, du point de vue perceptif, le ver appréhende nécessairement chaque partie du sang non comme une partie, mais comme un tout, puisqu'il perçoit entre particules des chocs et des contrariétés, des différences et des indifférences, et pas seulement des « accommodements » ; de la même manière que nous, humains, percevons des touts sans voir toujours qu'ils sont parties intégrantes de totalités plus vastes. D'autre part, du point de vue intellectuel, le ver ne saisit pas que toutes ces parties sont en vérité réglées, maîtrisées et mesurées (*moderantur*) par la nature même du sang,

1. Sur cette question de l'ordre de la Nature, voir Ch. Ramond, *Qualité et quantité dans la philosophie de Spinoza*, Paris, PUF, 1995, p. 231 *sq.*

2. Voir Lettre 32, à H. Oldenburg (A, p. 236-237, traduction modifiée).

3. Au XVIIe siècle, les découvertes sur le chyle et le système lymphatique sont très neuves (voir notamment les travaux du docteur Pecquet). Aujourd'hui, lymphe et chyle ne désignent plus des constituants du sang, comme le sont le plasma (partie liquide), les globules rouges, les globules blancs et les plaquettes (partie solide). La lymphe désigne non un composant du sang, mais un liquide composé de parties du sang (les globules blancs) ; et le chyle, liquide de consistance laiteuse présent dans les canaux lymphatiques de l'intestin grêle lors de la digestion, est lui-même composé de lymphe.

de même que nous ne voyons pas que le mouvement de chaque partie est réglé par celui du tout qu'elle compose :

> [ce ver] ne pourrait pas savoir de quelle manière toutes les parties sont réglées [*moderantur*] par l'universelle nature du sang, et de quelle manière elles sont, les unes par les autres, contraintes de s'ajuster [*se accomodare coguntur*] selon l'exigence de cette universelle nature du sang, de telle sorte qu'elles s'accordent entre elles par un rapport précis [*certa ratio inter se consentiant*].

S'il était permis d'user d'un néologisme, on dirait que la nature du tout « métrise » la nature de chaque partie, en lui imposant sa loi, sa mesure, c'est-à-dire une contrainte immanente d'association avec les autres parties. Le tout impose une loi de liaison aux parties, et partant établit entre leurs mouvements un rapport précis (*certa ratio*) par lequel elles s'ajustent les unes aux autres pour le constituer. On décèle ici comme une circularité du tout aux parties, le tout commandant aux parties qui, s'accommodant en lui obéissant, le réalisent : les parties sont contraintes par la loi du tout (*coguntur*), et elles sont ainsi amenées à consentir (*consentiant*) les unes aux autres, c'est-à-dire à collaborer et conspirer ensemble à la constitution du tout qui les organise. Tout le vocabulaire de Spinoza dit ce mixte de contrainte et de consentement qui caractérisent les parties : il y a entre elles quelque chose comme une *nécessité* faite *vertu*, une *logique commune* constitutive de leur *puissance totale*[1].

Le ver intelligent circulant dans le sang, ainsi que l'homme se mouvant dans l'univers, peuvent donc comprendre comment, de partie à partie (parties considérées par eux comme des touts), se communiquent des mouvements : ils peuvent comprendre des rapports locaux de mouvements entre des totalités; ils peuvent calculer quel effet la rencontre de X avec Y peut produire, étant donné leur nature respective. Mais un tel calcul n'est pas encore la connaissance que X et Y obéissent fondamentalement à une même logique : même si leurs effets locaux sont des effets d'opposition, d'entre-destruction, X et Y sont gouvernés par une même loi qui les unit en vérité. Dans le cas de la lymphe et du chyle, cette loi d'organisation est celle qui constitue la nature même du sang – si on suppose, hypothèse d'école, que le sang est un tout dont la nature n'est modifiée par aucune chose entrant en commerce avec lui. Dans ce cas de figure, on doit bien parler – et avec insistance comme le fait Spinoza – d'« universelle nature du

1. L'*Éthique* IV confirmera que par vertu et puissance, il faut entendre la même chose (E, IV, déf. 8).

sang », puisqu'il est le seul tout présidant à l'organisation des parties qui le composent.

Mais puisque le sang lui-même est modifié par les corps qui l'environnent (corps qu'il modifie également), le mouvement même de ses parties dépend de totalités plus vastes que lui, à l'égard desquelles le sang lui-même (ainsi que les corps avec lesquels il est en contact) ne sont que des parties. Ainsi perçoit-on comment, de proche en proche, toutes les choses sont unies pour composer toutes ensemble une totalité infinie, non totalisable, aux lois de laquelle toutes obéissent :

> Tous les corps en effet sont encerclés par d'autres, et les uns par les autres sont déterminés à exister et opérer selon un rapport précis et déterminé, toujours conservant tous ensemble en toutes choses, c'est-à-dire dans tout l'univers, le même rapport de mouvement et de repos. Il s'ensuit que tout corps existant, en tant qu'il est modifié d'une certaine manière, doit être considéré comme une partie de l'univers tout entier, doit convenir avec son tout et doit s'ajuster aux autres parties. Et puisque la nature de l'univers n'est pas, comme la nature du sang, limitée, mais est absolument infinie, il en résulte que par la nature de cette puissance infinie ses parties sont réglées d'une infinité de manières, et contraintes de pâtir d'une infinité de variations. Cependant je conçois que chaque partie a, sous le rapport de la substance, une union plus étroite avec son tout [1].

Il n'est aucun corps qui ne subisse la modification de corps extérieurs ; mais tous ensemble conservent, dans toutes leurs variations, un même rapport de mouvement et de repos. Que signifie cette expression : « rapport de mouvement et de repos » ? Rien d'autre que ceci : certains corps étant considérés comme en mouvement par rapport à d'autres, et certains en repos, il n'est pas de variation du mouvement ou du repos de l'un qui ne soit déterminé ou compensé par une variation du mouvement ou du repos d'un autre. Dans l'hypothétique monde clos du sang, s'entredéterminent les particules du chyle, qui conservent néanmoins un même rapport global de mouvement et de repos, constitutif de la nature du chyle ; et s'entredéterminent également les particules de la lymphe, toutes ensemble soumises à la loi de la nature de la lymphe. Mais derechef, chyle et lymphe obéissant à la nature du sang qu'ensemble ils constituent, les mouvements et les repos changeants des particules du chyle et de la lymphe sont également soumis au rapport constant de mouvement et de repos qui définit la nature même du sang. Ainsi, le mouvement d'une particule du chyle, modifié par celui d'une autre particule du chyle, demeure déterminé par le rapport constant

1. Lettre 32 (A, p. 237 ; traduction modifiée).

définissant le chyle, et est surdéterminé par le rapport constant définissant le sang. Et dans la réalité de l'univers infini, les mouvements et les repos des corps obéissent à toutes les constantes qui définissent les totalités, jusqu'à celle de cette totalité infinie qu'est l'univers, à laquelle tous sont en dernier ressort soumis.

On peut dès lors nommer *enveloppement hiérarchique infini* ce système de détermination de chaque partie par le tout qu'avec d'autres elle constitue, chaque tout étant lui-même sous la détermination d'un autre à l'égard duquel il doit être considéré comme partie. Doit-on en conclure, comme on le fait souvent de la lettre 32, que les notions de tout et de partie sont tout à fait relatives, et dépendent du point de vue qui les considère ? En un sens oui, puisque chaque corps est une partie en tant qu'on le conçoit sous la loi du tout auquel il obéit, et un tout en tant qu'on le considère dans son autonomie (sous sa propre loi de composition). Mais en un sens seulement : car si un corps peut « s'autonomiser », en tant qu'il est conçu comme ne convenant pas avec d'autres corps, il ne peut le faire n'importe comment. Modifié d'une certaine manière, il ne peut, s'il n'est pas détruit, changer de nature : le rapport constant qui définit sa nature, par hypothèse, ne change pas. Ce rapport définit son essence, qui est une vérité éternelle. Et s'il ne peut alors être considéré comme une partie s'ajustant à certaines autres parties pour constituer un certain tout, il demeure néanmoins sous la loi d'autres totalités. Même lorsqu'un corps est conçu comme s'opposant à d'autres corps, avec lesquels il ne fait plus tout, ou « cause commune », nécessairement il obéit au rapport constant de mouvement et de repos qui caractérise la nature d'*autres* totalités, à l'égard desquelles il devra être encore considéré comme partie. Tout corps, même conçu comme totalité, est contraint d'exister et d'opérer sous la détermination du rapport constant de mouvement et de repos qui définit la nature de l'univers tout entier. Nul n'échappe à l'enveloppement hiérarchique infini, même si localement bien des recompositions, des « retotalisations » sont possibles.

Tel est le sens de l'affirmation de cette union nécessaire de tous les corps selon un ordre éternel : le réel n'est pas *absurde*, car il obéit à un ordre immuable qui n'est pas l'envers d'un désordre dysharmonieux, mais la logique même de ce qui est. L'univers n'est donc pas celui de toutes les métamorphoses, par lesquelles chaque tout pourrait devenir la partie de n'importe quel autre : il n'y a pas d'arbre qui parle, d'éléphants passant par le chas d'une aiguille, de table mangeant de l'herbe[1]. Totalités et parties ne sont pas arbitraires. Mais cette fixité de l'ordre du réel se conjugue avec la

1. TRE, § 54 ; TP, 4/4.

plasticité, plus ou moins grande, des corps : selon des lois précises d'organisation, des modifications à l'infini sont possibles, qui ouvrent à l'invention et à la connaissance humaine un espace illimité. L'union des corps est ontologiquement réelle; mais des unions toujours plus puissantes sont à produire. Des unions que réalisent, notamment, l'amour.

La lettre 32 achève l'exposé sur l'union de toutes choses dans la nature par deux idées importantes.

– La première tient à la généralisation posée par Spinoza – l'union universelle des choses ne vaut pas seulement pour les corps, mais aussi pour les esprits : le corps humain étant uni à toute la nature, et l'âme humaine percevant le corps humain, elle est par conséquent unie à la puissance infinie de penser produisant un « entendement infini ». Voilà qui ne manque pas de soulever bien des questions, auxquelles l'*Éthique* elle-même ne se confrontera que progressivement[1]. Le problème est d'autant plus épineux qu'à la fin de l'*Éthique*, l'union des esprits, constituant tous ensemble « l'entendement éternel et infini de Dieu », est déduite de l'examen de l'esprit « en tant qu'on le considère sans relation à l'existence du corps »[2]. Alors, quel rôle joue le corps « dans la connaissance de l'union de l'âme avec la nature tout entière », dont le *Traité de la réforme de l'entendement*, nous l'avons vu, affirme qu'elle n'est rien moins que le souverain bien, qu'elle nous procure donc une joie éternelle et nous fait accéder à un summum de perfection ? À cette connaissance de l'union de l'âme avec la Nature, qui fait assurément notre salut, mais dont il faut voir si elle se fonde ou non sur la connaissance de l'union de l'âme avec le corps, la partie II sera consacrée.

– La seconde idée est que la substance réalise entre les parties de chaque tout (corporel ou mental) une « union plus étroite » encore. Plus étroite que quoi ? Spinoza distingue deux façons de concevoir l'union des parties au tout : sous le rapport précis (*certa ratio*) des totalités qu'elles composent – c'est l'union des corps et des esprits par subordination, dans l'enveloppement hiérarchique infini ; ou alors sous le rapport de la substance (*ratione substantiæ*) qui les produit – c'est l'union des corps et des esprits par participation, dans l'expressivité immanente de l'infini. Examinons par conséquent, dans les deux chapitres suivants de cette partie, cette union « plus étroite » de la substance avec ses parties.

1. Voir E, II, 11, cor.
2. Voir le scolie de E, V, 40.

Chapitre II

LOGIQUE DE L'IMMANENCE

Immanence et perfection (les deux dialogues du *Court Traité*)

La faiblesse de notre nature consiste non pas en une misère ontologique, née d'un abandon de Dieu; mais en une propension à nous attacher à des biens périssables qui souvent peuvent nous faire périr avec eux, et qui jamais ne peuvent nous rendre réellement heureux. Cette faiblesse, cette tendance à nous unir au périssable, est-elle un vice de notre nature ? Spinoza toujours combattra cette idée, et ce dès le *Court Traité*, où l'insistance sur la faiblesse de notre nature côtoie l'affirmation de notre perfection intrinsèque :

> C'est là la véritable perfection de Dieu, que de donner à toutes les choses, de la moindre à la plus grande, leur essence, ou pour mieux dire, que d'avoir en lui-même tout ce qui est parfait [1].

Toute chose est aussi parfaite qu'elle peut l'être. L'impuissance qui, dans notre vie, commence toujours par être la nôtre – et dont nous verrons qu'elle ne se réduit pas à la seule tristesse – n'est donc ni essentielle ni indépassable. Elle est certes due à notre dépendance native vis-à-vis de causes extérieures, elle est certes le propre de notre existence considérée dans ses rapports ordinaires avec les autres choses; mais elle ne constitue pas le fond de notre être, l'essence même de notre existence, qui est perfection pleine et entière.

1. CT, I, 6/7.

Or, cette perfection de notre nature ne peut être comprise qu'à partir de notre union première avec la cause qui nous fait être ce que nous sommes : à savoir Dieu. Et cette union entre Dieu et les choses qu'il produit a pour nom : l'immanence. On présente souvent la philosophie spinoziste comme une philosophie de l'« immanence ». Le terme, tel quel, n'apparaît pas sous la plume de Spinoza ; en revanche, dès le *Court Traité*, qui pourtant démontre l'existence de Dieu de façon très cartésienne, une expression fondamentale caractérise la causalité divine : celle de « cause immanente ».

Cette expression apparaît à la fin du premier des deux dialogues insérés entre les chapitres 2 et 3 de la première partie du *Court Traité*. Ces deux dialogues ne sont pas des textes centraux de l'œuvre spinoziste ; ce qui nous en est parvenu apparaît plutôt partiel ; et tout comme le *Court Traité* dans son ensemble, ils constituent des textes préparatoires à l'*Éthique*. Mais justement, ils sont intéressants pour cette raison : dans ces dialogues, Spinoza répond à des objections, donne des éclaircissements, soulève des difficultés qui seront approfondies dans l'*Éthique*. Et sur la question de la causalité immanente notamment, sur ce qu'elle permet de penser à propos de l'union des choses avec Dieu, les deux dialogues sont précieux.

Le premier met en scène quatre personnages : l'entendement, l'amour, la raison et la concupiscence. L'entendement, qui n'a qu'une réplique, apparaît comme la faculté qui conçoit ; la raison, comme celle qui explique ; l'amour et la concupiscence, comme deux sentiments opposés, le premier se donnant comme principe d'union, le second comme principe de dispersion. L'amour, qui cherche à s'unir à un objet souverainement parfait, interroge l'entendement sur l'existence d'un tel objet : il lui fait allégeance, puisqu'il dit tenir toute sa perfection de lui, qui lui-même la tient de la perfection de l'objet qu'il conçoit. Réponse de l'entendement : la Nature, dans sa totalité, est infinie et souverainement parfaite – ce que confirme la raison. La concupiscence prend alors la parole, pour affirmer la contradiction de penser un seul être, parfait et tout-puissant : puisqu'il existe au contraire diverses substances distinctes, elle conseille à l'amour de se satisfaire des objets qu'elle lui montre ordinairement. S'agit-il des honneurs, des richesses, des plaisirs, dont il sera question plus tard dans le chapitre sur l'amour ? Quoi qu'il en soit, la réponse de l'amour est cinglante :

> Ô infâme ! Mais que m'as-tu désigné, sinon ce dont découle immédiatement ma ruine ? En effet, si je m'étais jamais uni à ce que tu m'as désigné, j'aurais été immédiatement persécuté par deux ennemis principaux du genre humain, la haine et le repentir, et souvent aussi l'oubli [1].

1. CT, *Premier Dialogue*, 8.

On retrouve l'idée du prologue du *Traité de la réforme de l'entendement*: les biens ordinaires de la vie deviennent des maux certains lorsque nous nous fixons sur eux et qu'ils nous empêchent de rechercher autre chose : nous tombons alors dans des conflits avec les autres (la haine), avec nous-mêmes (le repentir) et ne pouvons penser longtemps à ce qui nous est vraiment utile (l'oubli). Ils peuvent néanmoins devenir de vrais biens, s'ils sont subordonnés à une union plus haute : l'union avec ce qui est absolument parfait. En réponse au propos de Céline cité en exergue du premier chapitre, on pourrait donc convoquer ces quelques mots du premier dialogue du *Court Traité*, qui jamais ne seront démentis dans la suite de l'œuvre de Spinoza : nos peines procèdent bien plutôt d'unions amoureuses inadéquates qu'elles ne les expliquent ! Il n'est pas de misère essentielle qui nous pousse à nous lier, amoureusement, à des choses qui jamais ne parviendront à nous en arracher.

Il reste néanmoins que cet artifice rhétorique qui consiste à personnifier la concupiscence a un inconvénient : il risque de faire d'elle comme une réelle « force du mal », alors que justement il s'agit de montrer que tout procède d'un principe souverainement parfait, et que même les passions susceptibles de nous perdre ont leur perfection propre. D'ailleurs, dans le *Court Traité*, Spinoza prendra la peine de réfuter l'existence... des diables[1], le nœud de cette réfutation reposant sur l'idée qu'une chose ne peut exister, et durer, que si elle possède quelque perfection. Comment le diable, être purement imparfait, véritable principe de division, pourrait-il donc posséder quelque durée ?

> À cela s'ajoute que la subsistance ou durée dans le mode de la chose pensante naît uniquement de l'union, causée par l'amour, qu'un tel mode a avec Dieu. Le strict contraire de cette union étant supposé dans les diables, il est impossible qu'ils existent[2].

Exister, c'est être uni en quelque manière à Dieu; et cette union nécessairement enveloppe une charge affective : elle se donne sous forme d'amour. Tel est le paradoxe fondamental, qui est au cœur du problème éthique chez Spinoza : toute chose produite par Dieu, tout *mode*, est uni à lui, et cette union lui fait éprouver de l'amour pour Dieu; mais en même temps, il ne pourra être véritablement sauvé que s'il s'unit amoureusement à lui, s'il fait de lui l'objet premier de son amour. Comme s'il s'agissait de nous unir plus profondément à ce à quoi déjà nous sommes unis; comme s'il s'agissait d'aimer ce que, d'une certaine manière, nous aimons déjà.

1. Voir CT, II, 25.
2. CT, II, 25/3.

Le second dialogue du *Court Traité* thématise pour lui-même ce problème de l'union amoureuse avec Dieu. Le premier dialogue en effet, après la tirade de l'amour qui rejette les conseils de la concupiscence, s'achevait sur l'argumentation de la raison : d'abord elle affirme qu'il ne peut exister qu'une seule substance, appelée l'« Unique » et l'« unité », dont nous sommes des parties ; ensuite, contre la concupiscence qui refuse la réalité d'un tout autonome, existant en dehors des parties, et se demande comment ce tout pourrait être également cause de ses propres parties, elle distingue deux types de causalité : la causalité transitive, qui lie extérieurement un effet à sa cause, et la causalité immanente, par laquelle une cause produit son effet en elle-même. C'est cette causalité qui lie Dieu à ses modes. Le second dialogue, « se rattachant pour une part à ce qui précède » comme le précise le *Court Traité*, approfondit cette question de la causalité immanente. Deux questions sont posées par Érasme à Théophile : d'abord, comment Dieu, s'il est cause immanente de ses effets, peut-il être nommé cause éloignée de certains d'entre eux ? ensuite, comment Dieu, s'il est cause intérieure de ses effets, peut-il demeurer uni à eux sans que la perfection de son essence n'en soit affectée ?

En vérité, même si les questions ne sont pas formulées en ces termes, sont ici posés les problèmes de l'articulation entre l'infini et le fini, entre l'éternel et le temporel. Les réponses de Théophile aux questions d'Érasme soulèvent cependant autant de difficultés qu'elles n'en résolvent : si Dieu peut être dit cause éloignée, ce n'est pas en un sens absolu, mais au sens où il produit certaines choses non pas immédiatement, mais via toutes les « circonstances »[1] ; et si Dieu ne change pas d'essence tout en produisant en lui-même les effets dont il est cause, c'est que « l'essence de la chose n'augmente pas de par son union avec une autre chose avec laquelle elle forme un tout ; mais au contraire, la première reste immuable »[2]. La première réponse nous laisse sur notre faim : que signifie précisément que Dieu produise des choses par l'intermédiaire de « circonstances » ? La seconde réponse laisse encore plus perplexe : si notre union avec Dieu n'augmente certes pas sa perfection, immuable, n'accroît-elle pas du moins la nôtre ? N'est-ce pas pour cela, justement, c'est-à-dire pour gagner plus de perfection, que l'amour demandait à l'entendement, dans le premier dialogue, s'il ne connaissait pas un objet souverainement parfait, duquel il aurait pu tirer toute sa perfection, ou encore (comme le dit le tout début du *Traité de la réforme de l'entendement*) une joie suprême et éternelle ?

1. CT, *Second Dialogue*, 2.
2. *Ibid.*, 4.

Toutes ces questions se rassemblent en un foyer commun, qui est l'énigmatique affirmation achevant le second dialogue :

> Mais je te dis ceci : tant que nous n'avons pas une idée si claire de Dieu qu'elle nous unisse à lui d'une manière telle qu'elle ne nous permette pas d'aimer aucune chose en dehors de lui, nous ne pouvons dire être vraiment unis à Dieu, et dépendre ainsi immédiatement de lui [1].

Dieu est cause immanente de notre être : il nous produit en lui, nous sommes unis à lui, et donc à toutes les autres parties de la Nature. En même temps, nous devons comprendre Dieu, et comprendre cette union avec lui, pour être plus immédiatement unis à lui[2]. Tel est le grand paradoxe de l'union avec Dieu, qui révèle en même temps tout l'enjeu et toute la difficulté de l'éthique spinoziste : comment comprendre que nous puissions être en partie désunis de ce à quoi nous sommes éternellement unis ? Comment resserrer une union elle-même éternelle ? Et si l'affect de cette union est un amour pour Dieu, se joue-t-il contre un amour des corps, contre un amour de son propre corps ? La conquête de cette pleine union ontologique se fait-elle en quelque manière aux dépens de l'union psychophysique, et de l'union affective avec les autres ?

Pour mieux saisir la nature de cette union ontologique avec Dieu, et élucider la difficile question du rapport entre union effective et union à effectuer, il nous faut voir comment l'*Éthique*, et en particulier sa première partie, expliquent la constitution de la nature divine, sa force productive (en tant que cause, de soi et de tout ce qui est en soi) et son absolue indépendance (en tant que substance). Peut-être, alors, saisirons-nous mieux cette grande cohésion de tous les modes, tous unis à la fois avec leur tout et les uns avec les autres.

De la substance à Dieu

Dans le *Traité de la réforme de l'entendement*, Spinoza cherche la meilleure méthode pour parvenir à cette nature parfaite que le prologue définit comme le souverain bien. À mi-parcours, le § 49 dresse à la fois le bilan de ce qui a été fait et le programme de ce qui reste à faire. Récapitulons de manière rapide les étapes parcourues : il y a eu d'abord, lors du prologue

1. CT, *Second Dialogue*, 13.

2. Voir F. Zourabichvili, « L'équivoque de "l'union" dans le *Court Traité* », dans *Le conservatisme paradoxal de Spinoza*, Paris, PUF, 2002, p. 50-58.

(§ 1-17), la détermination de ce souverain bien; puis l'analyse des différents modes de perception pour le connaître, et la désignation du meilleur d'entre eux (§ 18-29); enfin, le choix de la méthode pour parvenir à ce souverain bien (§ 30-48). Quatre étapes restent alors à parcourir, qui permettent le déploiement de la méthode: les trois premières visent d'abord à distinguer l'idée vraie des idées non-vraies (§ 50-90), ensuite à déterminer les règles pour que les choses soient connues selon la norme de l'idée vraie (§ 91-98), enfin à établir un ordre de connaissance pour être le plus efficace possible (§ 99-110). La quatrième et dernière étape, qui ne sera jamais atteinte puisque le *Traité de la réforme de l'entendement* s'interrompt au cours de la troisième, devait être consacrée à ce qui rend la méthode la plus parfaite possible, à savoir la réflexion sur l'être le plus parfait, identifié dans ce texte à « l'origine de toutes choses », ou encore à la « cause première » [1].

L'*Éthique*, comme le *Traité de la réforme de l'entendement*, est marquée par un projet moral; mais l'*Éthique*, en application du programme du *Traité de la réforme de l'entendement*, commence par la connaissance de cet être à partir duquel tout, en bon ordre, pourra être déduit. Comment se forme cette connaissance de Dieu? Pour répondre à cette question, il nous faut pour quelque temps abandonner la dimension existentielle du problème éthique (à quoi nous unir pour nous sauver?); il nous faut entrer dans la compréhension du concept de Dieu – et pour ce faire, pénétrer dans la technicité du début de l'*Éthique*, et faire nôtres ses principaux outils intellectuels. À qui, perplexe, se demandera toutefois: mais comment commencer, comment comprendre ce qui est premier, ce à partir de quoi tout doit être compris? Nous répondrons, avec le *Traité de la réforme de l'entendement*, qu'« il n'y aura pas ici une enquête allant à l'infini » [2], et qu'il faut nous fier à notre puissance de comprendre : de même qu'il serait vain d'affirmer que nul n'a jamais pu battre le fer, puisqu'il lui fallait un marteau et que, pour le fabriquer, un autre marteau lui était nécessaire, de même il serait vain d'imaginer qu'on ne peut comprendre Dieu… car il nous faudrait déjà le comprendre :

> L'entendement, par sa propre force native, se forme des instruments intellectuels au moyen desquels il acquiert d'autres forces pour d'autres ouvrages intellectuels, et de ces ouvrages tire d'autres instruments, c'est-

1. Voir TRE, § 79 et § 92, note.
2. TRE, § 30.

à-dire le pouvoir de pousser plus loin sa recherche, et ainsi progresse par degrés jusqu'à ce qu'il atteigne le faîte de la sagesse [*sapientiæ culmen*][1].

C'est dire que la compréhension, même de Dieu, est en même temps une élaboration, patiente. Battons donc le fer, puisque nous en avons la force.

Avec quels outils? Avec une série de définitions et d'axiomes, que l'*Éthique*, démontrée selon un ordre géométrique, se donne d'emblée. Le geste sera répété à chaque partie, qui débute par des définitions explicitant le sens des concepts importants, et des axiomes énonçant ce qui relève de l'évidence[2]. Grâce à ces définitions et axiomes, la connaissance de Dieu est construite pas à pas : la première partie de l'*Éthique* (*De Deo*) ne s'installe donc pas immédiatement, de plain-pied, en Dieu; elle engendre plutôt le concept de Dieu, fidèle encore une fois au projet du *Traité de la réforme de l'entendement* qui affirmait qu'une définition parfaite est une définition qui « devra expliquer l'essence intime de la chose »[3]. Une telle définition est génétique : elle montre à quelle nécessité singulière obéit la chose à connaître, et elle le fait de telle sorte que toutes ses propriétés, à partir de cette définition, puissent être conclues.

Or, le petit arsenal de définitions et d'axiomes qui ouvrent la première partie de l'*Éthique* permet de justifier les dix premières propositions qui aboutiront à l'affirmation de l'existence nécessaire de Dieu. Que nous disent ces dix premières propositions? La démarche spinoziste est purement logique, et *a priori* : elle raisonne sur la définition même de ce qu'est une substance, caractérisée de façon traditionnelle comme ce qui est en soi (ce qui n'appartient donc pas à autre chose) et comme ce qui se conçoit par soi (ce qui n'a donc pas besoin du concept d'une autre chose pour être conçu). Les dix premières propositions d'*Éthique* I tirent les conséquences nécessaires de ce qu'est une substance. Pour cela, il nous faut également être munis, au moins, de la définition de l'attribut, qui désigne ce que l'entendement perçoit comme élément constitutif de l'essence d'une substance (c'est le genre d'être qui constitue la nature de la substance), ainsi que de la définition du mode, qui désigne l'affection de la substance, c'est-à-dire ce qui est en elle et se conçoit par elle (ce qui lui appartient et dont le concept a besoin du concept de la substance pour être formé).

1. TRE, § 31.

2. La cinquième et dernière partie de l'*Éthique* ne propose pas de nouvelles définitions, seulement deux axiomes.

3. TRE, § 95.

La première question que se pose Spinoza est la suivante : y a-t-il plusieurs substances, soit de même attribut, soit d'attributs différents ? Peut-on, comme le fait Descartes, parler de plusieurs substances pensantes, et de plusieurs substances corporelles ? Premier élément de réponse :

> Dans la nature des choses il ne peut y avoir deux ou plusieurs substances de même nature ou attribut [1].

Pourquoi ? Tout simplement parce que deux substances se distinguent soit par leurs attributs, soit par leurs affections, nulle autre chose ne pouvant exister par quoi elles puissent se différencier [2]. Mais chaque substance étant de nature antérieure à ses affections (elle se conçoit, logiquement, indépendamment d'elles) [3], elle ne peut se distinguer d'une autre que par l'attribut (ou les attributs) constitutif(s) de sa propre nature. Comme le précise la démonstration de la proposition 5, considérer vraiment la substance, c'est la considérer en soi, c'est-à-dire indépendamment de ses modifications. Il ne reste donc que des attributs différents pour distinguer entre elles des substances différentes.

Deuxième question : une substance peut-elle être produite par une autre substance ? Peut-on affirmer, comme Descartes, que la substance divine produit d'autres substances ? La réponse est sans nuance, et plutôt facile à comprendre : cela est impossible, puisqu'une chose ne peut être cause d'une autre que si toutes deux ont quelque élément en commun à travers lequel passe cette causalité. Or, puisque différentes substances ne peuvent se distinguer que par la différence de leurs attributs respectifs, aucune substance n'en peut déterminer une autre [4]. Du reste, si on ne comprend pas bien cette nécessité d'un attribut commun entre deux substances pour penser entre elles un rapport de causalité, il suffit d'être attentif au concept même de substance : il se caractérise par le fait de n'avoir pas besoin du concept d'autre chose à partir duquel il doive être formé. Aucune substance ne peut donc exister en vertu d'une autre substance.

Arrive dès lors une troisième question : une substance peut-elle ne pas exister ? La réponse de Spinoza est ici beaucoup plus difficile à saisir ; elle paraît même relever du coup de force : une substance, selon Spinoza, ne

1. E, I, 5.
2. Voir E, I, ax. 1.
3. Voir E, I, 1
4. L'implicite de cette preuve est que chaque substance différente ne serait constituée que d'un seul attribut. Sinon, on pourrait concevoir que deux substances différentes se distinguent par des attributs différents, tout en ayant un ou plusieurs attributs en commun (par quoi l'une pourrait être cause de l'autre).

pouvant être produite par autre chose, elle est nécessairement produite par soi; autrement dit, elle est cause de soi, et donc – c'est là la définition première d'*Éthique* I, celle de la *causa sui* – à sa nature appartient nécessairement l'existence. Telle est la démonstration de la proposition 7. Mais ici surgit une nouvelle question, que Spinoza ne se pose pas (du moins en cette démonstration), mais que nous, nous devons lui poser : qu'une substance ne puisse exister qu'en étant cause de soi, soit; mais existe-t-elle[1] ? Car l'objet de la proposition 7 semble non pas tant de poser qu'une substance existe, mais que l'existence d'une substance est une propriété nécessaire de son essence.

Faut-il en appeler ici à un argument *a posteriori*? Le raisonnement serait alors le suivant: nous constatons qu'il y a quelque chose plutôt que rien; or ce quelque chose est ou bien mode, ou bien substance; s'il est mode, il implique l'existence d'une substance, en quoi il est et par quoi il est conçu; s'il est substance, alors une substance existe – et on peut même affirmer qu'elle existe nécessairement, puisqu'elle ne peut être que cause de soi. Mais la démarche géométrique de l'*Éthique* recourt-elle si tôt à l'expérience? Ce n'est pas utile, surtout qu'ici, l'expérience pourrait bien se révéler insuffisante. Car peut-on légitimement remonter du constat expérientiel de l'existence des choses à l'affirmation théorique de l'existence d'une substance? Pourquoi tout ce qui existe ne serait-il pas qu'une série d'êtres événementiels, ou occasionnels, en tout cas non substantiels, qui dépendraient les uns des autres sans que rien ne dépende jamais de soi seul? Si on recourt à l'argument *a posteriori*, se posent alors des problèmes qui ne seront en fait abordés, et résolus, que plus tard[2].

En vérité, l'affirmation de l'existence d'une substance est apodictique : Spinoza ne se demande pas si elle existe, car une telle question est inutile. Concevoir qu'une substance ne peut exister qu'en étant cause de soi signifie qu'elle existe, puisqu'elle ne peut pas être conçue clairement et distinctement comme non existante. Une idée vraie, selon l'axiome 6, devant convenir avec ce dont elle est l'idée, comprendre que l'essence d'une chose enveloppe l'existence (elle est cause de soi) signifie que cette chose (la substance) nécessairement existe. Dès lors que nous comprenons que « substance » et « cause de soi » sont unies, c'est trop tard: nous ne

1. M. Gueroult soulève cette objection, et pose cette même question, dans son analyse de la démonstration de la proposition 7, dans *Spinoza, Dieu* (Éthique, 1), Paris, Aubier-Montaigne, 1968, p. 124.

2. C'est dans la troisième démonstration de l'existence de Dieu (troisième démonstration de la proposition 11) que sera donnée une preuve *a posteriori* de l'existence nécessaire de l'être absolument infini, à partir du constat d'existence d'êtres finis.

pouvons plus nous demander si elle existe (ou non), puisqu'*a fortiori* elle existe nécessairement.

Les difficultés que pose la démonstration de la proposition 7 sont en vérité prises en compte par Spinoza; mais il attend le second scolie de la proposition 8 pour les formuler, et les dénouer. Pourquoi? Parce qu'il désire auparavant tirer une autre conséquence de la définition même de la substance : une substance ne peut exister que comme infinie, puisque être fini signifie être limité par quelque chose qui a un élément commun avec soi – à savoir, ici, par une autre substance de même attribut, ce dont la proposition 5 a montré l'impossibilité. La finitude, qui implique une « négation », ne peut donc se concevoir que pour les modalités d'une substance, qui toutes ont nécessairement quelque chose en commun (un attribut), non pour la substance elle-même : ce qui signifie, comme déjà le remarquait le *Traité de la réforme de l'entendement*[1], que l'infinité est logiquement première par rapport à la finitude (tout comme une substance est antérieure à ses affections), et que, en dépit de la construction du mot (« in-fini »), elle n'est pas la négation de la finitude, mais « l'affirmation absolue de l'existence d'une certaine nature »[2] – en laquelle il est alors possible de percevoir des êtres finis. L'infini n'est pas la négation du fini, c'est le fini qui est du non-infini.

Il ne faut donc pas attribuer à la substance des propriétés qui ne peuvent convenir qu'aux affections : tous nos doutes sur l'existence nécessaire de la substance proviennent de cette confusion. De même que nous ne saurions concevoir clairement et distinctement en elle quelque négation (et donc quelque finitude) que ce soit, seul un mode pouvant être conçu comme fini, de même nous ne saurions comprendre la nature d'une substance et douter en même temps de son existence. Ce serait comme si nous avions une idée vraie de la substance et que nous doutions de cette vérité[3].

De la même manière, on ne peut douter qu'il n'existe qu'une seule substance de même nature (ou attribut) que si l'on confond ce qui existe par autre chose (le mode) et ce qui existe par soi (la substance) : car une chose ne peut exister en un certain nombre d'exemplaires que si est donnée une cause de ce nombre précis, c'est-à-dire une cause pour l'existence de chaque exemplaire. Or cette cause ne peut se trouver dans la nature

1. Voir TRE, § 89.

2. E, I, 8, sc. 1.

3. *Cf.* E, I, 8, sc. 2 : Spinoza mentionne cet argument sans le développer (nous ne pouvons douter d'une idée vraie), argument qui apparaissait déjà dans le *Traité de la réforme de l'entendement* (*cf.* § 30). Il fera l'objet de plus amples justifications dans la partie II de l'*Éthique*.

de la chose existant en plusieurs exemplaires, puisque la nature d'une telle chose n'implique aucune pluralité précise. Que l'on définisse le triangle, l'homme ou le cheval, leur définition n'implique pas en elle-même qu'il en existe tel nombre plutôt que tel autre. On peut dès lors logiquement en conclure l'unicité de la substance : puisque la pluralité implique l'extériorité de la cause, alors l'intériorité de la cause implique l'unicité. Une substance de même nature ne peut donc exister qu'en un seul exemplaire[1].

Il reste néanmoins que, depuis le début, nous avons parlé indifféremment de *la* substance ou d'*une* substance, comme s'il y avait une hésitation sur le nombre possible de substances susceptibles d'exister. Le latin peut d'ailleurs laisser indécis : lorsque la proposition 7 affirme « *ad naturam substantiæ pertinet existere* », on ne sait s'il faut entendre qu'exister appartient à la nature d'*une* substance ou de *la* substance ; les deux traductions sont d'ailleurs possibles[2]. La formulation de la proposition 8 laisse même entendre qu'il peut tout à fait exister plusieurs substances, voire une infinité : « *omnis substantia est necessario infinita* », « toute substance est nécessairement infinie » – cette proposition, toutefois, demeurant vraie si jamais il n'en existe qu'une.

Si donc il est certain qu'il ne peut exister plusieurs substances de même nature (proposition 5), qu'une substance d'une certaine nature ne peut être produite par une autre de même nature (proposition 6), qu'elle est donc nécessairement cause de soi (proposition 7) et infinie (proposition 8), il n'est pas encore certain qu'il ne puisse pas exister plusieurs substances de nature différente : autrement dit, plusieurs substances d'attributs différents, puisque l'attribut est ce qui constitue la nature de chaque substance.

Avec les propositions 9 et 10, la question de l'unicité absolue de *la* substance commence à être résolue[3]. Comment ? Tout simplement en étant attentif à la différence entre le concept d'attribut et celui de substance : si l'attribut désigne un certain type de réalité ou un certain genre d'être, caractéristique de l'essence de la substance – par exemple, la pensée ou l'étendue – il n'est alors pas impossible de parler de substance ayant tel ou tel attribut (de « substance pensante » ou de « substance étendue »). Mais ce

1. Spinoza fonde ce raisonnement sur quatre précisions (en soi évidentes), données dans le second scolie de E, I, 8 : 1) une vraie définition n'exprime que la nature de la chose définie ; 2) elle n'exprime donc aucun nombre précis d'individus ; 3) quand une chose existe, il y a nécessairement une cause qui la fait exister ; 4) cette cause est ou intérieure, ou extérieure.

2. Appuhn opte pour la première solution ; Guérinot et Pautrat pour la seconde.

3. Elle le sera définitivement avec la proposition 14 qui, comme nous le verrons, affirme explicitement qu'il n'y a pas d'autre substance que Dieu.

faisant, on ne parle de rien d'autre que de l'attribut lui-même, qui se confond avec l'essence de la substance qu'il constitue. Si maintenant on veut parler de l'être en soi dans son absoluité, c'est-à-dire de l'être absolument infini, ayant tous les genres d'être ou tous les types de réalité, alors on parlera bel et bien de la substance en son sens absolu, en son sens véritable; et on sera forcé de lui attribuer tous les genres d'être possibles, tous les types de réalité. La chose qui a le plus de réalité est la chose dont la nature est constituée du plus grand nombre possible d'attributs[1]. Même si chaque attribut se conçoit par lui-même, et non par un autre (sinon, il aurait avec lui un attribut en commun, autrement dit, il lui serait identique), il n'exclut pas que d'autres attributs constituent également l'essence de *la* substance. Il est même nécessaire que la substance, en tant qu'on la considère dans son infinité absolue, soit constituée d'une infinité d'attributs, chacun infini en son genre, chacun éternel.

En somme, concevoir un attribut, c'est concevoir la substance sous un certain genre d'être, éternel et infini; et concevoir un autre attribut, c'est concevoir cette même substance, sous un autre type de réalité, tout aussi éternel et infini. Mais concevoir la substance en elle-même, c'est concevoir tous les genres d'être possibles unis dans la constitution d'une même essence, celle de l'être le plus parfait. Concevoir la substance en elle-même, c'est donc concevoir Dieu, cet être absolument infini, consistant en une infinité d'attributs, dont chacun exprime une essence éternelle et infinie. Or, puisqu'il appartient à la nature de la substance d'exister (proposition 7), Dieu nécessairement existe (proposition 11).

Pour plus de clarté, Spinoza donne d'abord trois démonstrations, deux *a priori*, une *a posteriori*, de cette affirmation de l'existence nécessaire de Dieu. Ces trois preuves ont en commun de ne pas démontrer l'existence de Dieu positivement, à partir de sa propre essence, mais négativement, à partir de l'impossibilité de sa non-existence. Ce sont trois preuves par l'absurde – l'expression «*absurdum est*» ponctuant chacune de ces démonstrations.

La première preuve est une démonstration très simple, qui s'appuie sur l'idée de substance : si on conçoit que Dieu (qui est substance) n'existe pas, alors on nie la proposition 7, qui affirme l'existence nécessaire de toute substance.

La deuxième preuve est une démonstration par l'impossibilité de la cause de sa non-existence, et s'appuie sur l'idée de perfection : cette cause qui pourrait empêcher Dieu d'exister doit être soit hors de lui, soit en lui; si

1. Voir E, I, 9.

elle lui est extérieure, alors elle est soit dans une autre substance de même nature (c'est-à-dire dans une substance divine, ce qui pose l'existence de Dieu), soit dans une autre substance de nature autre, ce qui est impossible car une substance qui n'aurait rien de commun avec Dieu ne pourrait produire aucun effet sur lui (ni poser son existence, ni la supprimer). Reste donc une seule possibilité : que la cause qui supprime l'existence de Dieu soit en lui, ce qui signifierait que sa nature implique contradiction. Or, où serait la contradiction dans la définition de Dieu ? Où serait l'imperfection de son essence ? Dieu donc ne peut pas ne pas exister, ni par une cause extérieure, ni par une cause intérieure : il existe donc nécessairement.

La troisième preuve est une démonstration *a posteriori*, et s'appuie sur l'idée de puissance. Celle-ci est conjuguée aux trois modalités de l'existence – la contingence, la possibilité et la nécessité – dans un *crescendo* qui relève pour Spinoza de l'évidence : pouvoir ne pas exister (la contingence d'existence) est impuissance ; pouvoir exister (la possibilité d'existence) est puissance ; ne pas pouvoir ne pas exister (la nécessité d'existence) est donc plus grande puissance encore (cela, Spinoza ne le précise pas, tellement l'affirmation est évidente). Or, si seuls des êtres finis ont la nécessité d'existence, cela signifie qu'un être absolument infini, dont l'existence serait donc seulement possible, ou pire, seulement contingente, est moins puissant que des êtres finis. Nouvelle absurdité, puisque le fini enveloppe une négation par rapport à l'infini. Donc ou bien rien n'existe, ou bien si des êtres finis existent, alors existe l'être absolument infini. Or, partant du constat que du fini nécessairement existe, nous devons en conclure que, à plus forte raison, l'absolument infini, c'est-à-dire Dieu, existe nécessairement. La preuve *a posteriori* est donc en même temps une preuve *a fortiori*. Toutefois, comme le précise le scolie de la proposition 11, de « ce même fondement » selon lequel la possibilité d'existence exprime une position de puissance alors que la contingence d'existence équivaut à une négation de puissance, on peut tirer une preuve *a priori* de l'existence de Dieu. Considérons en effet la seule essence de Dieu, indépendamment de l'existence de quelque mode fini que ce soit : cette essence est celle d'un être qui possède toute la réalité, toute la perfection possible. Dieu a donc en lui toute la puissance pour exister : il a par lui-même toutes « les forces » pour exister, dit le scolie en utilisant un pluriel remarquable. De toutes ses forces, de toute son omnipotence, Dieu peut donc exister. Or, si aucune force extérieure à lui ne peut empêcher son existence, si toutes les forces en lui au contraire posent cette existence, alors Dieu existe nécessairement. La possibilité absolument infinie d'existence se commue en nécessité d'exister. Ici, en filigrane, se dessine déjà la conception spinoziste de la puissance comme actualité pleine et entière : pouvoir exister ne se réduit pas à une potentialité neutre, ou à une virtualité sans effet. Pouvoir exister signifie affirmer de soi et par soi une puissance réelle, effective, d'exister. Autrement dit, *une possibilité logique est toujours en même temps une puissance ontologique*. Qui donc peut infiniment exister possède une puissance sans faille d'existence; et posséder une puissance absolument infinie d'exister, c'est exister absolument, ou nécessairement.

Telle est la preuve enfin positive de l'existence de Dieu, procédant non pas par l'absurde, c'est-à-dire par la démonstration de l'impossibilité de son inexistence, mais par la compréhension de la logique même de son essence: Dieu peut infiniment exister, Dieu a une infinie puissance d'existence, Dieu existe donc nécessairement.

Union et distinction en Dieu

L'originalité de la démonstration spinoziste de l'existence nécessaire de Dieu tient, nous l'avons vu, dans ce qu'on pourrait appeler la logique réaliste de son essence: Spinoza en effet pousse dans ses derniers retranchements l'idée selon laquelle l'être absolument infini possède toute la réalité, toutes les réalités possibles, et ce de façon univoque. C'est en un même sens que tous les genres d'être, tous les types de réalité doivent lui être attribués. En son essence sont unies de façon égale toutes les forces d'être, sans hiérarchie et sans reste. En somme, Dieu est une substance dont l'essence est constituée d'une infinité d'attributs à parts égales, et c'est cette union en lui d'une infinité d'attributs, eux-mêmes éternels et infinis, qui nécessairement le fait exister. L'originalité spinoziste est donc non pas dans la définition de Dieu comme être absolument infini, dont la puissance est absolument actuelle; mais dans la conséquence logique qu'il faut en tirer: tous les genres d'être le constituent à part entière, et c'est de cette constitution absolue qu'il faut tirer la nécessité de l'existence divine. Spinoza a bien conscience de la singularité de cette position, qui n'est jamais que la radicalisation, tout à fait conséquente, de la définition traditionnelle de l'être divin: il est nécessaire de penser la substance comme constituée d'une infinité d'attributs, puisqu'elle est la chose qui a le plus d'être, ou de réalité possible. Le scolie de la proposition 10 insiste sur ce point:

> Il est donc loin d'être absurde d'attribuer plusieurs attributs à une seule substance; il n'y a même dans la nature rien de plus clair que le fait que chaque être [*ens*] doit se concevoir sous quelque attribut, et que, plus il a de réalité ou d'être [*esse*], plus il a d'attributs, qui expriment et la nécessité,

> autrement dit l'éternité, et l'infinité; et par conséquent rien non plus n'est plus clair que le fait que l'être absolument infini doit nécessairement se définir (comme nous l'avons enseigné par la définition 6) comme un être consistant en une infinité d'attributs, dont chacun exprime une essence éternelle et infinie précise.

Une telle affirmation est on ne peut plus conséquente; mais elle a de quoi troubler plus d'un métaphysicien, ou d'un théologien, par... ses conséquences justement. Être absolument cohérent dans la définition de la substance divine signifie : donner la même dignité ontologique à tous les attributs constituant l'essence de Dieu, donner notamment la même dignité à la pensée *et à l'étendue*. Éclate ici la radicalité logique, mais aussi le scandale éthique de la pensée spinoziste : Dieu n'est en surplomb, ou en retrait, d'aucune des puissances ou perfections qui le constituent. Être tout puissant ne signifie pas être une réserve sans fond de puissance inconcevable, mais être toute la puissance actuelle dans toutes ses dimensions. Être immanent. Dieu ne sort pas de lui-même (ce serait absurde) pour produire quoi que ce soit, matière ou créatures particulières : il est cause immanente de tous les modes qui existent par lui, et en lui. Dieu n'est donc pas moins étendue que pensée (la matière, il ne la crée pas, il l'est); et partant la Nature n'est pas moins pensée qu'étendue. Diviniser la matière; naturaliser la pensée : l'union de tous les attributs en la nature divine explique que Dieu ne saurait être transcendant à aucun type d'être, à aucune réalité existante.

Cependant, par cette union de l'infinité des attributs en l'essence divine, Spinoza bouleverse les distinctions qui, traditionnellement, sont opérées entre les êtres. Plus précisément, il repense les points d'application des trois types de distinction faite entre les choses : distinction réelle, distinction modale et distinction de raison. Sous l'apparente technicité de ces distinctions se cachent des enjeux théoriques cruciaux, qui parcourent toute la philosophie de Spinoza : du rapport entre substance, attribut et mode à celui entre essence et propriété, c'est la logique même de l'être qui en jeu. Il nous faut donc assimiler le sens de ces distinctions, auxquelles souvent nous aurons à recourir.

C'est au début du chapitre V de la seconde partie des *Pensées Métaphysiques* (qui constituent l'appendice des *Principes de la philosophie de Descartes*) que Spinoza énonce en quoi consistent ces distinctions : il ne fait alors que résumer les articles 60, 61 et 62 des *Principes de la Philosophie* écrits par Descartes, auxquels il se réfère explicitement. Que disent ces articles ?

Dans l'article 60, Descartes définit d'abord la distinction réelle : elle s'applique aux substances, « car nous pouvons conclure que deux substances sont réellement distinctes l'une de l'autre, de cela seul que nous en pouvons concevoir une clairement et distinctement sans penser à l'autre». Ainsi, dans la perspective cartésienne, il existe une distinction réelle entre différentes substances corporelles, comme il existe une distinction réelle entre différentes substances pensantes; de même, il existe une distinction réelle entre une substance pensante et une substance étendue, quand bien même toutes deux seraient unies «parce que, quelque liaison que Dieu ait mise entre elles, il n'a pu se défaire de la puissance qu'il avait de les séparer, ou bien de les conserver l'une sans l'autre, et que les choses que Dieu peut séparer ou conserver séparément les unes des autres sont réellement distinctes».

Dans l'article 61, Descartes examine la distinction modale, dont il distingue deux sortes: la première est celle qui passe entre le mode et la substance dont il dépend; il y a distinction modale entre mode et substance car elle peut être conçue sans lui, mais lui ne peut l'être sans elle. La seconde sorte de distinction modale est celle qui passe entre les modes d'une même substance : certes, nous pouvons penser à un mode sans penser à un autre, mais on ne saurait concevoir clairement et distinctement aucun de ces modes sans penser à la substance dont ils dépendent. Reste à savoir si la distinction modale s'applique à des modes relevant de substances différentes: «il me semble, affirme alors Descartes (sans toutefois être catégorique), qu'on la doit nommer réelle plutôt que modale, à cause que nous ne saurions connaître les modes sans les substances dont ils dépendent, et que les substances sont réellement distinctes les unes des autres».

L'article 62 quant à lui fait le point sur la distinction de raison (nommée dans la traduction de l'Abbé Picot: «distinction qui se fait par la pensée»). Cette distinction passe entre la substance et l'un de ses attributs, «sans lequel néanmoins il n'est pas possible que nous en ayons une connaissance distincte», ou bien entre deux attributs d'une même substance, quand nous pensons à l'un sans penser à l'autre. Et Descartes précise qu'une telle distinction ne se fait que lorsque nous pensons confusément les termes que nous distinguons, par exemple lorsque nous séparons l'étendue du corps, parce qu'en vérité, il n'y a pas de différence entre eux.

Que deviennent ces distinctions dans l'œuvre de Spinoza? Elles ne changent pas de définition, et il faut retenir qu'il y a entre A et B une distinction réelle si on peut concevoir de façon claire et distincte A sans penser à B, et si inversement nous pouvons concevoir de façon claire et distincte B sans penser à A; qu'il y a en revanche entre A et B une distinction modale si on peut concevoir de façon claire et distincte B sans penser à A, mais qu'on ne peut concevoir de façon claire et distincte A sans penser à B; et enfin qu'il y a entre A et B seulement une distinction de raison si on ne peut pas concevoir de façon claire et distincte l'un sans l'autre.

Dans les *Pensées métaphysiques*, Spinoza, à propos de ces distinctions, reste dans le sillon tracé par Descartes : le chapitre V qui en rappelle les points d'application s'intitule « De la simplicité de Dieu », et pour rendre compte de cette simplicité, Spinoza affirme que Dieu ne saurait être composé « d'un assemblage et d'une union de substances »[1], puisque celles-ci se distinguent réellement, et que donc chacune existant par elle-même pourrait être conçue comme un Dieu : « il pourrait y avoir autant de Dieux qu'il y a de substances desquelles on suppose Dieu composé », ce qui est absurde. Cependant, le chapitre V se conclut sur le fait que « les attributs de Dieu n'ont entre eux qu'une distinction de raison » : ce qui pose problème, puisque Spinoza affirme également – dans la perspective cartésienne – qu'il n'y a qu'une distinction de raison entre une substance et son attribut. Comment alors se peut-il qu'il y ait une distinction réelle entre les substances, et une distinction seulement de raison entre les attributs divins ? La seule solution est que l'attribut ne s'entende pas au même sens selon qu'il constitue l'essence d'une substance créée ou selon qu'il constitue l'essence du Créateur, Dieu. Même si les *Pensées métaphysiques* jettent les bases de l'attribution de l'étendue à Dieu[2], cette équivocité implique une éminence de l'être divin par rapport à l'être des choses créées, et fait que ce texte demeure encore bien éloigné des développements du *Court Traité* et surtout de l'*Éthique*, qui usent des distinctions réelle, modale et de raison d'une tout autre façon[3].

L'enjeu fondamental de l'usage de ces distinctions est en effet d'expliquer comment Dieu, qui est l'être absolument infini, enveloppant toutes les perfections possibles, doit néanmoins être compris comme immanent à ses

1. PM, II, 5 (A, p. 367).

2. PM, I, 2 (A, p. 342). Voir sur cette question l'article de Ch. Jaquet, « Le problème de l'attribution de l'étendue à Dieu dans les *Pensées métaphysiques I*, chap. II) », dans *Les* Pensées métaphysiques *de Spinoza*, Ch. Jaquet (dir.), Paris, Publications de la Sorbonne, 2004, p. 37-59.

3. En dépit des problèmes de datation des écrits de jeunesse de Spinoza, rappelons que le *Court Traité* est considéré comme antérieur aux *Principes de la philosophie de Descartes* (publiées en 1663), dont les *Pensées métaphysiques* constituent un appendice (mais ces *Pensées métaphysiques* ont-elles été rédigées à la même époque que les *Principes de la philosophie de Descartes* ?). Quoi qu'il en soit, le *Court Traité* et les *Principes* n'ont pas du tout le même statut : alors que les *Principes*, même s'ils comportent déjà quelques « inflexions » spinozistes, constituent un texte de présentation de la philosophie de Descartes (à l'usage de Cæsarius, élève de Spinoza), le *Court Traité* quant à lui fait plutôt figure de laboratoire, collectif, de la pensée spinoziste, avant la rédaction future de l'*Éthique* (sur les problèmes que pose le texte du *Court Traité* – sa langue, son statut, sa date – voir P.-F. Moreau, « Le *Court Traité* », dans *Lectures de Spinoza*, P.-F. Moreau et Ch. Ramond (dir.), Paris, Ellipses, 2006, chap. IV, p. 46-47).

propres productions. Pour ce faire, il faut concilier la multiplicité infinie des genres d'être constitutive de la richesse absolue de l'essence divine avec l'unicité de Dieu : il faut notamment montrer en quoi attribuer à Dieu l'étendue infinie (en plus de la pensée infinie – et même en plus d'une infinité d'autres attributs infinis) ne signifie pas faire de Dieu plusieurs Dieux.

Avec le début de l'appendice du *Court Traité*, qui fournit sous forme géométrique un premier exposé de la théorie spinoziste de la substance, une étape est franchie. Cette théorie de la substance, qui peut être considérée comme un embryon du début de l'*Éthique*, repose tout entière sur les distinctions réelle et modale, qui sont explicitement l'objet de deux axiomes (les axiomes 2 et 3), et constituent le cœur de chacune des démonstrations justifiant les quatre propositions contenues dans cet exposé. Y est formulée l'idée que la distinction entre les attributs infinis, identifiés à des substances n'ayant rien de commun entre elles, est une distinction réelle. Cependant, même si l'exposé se conclut (dans le corollaire de la proposition 4) sur l'identification de la nature, formée « d'une infinité d'attributs, chacun d'eux infini et parfait en son genre », à l'essence de Dieu, « seul glorieux et béni »[1], manque encore l'idée de la *substance absolument infinie*, une et unique, par laquelle Dieu, ou la Nature, se définit.

La question de l'unicité de la substance sera dénouée, nous l'avons vu, grâce aux propositions 9, 10 et 11 d'*Éthique* I, qui se concluent sur l'existence nécessaire de Dieu; elle sera définitivement close avec la proposition 14 :

> À part Dieu il ne peut y avoir ni se concevoir de substance.

Dès lors sont clarifiés les rapports entre les attributs et la substance : celle-ci est une et unique, ceux-là en constituent son essence, et il en existe une infinité. La distinction réelle n'est donc plus ce qu'elle était chez Descartes : une distinction substantielle. Elle passe entre les attributs, qui se conçoivent bel et bien indépendamment les uns des autres, et entre lesquels on ne peut donc plus dire, comme le faisaient les *Pensées métaphysiques*, qu'il y a une distinction seulement de raison. La distinction réelle entre les attributs de l'unique substance est néanmoins présentée, dans le scolie de la proposition 10, sous la forme d'une concessive :

1. CT, II, app., prop. 4, cor.

> Encore que l'on conçoive deux attributs réellement distincts, c'est-à-dire l'un sans l'aide de l'autre, nous ne pouvons pourtant pas en conclure qu'ils constituent deux êtres, autrement dit deux substances différentes.

L'essentiel pour Spinoza est de penser la distinction réelle des attributs à même l'unicité de la substance : l'être, en tant qu'il est absolument infini, ne peut être qu'un (rien n'existe en dehors de lui) ; et en même temps, en tant qu'il est absolument infini, il ne peut pas ne pas être constitué d'une multiplicité infinie d'attributs (il est constitué de tous les genres d'être)[1]. Tel est bien le sens de l'infinité *absolue* de Dieu :

> Je dis infini absolument, et non en son genre ; en effet, ce qui n'est infini qu'en son genre, nous en pouvons nier une infinité d'attributs ; tandis que, ce qui est absolument infini, appartient à son essence tout ce qui exprime une essence et n'enveloppe pas de négation[2].

Alors que les *Pensées métaphysiques* consacraient un chapitre à la « simplicité de Dieu », ce propre divin disparaît en tant que tel du *Court Traité* et de l'*Éthique* : comme si la question de la pluralité infinie des attributs dans l'unicité substantielle faisait passer au second plan l'idée d'une simplicité absolue de l'essence divine. Un Dieu unique, mais constitué en son essence d'une infinité de genres d'êtres, d'une infinité d'essences (ses attributs) ; un Dieu unique, mais producteur en son essence d'une infinité de choses, d'une infinité d'affections (ses modes) : est-ce trop pour soutenir encore que Dieu soit un être simple, indécomposable, indivisible ?

1. Deleuze, dans *Spinoza et le problème de l'expression* (Paris, Minuit, 1968), fait de la conception spinoziste des distinctions réelle, modale et de raison, le centre de son analyse du rapport entre substance et attribut. Selon lui, « l'anti-cartésianisme de Spinoza trouve une de ses sources dans la théorie des distinctions » (p. 31). Il soutient que la distinction réelle entre attributs n'est pas une distinction numérique (elle renvoie à un seul et même être : voir p. 22-32) ; il s'agit d'une distinction formelle (il rapproche alors Spinoza de Duns Scot : voir p. 52-58).

2. E, I, déf. 6, exp.

CHAPITRE III

UNION LIBRE, UNION FORCÉE : DIEU ET LES MODES

EN QUEL SENS L'IMMANENCE N'EST PAS L'INDISTINCTION

Pour dénouer cette question de la simplicité de Dieu, il nous faut d'abord revenir brièvement sur le rapport entre Dieu et ses attributs ; il nous faudra ensuite approfondir la nature de sa relation avec les modes qu'il produit.

À l'égard de ses attributs, Dieu ne peut être considéré comme constitué de parties : l'infinité absolue de Dieu, en effet, n'est pas obtenue par la sommation infinie de ses attributs infinis. Elle est ce dont aucune négation n'est possible : ni, bien évidemment, négation partielle (*ex parte*) au sens de limitation, puisqu'une telle négation ne vaut que pour le fini (selon le premier scolie de la proposition 7) ; ni même négation d'attributs, puisqu'une telle négation ne vaut que pour un attribut infini précis (selon l'explication de la définition 6). Si l'« infini », bien qu'il signifie en soi l'« affirmation absolue d'une *certaine* nature », n'exclut pas dans le cas de l'attribut la négation des genres d'être qu'il n'est pas (on peut nier d'un attribut tous les autres attributs), l'« absolument infini », quant à lui, ne saurait être que l'affirmation absolue d'une nature *absolue*, excluant par conséquent toute négation, de quelque nature qu'elle soit. Penser Dieu, c'est penser l'affirmation absolument absolue ; c'est penser la substance en elle-même, non pas comme être indéterminé[1], mais comme être constitué de tous les genres d'être possibles, c'est-à-dire intellectuellement

1. Penser la substance n'est donc pas penser l'être comme être pur, immédiateté indéterminée qui équivaudrait, comme le fait remarquer Hegel, au néant (*Science de la logique*, Premier tome – Premier livre, *L'Être*, édition de 1812, Paris, Aubier, 1972, p. 58).

concevables. Penser un attribut, quel qu'il soit, c'est encore penser Dieu, mais non pas de façon absolue : c'est concevoir Dieu *relativement* à l'une des expressions précises de son essence (rappelons que, selon le scolie de la proposition 10, chaque attribut « exprime une essence éternelle et infinie *précise* »). L'attribut est donc une détermination précise de l'essence divine. Mais en même temps, cette *relativité* de l'essence de Dieu que représente l'attribut (il est la détermination de cette essence en l'une de ses expressions précises) est une relativité par rapport à ce que l'entendement, notamment humain, peut comprendre précisément de l'essence divine : l'attribut est une détermination de l'essence divine *pour* l'entendement. L'attribut relève donc d'une relation entre essence de Dieu et entendement humain. Non que – il faut le souligner – l'attribut se réduise à une idée de l'entendement humain, et soit le résultat abstrait d'une décomposition intellectuelle, en un infini singulier, de l'essence absolument infinie de Dieu. L'attribut est certes ce que perçoit l'entendement de la nature divine (c'est là sa définition), mais il ne se résume pas pour autant à un point de vue pris sur la substance : l'attribut n'est pas une idée de l'esprit, il est une dimension réellement constitutive de l'essence divine.

« Dieu » en effet est le nom de l'être en soi lorsqu'il est conçu comme absolument infini. « Attribut » est le nom de l'être en soi lorsqu'il est conçu selon l'une de ses dimensions, comme infini en son genre. Pour l'expliquer, Spinoza, dans une lettre à Simon de Vries, reprend l'exemple aristotélicien du rapport entre la surface et la couleur :

> J'entends par plan ce qui réfléchit tous les rayons lumineux sans altération ; j'entends par blanc la même chose à cela près que l'objet est dit blanc par un homme qui regarde le plan [1].

L'analogie implicite dans cet exemple (l'attribut est à la substance ce que le blanc est au plan) peut être trompeuse : alors que « blanc » désigne la manière dont un homme voit le plan, c'est-à-dire l'imagine, l'attribut désigne la manière dont l'entendement perçoit la substance, c'est-à-dire la comprend. Dans le premier cas, « blanc » nomme une qualité qui *indique* ou *enveloppe* la nature du plan, mais qui ne la constitue pas ; dans le second cas, « attribut » nomme une qualité *qui constitue* ou *exprime* la nature même de Dieu. Cependant, cette analogie est utile en ce qu'elle nous fait voir que « substance » et « attributs » désignent la même chose : pour reprendre la distinction de Frege entre *Sinn* (sens) et *Bedeutung* (dénotation) [2], l'attribut

1. Lettre 9 (A, p. 151).

2. G. Frege, « Sens et dénotation », dans *Écrits logiques et philosophiques*, trad. fr. et introd. Cl. Imbert, Paris, Seuil, 1971, p. 103.

et la substance ont tous deux la même dénotation, ils se réfèrent tous deux à la même entité, Dieu; mais ils n'ont pas le même sens, qui dépend de la manière dont la chose est appréhendée. « Blanc » n'est pas une partie du « plan », mais la manière dont il se donne à notre perception; de même, « attribut » n'est pas une partie de Dieu, mais ce que notre entendement peut percevoir de son essence. Dieu n'est pas saisi partiellement lorsqu'il est compris sous un attribut déterminé; il est saisi en l'une de ses expressions précises. Dieu n'est pas divisé en ses attributs; il s'exprime tout entier en chacun d'eux. Pour l'entendement, ne pas connaître la plupart des attributs divins ne signifie pas manquer la plus grande partie de l'essence divine; en connaissant Dieu à travers la Pensée ou l'Étendue, il connaît parfaitement Dieu. Il existe seulement, pour d'autres entendements non humains s'ils existent, d'autres expressions possibles de l'essence divine à saisir; mais ces entendements ne percevront alors pas « plus » de réalité en Dieu que nous-même pouvons en percevoir. Concevoir un attribut, c'est-à-dire, pour l'entendement humain, concevoir la Pensée ou l'Étendue en son infinité propre, signifie donc, si l'on veut, concevoir Dieu *au prisme* de l'une de ses qualités d'être. En somme :

> Nul attribut de substance ne peut en vérité se concevoir, d'où il suivrait que la substance puisse se diviser [1].

Reste donc, pour éclaircir définitivement la question de la simplicité de Dieu, à savoir si les modes qu'il produit peuvent quant à eux être considérés comme des parties de son essence. La question est ici plus épineuse, dans la mesure où, effectivement, Spinoza parle des modes en termes de « parties » de la puissance de la Nature. Il répète, à propos de l'homme, qu'il n'est pas dans la Nature comme un empire dans un empire [2]. Il affirme même, explicitement, que la puissance humaine est une partie de la puissance divine :

> La puissance de l'homme, en tant qu'elle s'explique par son essence actuelle, est une partie de l'infinie puissance de Dieu, autrement dit de la Nature, c'est-à-dire (par la prop. 34, p. 1) de son essence [3].

Simple en son principe, malgré l'infinité des attributs qui la constituent, l'essence de Dieu se complexifierait dans ses conséquences qui, en vertu de l'immanence de sa causalité, demeurent en elle : cette inhérence des modes en la substance divine fait-elle d'eux des parties ? Le chapitre II du *Traité*

1. E, I, 12.
2. E, III, préf. et TP, 2/6.
3. E, IV, 4, dém.

politique, qui propose dans ses premiers paragraphes une synthèse des acquis du *Traité Théologico-Politique* et de l'*Éthique* sur le droit et la liberté de l'homme, est peut-être encore plus radical sur ce point :

> La puissance des choses naturelles, par laquelle elles existent et agissent, n'est rien d'autre que la puissance même, absolument libre, de Dieu [1].

S'il n'y a aucune distance entre essence divine et essences modales, entre puissance de la Nature et puissance des choses naturelles, alors ne doit-on pas en conclure que les secondes sont des parties constitutives de la première, et que Dieu, s'il n'est pas divisible en ses attributs, l'est du moins en ses modes ?

L'une des grandes difficultés du spinozisme est sans doute de comprendre cette *altérité sans distance* entre la cause substantielle et ses effets modaux : altérité, car en toute rigueur l'essence divine n'est pas la même chose que l'essence modale; sans distance, parce que cette altérité ne signifie aucunement extériorité. Pourquoi n'est-ce pas la même chose? Parce qu'entre Dieu et ses modes ne passe pas une distinction de raison, mais une distinction modale : Dieu peut être clairement et distinctement conçu sans ses modes; ceux-ci ne le peuvent sans lui.

Spinoza est sur ce point fidèle à Descartes : la distinction modale caractérise la différence entre le mode et la substance. Alors que la substance se conçoit par soi, les modes, qui sont en elle, ne peuvent se concevoir clairement et distinctement que par elle. Précisons bien toutefois que la distinction modale, comme les autres types de distinction, concerne les choses en tant qu'elles sont conçues, et non en tant qu'elles existent[2] : nous ne disons pas en effet que Dieu peut exister sans produire ses modes, puisque nécessairement de la nature divine suivent une infinité de choses en une infinité de manières. On reconnaît là la proposition 16 d'*Éthique* I, qui aura des échos dans la dernière proposition de la partie I (proposition 36 : « rien n'existe, sans que de sa nature ne s'ensuive quelque effet »). Ce qui fait dire à Spinoza que l'essence divine est une essence agissante, une « essence actueuse » (*essentiam actuosam* selon la formule de la proposition 3 d'*Éthique* II) : exister, pour Dieu, signifie donc nécessairement produire des modes, et les produire en vertu de la nécessité même de sa nature. Cependant, il est tout à fait possible de *concevoir* adéquatement Dieu sans ses productions modales : la chose conçue (Dieu) n'est alors pas

1. TP, 2/3. Voir aussi TTP, VI, 3 et 4.

2. Deleuze insiste sur cette dimension représentative ou idéelle à propos de la distinction réelle : voir *Spinoza et le problème de l'expression*, *op. cit.*, p. 28; et son cours de Vincennes sur Kant (cours du 28 mars 1978, disponible en ligne).

coupée de ses prémisses, puisqu'elle est à elle-même son propre principe, sa propre cause (*causa sui*).

Une distinction scolastique classique, que Spinoza reprend presque incidemment dans l'*Éthique*, et qui déjà avait fait l'objet d'analyses dans le *Court Traité*[1] (se référant alors aux Thomistes), rend bien compte de cette altérité sans distance entre Dieu et les modes : la distinction entre Nature naturante et Nature naturée. La Nature naturante, explique le scolie de la proposition 29 d'*Éthique* I, c'est « ce qui est en soi et se conçoit par soi » ; ce sont donc les attributs de la substance, c'est-à-dire Dieu « considéré en tant que cause libre ». Pourquoi cette dernière précision ? Il s'agit de Dieu en tant que « cause » car est considérée la Nature dans sa dimension naturante, ou déterminante ; mais surtout il s'agit de Dieu en tant qu'il est « libre », car en toute rigueur seul Dieu, considéré en lui-même, c'est-à-dire dans sa dimension naturante, est chose libre[2].

> Est dite libre la chose qui existe par la seule nécessité de sa nature, et se détermine par soi seule à agir ; et nécessaire, ou plutôt contrainte (*necessaria autem, vel potius coacta*) celle qu'autre chose détermine à exister et à opérer[3].

Dieu en tant que substance est non seulement la seule chose à se concevoir *per se* (par soi-même), mais en plus, en tant qu'il est libre, il est la seule chose à exister et agir *a se* (par soi-même). Ontologiquement parlant, le mode se conçoit *per alium* (par autre chose : c'est là sa définition), et il ne peut exister et opérer que *ab alio* – cette *autre* chose étant en premier lieu la substance, dont il est une affection.

Il existe certes une union étroite entre Dieu et ses modes : il les produit en lui, ils ne peuvent se détacher de lui. Nulle part on ne trouvera ainsi chez Spinoza de propos sur une séparation réelle de l'homme d'avec Dieu. Toutefois, union ne signifie pas identité : le mode est par nature « naturé », il est ce qui existe par un autre, et cet autre qui le « nature », cet autre « naturant », c'est d'abord et avant tout Dieu en tant que cause libre. La nature même du mode est donc d'être en premier lieu *un effet* : la modalité ne peut trouver son principe en elle-même, son essence ne saurait poser son existence[4] : c'est pourquoi il est tout à fait possible de concevoir adéquatement l'essence d'un cercle ou d'un cheval n'existant pas – ce qui ne

1. Voir CT, I, 8 et 9.
2. E, I, 17, cor. 2 : « seul Dieu est cause libre ».
3. E, I, déf. 7.
4. *Cf.* E, I, 24.

saurait être le cas de Dieu[1]. Le mode n'est pas *causa sui*, il n'est pas *causa libera* : il demeure toujours une chose *coacta*.

Coactus signifie « contraint », « forcé », mais aussi et surtout : « coagi ». Rien ne se fait sans l'action de Dieu entendu comme nature naturante ; toute opération modale est une coopération. Telle est donc la différence fondamentale entre la Nature naturante, qui agit par soi, et la Nature naturée, qui agit par elle – qui coagit ou est « coagie » : entre les deux, répétons-le, existe une distinction modale et non de raison. Nature naturante et Nature naturée ne sont pas deux entités fondamentalement identiques, qui se distingueraient seulement par les points de vue qu'on peut prendre sur une même Nature : si c'était le cas, alors la nature naturante ne pourrait pas adéquatement se concevoir sans la nature naturée, les attributs ne pourraient pas se concevoir sans les modes, finis ou infinis.

L'immanence n'est donc pas l'identité de la Nature naturante et de la Nature naturée ; elle est l'absence de distinction *réelle* entre les deux, qui n'est pas exclusive d'une distinction modale. Ainsi, à propos des modes de l'attribut étendue, le scolie de la proposition 15 d'*Éthique* I affirme :

> La matière est partout la même, et les parties en celle-ci ne se distinguent pas, sinon en tant que nous concevons la matière être affectée de diverses manières, si bien que ses parties se distinguent seulement modalement, et non pas réellement.

En ce sens, et en ce sens seulement, les modes sont des parties de l'essence divine. Ce sont des parties qui ne divisent pas cette essence, mais qui y participent : les modes sont des parties de Dieu conçu comme affecté par ses effets, et non des parties de Dieu conçu en tant que cause. En somme, les modes sont des parties de la Nature naturée, non de la Nature naturante. Spinoza nous convie donc à penser ici le concept de « partie », et sa relation à un « tout », à partir de la distinction modale : entre Dieu et ses attributs, il n'y a qu'une distinction de raison, et c'est pourquoi les attributs ne sauraient être compris comme des parties de Dieu. En revanche, entre Dieu et ses modes, il y a une distinction modale : le « tout » (ici Dieu, qui est un tout non totalisable) peut être compris sans que soient envisagés ses modes ou ses parties ; mais ses parties, qui sont en lui, ne le peuvent sans lui.

Aussi Spinoza, dans l'*Éthique*, s'abstient-il de parler de la simplicité de Dieu : il parle de son indivisibilité, entendue comme impossible partage de Dieu en des parties qui retiennent sa nature substantielle[2]. Car de même que

1. Dieu ne peut être compris, Spinoza ne cesse de le répéter, que comme existant (voir par exemple Lettre 12 et TP, 2/2).

2. Voir E, I, 13 et sc.

Dieu ne saurait se diviser ou se dupliquer en parties substantielles, finies ou infinies, de même ses parties modales ne sauraient être constituées par la substance, ou par ses attributs éternels et infinis. L'essence de Dieu *ne constitue pas* l'essence des modes : elle la *produit* seulement.

CONSISTANCE ET CONTRAINTE DES MODES

Affirmer que Dieu est cause immanente, et non transitive, ne signifie pas que les effets s'identifient à la cause. Le rapport de chaque mode avec chaque attribut, et notamment de l'homme avec Dieu, est donc bel et bien une « union » : l'homme n'est pas dans une relation d'extériorité avec Dieu, même s'il peut être déterminé à se vivre comme tel. Mais il n'est non plus dans une relation fusionnelle avec lui : jamais l'homme ne pourra être confondu avec Dieu. L'union de l'homme avec Dieu est une union nécessaire, comme l'est le lien d'une conséquence avec son principe : elle est l'union de deux êtres différents, sans que la différence ne puisse se résoudre en une extériorité ou étrangeté. Cependant, faire du mode une chose ontologiquement contrainte, n'est-ce pas condamner l'homme à une forme de servitude à l'égard de Dieu[1] ? Comment même parler de « liberté humaine » – formule qui donne pourtant son titre à la cinquième partie de l'*Éthique* – si l'homme ne peut jamais devenir « cause libre » ?

Nous tombons, semble-t-il, de Charybde en Sylla lorsque nous tentons de penser l'union de l'homme avec Dieu. Ou bien nous insistons sur l'immanence de cette relation, et alors nous sommes tentés de faire de l'homme une partie de la puissance divine : mais Spinoza n'insiste-t-il pas sur l'indivisibilité de l'essence divine, et notamment de l'Étendue ? Ou bien nous insistons sur la différence au cœur de cette union, et alors nous sommes tentés de faire de l'homme une chose contrainte : mais Spinoza n'affirme-t-il la possibilité d'une liberté humaine, d'autant plus grande que l'homme participe davantage de la puissance de Dieu ?

Pour sortir de ce dilemme, il est nécessaire de bien entendre ce qui constitue l'*essence* d'une chose – l'essence de Dieu ou celle du mode – et de

1. Le *Court Traité* assume pleinement cette assimilation de la dépendance à l'égard de Dieu à une servitude : « nous sommes véritablement les serviteurs, et même les esclaves de Dieu et [...] notre plus grande perfection est de l'être nécessairement » (CT, II, 18/2). Le *Traité politique*, lui, usera d'une métaphore moins radicale, inspirée de l'*Épître aux Romains* de Paul, mais conduisant elle aussi, semble-t-il, au fatalisme : « nous devons nous souvenir que nous sommes au pouvoir de Dieu comme l'argile est au pouvoir du potier qui de la même glaise tire certains vases d'usage noble, d'autres d'usage ignoble » (TP, 2/22).

saisir la relation qui tous deux les unit. Ce par quoi se définit l'essence d'une chose ne peut être commun à plusieurs choses : il s'agit nécessairement de quelque chose qui la constitue en propre, c'est-à-dire qui l'identifie en sa singularité. Autrement dit, l'élément définitionnel d'une chose est ce qui pose la chose, mais également ce qui est posé par elle :

> Je dis appartenir à l'essence d'une chose ce dont la donation pose nécessairement la chose, et ce dont la suppression détruit nécessairement la chose ; ou encore ce sans quoi la chose, et *vice versa* ce qui, sans la chose, ne peut ni être ni être conçu.

Tout est dans ce « vice versa » : l'essence d'une chose n'est pas simplement ce dont la position pose la chose (et ce dont la suppression la supprime) ; elle est aussi ce qui est posé par la position de la chose (et qui est supprimé par sa suppression).

Dans le cas de Dieu, l'infinité des attributs infinis est bien ce qui identifie Dieu : ces attributs donnés, Dieu est posé ; ces attributs supprimés, Dieu est détruit. Mais inversement, si Dieu ne peut être sans ses attributs, ceux-ci n'ont aucune raison d'être si Dieu n'est pas donné. Pas un seul attribut ne peut être si Dieu n'est pas ; et un seul attribut manquant signifie la destruction de la substance infinie. L'essence de Dieu est donc constituée par l'infinité de ses attributs infinis.

Dans le cas d'un mode, ce qui appartient à son essence propre ne peut être quelque chose qui caractérise également l'essence d'un autre mode : aussi faut-il soigneusement distinguer entre ce que l'essence du mode *enveloppe*, et ce qui *appartient* à cette essence. Le premier élément peut être une propriété *commune*, qui ne distingue aucune chose en particulier : le cas exemplaire est celui de l'attribut, qu'enveloppent tous les modes qui lui appartiennent (l'attribut de la pensée est la propriété commune de toutes les idées, l'attribut de l'étendue celle de tous les corps). Le second élément, qui constitue le mode en question, et lui seul, est une propriété *singulière*.

C'est pourquoi Dieu et les attributs *n'appartiennent* à l'essence d'aucun mode[1] : la Nature naturante n'appartient pas à la Nature naturée (et de la même manière, on ne dira pas que le mode appartient à Dieu réellement, mais seulement modalement). Le mode ne peut être conçu sans Dieu ; mais Dieu peut très bien l'être sans lui : une fois le mode supprimé, Dieu n'est pas détruit[2].

1. Voir E, II, 10, sc. 2. Ce point décisif était déjà formulé en CT, II, préf., 5.

2. Il faudra, comme nous le verrons, distinguer entre essence et existence du mode : l'existence temporelle du mode est une existence temporaire, on peut alors parler de destruction modale lorsque le mode ne dure plus ; l'essence du mode (par laquelle s'explique son

En somme, entre ce qui appartient à l'essence d'une chose et cette chose, il n'y a qu'une distinction de raison (l'un sans l'autre ne peuvent être adéquatement conçus). C'est une des raisons pour laquelle la distinction qui passe entre Dieu et le mode n'est ni réelle, ni conceptuelle : elle est modale parce qu'à la fois elle laisse une autonomie définitionnelle au mode (ce que ne ferait pas une distinction de raison) et crée une dépendance entre lui et Dieu (ce qu'empêcherait une distinction réelle). *Le mode est, en même temps, ce qui ne peut être conçu sans Dieu et ce qui pourtant se définit par autre chose que par lui.*

L'enjeu premier de la compréhension de l'union entre Dieu et le mode réside donc bien en ceci : saisir comment, alors qu'il y a une union entre le mode et Dieu, alors même qu'elle est, si l'on veut, forcée (le mode est *ab alio*), cette union pourtant, parce qu'elle n'est pour le mode ni dilution, ni soumission, lui laisse, et même lui confère, une consistance certaine. Le mode est doté d'une essence, d'une perfection propres, et cette puissance qui est la sienne, il la tient tout entière de la substance divine à laquelle il est ontologiquement uni. Essence, perfection, puissance du mode : cette identification pour désigner ce qui fait l'être même du mode est permise justement parce qu'elle vaut en Dieu, c'est-à-dire pour Dieu et pour tout ce qui est en lui. L'essence modale est quelque chose d'absolument positif, et cette positivité intrinsèque est celle-là même de l'essence de Dieu, absolument parfait et tout-puissant.

Néanmoins, l'antinomie pour le mode entre son statut de chose contrainte (*ab alio*) et la possibilité de devenir libre n'est pas complètement levée. Certes, on comprend déjà que la liberté ne pourra consister en un détachement du mode à l'égard de Dieu. En effet, que signifie la liberté ? Non pas devenir « cause libre », car une telle causalité ne convient qu'à Dieu ; mais, disons, dans une première approche, pouvoir agir davantage, avoir plus de puissance. Gagner en perfection ; jouir toujours plus de sa perfection même. Ce qui n'est autre chose que participer davantage de la perfection divine. Soit. Mais alors, un problème se pose : si chaque mode, et l'homme en particulier, peut être plus ou moins parfait, il a donc la possibilité, malgré l'union étroite qui le lie à Dieu, de renforcer (ou d'affaiblir) ce lien intime. Il a la possibilité de gagner ou de perdre en perfection, de voir sa puissance d'agir augmenter ou diminuer (ces transitions de perfection, Spinoza les désigne, nous le verrons, par les noms d'affects de « joie » et de

existence éternelle) est une vérité éternelle, qui par définition ne peut être supprimée, pas plus qu'elle ne peut devenir fausse.

« tristesse »). En un mot, l'homme a la possibilité d'être plus ou moins nié ou limité dans sa puissance, c'est-à-dire dans son union intime avec Dieu.

Or, puisque la limitation est ce qui définit la finitude, il apparaît que l'antinomie de la liberté et de la contrainte repose sur une antinomie plus fondamentale encore : celle qui oppose le fini à l'infini. La question de la liberté comme devenir ne se pose que pour le mode fini. Car lui seul peut devenir non pas cause libre, mais ce que nous pourrions appeler : *effet libre*. Libre, il le deviendra s'il parvient peu à peu à faire reculer les limites négatrices de sa puissance; effet, il le demeurera dans la mesure où il ne peut pas ne pas être et être conçu par Dieu.

Toutefois, la liberté à laquelle est susceptible de parvenir le mode fini ne répond plus tout à fait, semble-t-il, à la définition 7 de la première partie de l'*Éthique*. Rappelons en effet que deux conditions sont requises pour dire d'une chose qu'elle est libre. D'une part, qu'elle existe par la seule nécessité de sa nature – mais n'est-ce pas propre à la seule substance ? –; d'autre part, qu'elle se détermine par soi seul à agir – mais comment est-ce possible, si le mode est nécessairement pris dans les rets de la série infinie des causes finies ? La première condition fait que l'homme jamais ne pourra devenir « *cause* libre »; mais la seconde paraît faire que jamais l'homme ne pourra devenir autre chose qu'une « cause *contrainte* ». La finitude de l'homme, qui d'un côté est la condition de sa liberté entendue comme devenir, apparaît désormais, de l'autre côté, comme ce qui l'afflige d'une double contrainte : le mode fini n'est-il pas contraint à la fois en tant qu'il est mode (il existe et opère *ab alio*, par Dieu) et en tant qu'il est fini (il est limité *ab alio*, par une autre chose elle-même finie) ? Comment dès lors peut-il accéder au statut d'« effet libre » ?

L'ANTINOMIE DU FINI ET DE L'INFINI

Pour résoudre ces difficultés, il nous faut saisir précisément ce que signifie la finitude humaine, et quel est son rapport – s'il en est un – avec l'infinité. Pour ce faire, il nous faut pénétrer plus avant dans l'architecture de l'ontologie spinoziste, et ajouter aux distinctions entre substance, attributs et modes celles entre modes infinis et modes finis, entre modes infinis immédiats et modes infinis médiats, et entre modes éternels et modes temporels. Cette architecture, contemplée de l'extérieur, a de quoi intimider l'impétrant; mais si nous en comprenons peu à peu la nécessité logique, et surtout les enjeux éthiques, nous verrons qu'elle abrite bien des passages pouvant nous conduire à la compréhension de notre salut. Commençons par la première façade : les modes infinis.

Pourquoi des modes éternels et infinis ?

Nous l'avons vu, le fini se dit avant tout d'une négation de l'infini, qui toujours est premier. L'infini est le propre de la substance divine (absolument infinie) ainsi que de chacun de ses attributs (infini chacun en son genre). Mais il n'en est pas la propriété exclusive : certains modes aussi sont infinis, en tant qu'ils sont produits par chaque attribut considéré dans son infinité. Spinoza en distingue deux sortes : les modes infinis produits immédiatement par l'attribut, et les modes infinis produits par l'intermédiaire des premiers (l'usage faisant qu'on appelle les uns modes infinis immédiats, et les autres modes infinis médiats). Quelle réalité recouvrent ces modes infinis ? Puisque nous ne connaissons que deux attributs, la pensée et l'étendue, nous avons accès seulement aux modes infinis qui dépendent d'eux. Dans la lettre 64 à Schuller, Spinoza, pour les identifier, donne ces indications :

> Pour les exemples que vous demandez, ceux du premier genre sont pour la pensée l'entendement absolument infini, pour l'étendue le mouvement et le repos ; ceux du deuxième genre la figure de l'univers entier qui demeure toujours la même bien qu'elle change en une infinité de manières. Voyez sur ce point le scolie du lemme 7 qui vient avant la proposition 14, partie II.

Ce passage a beau être une explicitation, il pose en vérité plus de problèmes qu'il n'en résout. Relevons-en deux.

a) D'abord, pourquoi faire de l'entendement absolument infini, c'est-à-dire de l'entendement divin, le mode infini immédiat de la pensée ? Pourquoi ne se confond-il pas avec l'essence même de Dieu, comme le pensent la plupart des théologiens ?

b) Ensuite, pourquoi ne donner que la figure de l'univers entier (*facies totius universi*) comme exemple de mode infini médiat ? Vaut-elle à la fois pour l'étendue et pour la pensée ? Si oui, pourquoi Spinoza renvoie-t-il à un lemme appartenant à ce qu'il est convenu d'appeler la petite *physique* de la partie II (se situant entre le scolie de la proposition 13 et la proposition 14) ? Et si la « face de tout l'univers » désigne alors le mode infini médiat seulement de l'étendue, quel est son équivalent dans la pensée ?

a) Le mode infini immédiat de la pensée

Pour résoudre le premier problème, il faut cerner précisément à la fois la logique de la distinction entre attribut et mode infini immédiat, et la portée éthique de cette distinction. La logique de cette distinction est simple : pour comprendre n'importe quelle pensée ayant un objet déterminé, il faut d'abord saisir ce qu'est la pensée en soi, sans la rapporter à quelque objet que ce soit. L'attribut de la pensée, c'est cela : la pensée considérée en elle-même, la pensée sans objet. Précisons que nous ne voulons pas dire qu'une pensée qui ne pense rien soit possible pour Spinoza : l'attribut de la pensée nécessairement est déterminé (par lui-même) à produire des idées qui ont chacune un objet. Mais de même qu'on peut, et qu'on doit, concevoir ce qui est en soi (Dieu) indépendamment de ce qui est en lui (les modes), et ce même s'il est déterminé à les produire nécessairement, de même faut-il concevoir la pensée (attribut divin) indépendamment des idées (modes de la pensée) qui sont en elle et par elle, et ce même si elle ne peut pas ne pas les produire. Tel est le sens, nous l'avons vu, de la distinction modale : il y a une distinction modale entre un attribut et un mode dans la mesure où on ne peut *concevoir* ce mode sans concevoir l'attribut dont il dépend, mais qu'on peut *concevoir* cet attribut sans concevoir le mode qui est en lui – et ce même si cet attribut ne peut *exister* sans qu'*existe* ce mode. Cette raison logique, à elle seule, suffit à justifier qu'une idée, même celle de Dieu, dans la mesure où elle est une pensée déterminée (une pensée de quelque chose), soit seulement un mode qui se déduit de la pensée déterminante (de la pensée en tant qu'attribut).

Mais en même temps ne doit pas nous échapper l'enjeu éthique de cette raison logique : en comprenant l'entendement divin non comme un élément constitutif de l'essence de Dieu, mais comme un effet de sa puissance, Spinoza nous donne peu à peu les moyens d'en finir avec une représentation anthropomorphique et finaliste de l'agir divin. L'enjeu n'est autre que la saisie de la logique même du réel, et de notre activité en lui : ainsi seulement commencerons-nous à entrevoir comment une liberté humaine est possible.

Si en effet l'entendement divin appartient à la nature naturée, et non pas naturante, c'est que, tout comme la volonté, il n'est pas premier dans l'ordre logique de la production des choses. Dieu n'est pas un être qui d'abord conçoit ce qui est possible, pour ensuite choisir ce qui est à créer; Dieu n'agit pas pour faire passer à l'existence ce que la volonté, parmi les possibilités que l'entendement lui a représentées, a décidé de créer. L'entendement divin n'est pas l'idée de tous les possibles; la volonté divine n'est pas l'arbitre des existences. Se représenter ainsi l'agir divin n'est autre que projeter en Dieu la manière dont on se représente l'agir humain : ce qui revient à penser l'infini à partir du fini, et donc à renverser l'ordre des choses – le travail philosophique consistant, pour Spinoza, à remettre les choses à l'endroit et à avancer dans le bon ordre[1]. Nous

1. Le *Traité de la réforme de l'entendement* insiste à maintes reprises sur la nécessité d'avancer dans le vrai selon « l'ordre dû » (*debito ordine*). L'appendice d'*Éthique* I montre en quoi le préjugé anthropomorphique et finaliste renverse la nature, qu'il s'agit donc de

retrouvons ici l'idée d'une absence de prééminence de la pensée sur l'étendue : si les choses existent, ce n'est pas parce qu'elles ont d'abord été conçues par quelque entendement créateur – le concept ne précède pas l'être[1]. Mais plus fondamentalement, nous retrouvons surtout la critique spinoziste d'une puissance divine qui serait contingente, indéterminée, et pourrait donc ne pas faire ce que pourtant elle peut : qu'on se représente la puissance créatrice de Dieu à la manière de Leibniz, comme une puissance des contraires qui peut faire ou ne pas faire (Dieu fait passer à l'existence, en vertu de sa suprême sagesse, ce que son entendement conçoit comme le meilleur des mondes possibles), ou à la manière de Descartes comme un arbitraire absolu, une liberté radicalement indifférente à ce qu'elle crée (Dieu ne veut pas ce qui est bon, mais une chose est bonne parce qu'il la veut), le schéma est toujours celui d'une puissance qui agit comme elle l'entend, ou comme elle le veut. Un tel schéma, certes, est toujours moins faux que celui qui soumet l'action divine à une contrainte externe : pour Spinoza, mieux vaut encore le Dieu cartésien (ou même plus tard leibnizien) que le démiurge platonicien[2] ; mieux vaut concevoir une toute-puissance sans raison d'agir (ou trouvant ses raisons en elle-même) qu'un être agissant en raison d'un modèle s'imposant à lui ; mieux vaut à tout prendre un Dieu doté d'une puissance indéterminée qu'un Dieu opérant *sub ratione boni* (en raison ou en fonction du bien)[3].

Faire de l'entendement et de la volonté de Dieu des modalités de son essence consiste donc à en faire des choses certes contraintes, mais sous la pleine dépendance de Dieu : c'est en faire l'expression de l'absolue nécessité de son essence agissante. Dieu agit par la même nécessité qu'il existe : la sienne[4]. En cette nécessité réside l'immutabilité de Dieu : quand bien même on imaginerait que son entendement et sa volonté appartiennent à son essence, la logique même de son essence interdirait qu'on la pense comme pouvant produire autre chose que ce qu'elle produit, ou dans un autre ordre que celui qu'elle suit : ce serait détruire la puissance de Dieu au lieu de la poser. Il ne faut donc pas craindre d'« épuiser » l'essence de Dieu, qui produit tout ce qu'elle peut produire, selon un ordre nécessaire et irréversible. La puissance divine n'est pas comme un puits sans fond, qui

comprendre en la remettant à l'endroit ; et le scolie du corollaire de E, II, 10 demande que nous respections « l'ordre du philosopher » (*ordinem Philosophandi*) afin de bien saisir les modes à partir de Dieu.

1. Voir. E, II, 6, cor.
2. Voir *Timée*, 27b-29e.
3. Voir la fin du second scolie de E, I, 33.
4. Voir E, I, 17.

pourrait ne pas faire ce qu'elle fait, ou détruire ce qu'elle produit ; elle n'est pas le jouet d'une volonté indéterminée.

Le concept de « puissance », entendue comme puissance pleinement déterminée, pleinement actuelle et agissante, prend donc le pas chez Spinoza sur celui de volonté : Dieu n'agit pas en vertu d'une volonté libre, mais d'une puissance infinie[1]. Non seulement l'entendement de Dieu est une chose produite – naturée et non pas naturante – mais sa volonté l'est également – même si elle demeure une chose éternelle.

Être une chose contrainte, être *coactus* n'est donc pas l'apanage des modes seulement finis, qui subiraient la contrainte d'autres modes eux-mêmes finis. C'est le propre également des modes infinis, en tant que justement ils sont des modes. Ce n'est pas en effet le fait d'être fini ou infini qui distingue le mode de Dieu, mais le fait d'être en soi ou en un autre, d'être par soi ou par un autre. Même s'il est infini, même s'il s'agit de la volonté infinie de Dieu – dont on pourrait estimer pourtant qu'elle n'a besoin de la coopération de personne ! – le mode demeure une chose contrainte :

> De quelque manière qu'on la conçoive, soit finie, soit infinie, elle [la volonté] requiert une cause qui la détermine à exister et à opérer ; et par suite (par la déf. 7) elle ne peut être dite cause libre, mais seulement nécessaire ou forcée [*necessaria vel coacta*][2].

La volonté divine n'est pas libre ; elle a beau être infinie, elle demeure, en tant que mode, ce qui dépend d'une cause autre que soi. Dieu seul est libre, non au sens d'une puissance indéterminée, mais d'une cause qui agit en vertu de sa seule nécessité. Mais alors, que devient précisément la volonté divine dans l'architecture de l'ontologie spinoziste ? Puisqu'il faut concevoir une chose pour la vouloir, et que l'entendement divin est le mode infini immédiat de la pensée, peut-on dire que volonté divine constitue du coup le mode infini médiat de la pensée ?

b) Le mode infini médiat de la pensée

Deux candidats s'avancent dès lors pour postuler au titre de mode infini médiat de la pensée : la volonté éternelle et infinie de Dieu ainsi que la *facies totius universi*[3]. Mais les deux doivent être recalés. Le premier ne serait pas même admissible : certes, pour vouloir une chose, il faut la concevoir – il est donc logique de penser la volonté à partir de l'entendement ; mais en même temps, pour Spinoza, il n'est pas d'entendement qui soit une

1. Voir notamment E, I, 32, cor. 1 ; E, I, app. et E, II, 3, sc.

2. E, I, 32, dém.

3. La première est le candidat de M. Gueroult (*Spinoza*, *op. cit.*, I, p. 318) ; la seconde celui de nombreux autres commentateurs.

simple faculté de représentation inerte et passive. L'entendement est en acte, il est agissant : il est une intellection qui se fait connaître comme telle lorsque nous connaissons par elle quelque chose. Autrement dit, l'entendement en acte est un acte de l'entendement[1] : il affirme en toute clarté une chose et ne peut donc être conçu sans la volonté (entendue comme ce qui affirme ou qui nie). L'intellection a pour essence une volition. C'est pourquoi :

> La volonté et l'entendement ont avec la nature de Dieu le même rapport que le mouvement et le repos, et, absolument parlant, que toutes les choses naturelles qui (par la proposition 29) doivent être déterminées par Dieu à exister et à opérer d'une manière précise[2].

Entre l'entendement et la volonté dans la pensée, comme entre le repos et le mouvement dans l'étendue, il n'y a qu'une distinction de raison : l'un et l'autre doivent être pensés comme des choses naturelles, c'est-à-dire naturées, l'un et l'autre sont des modes, mais surtout, l'un et l'autre sont le même mode ; l'un ne peut être pensé sans l'autre, et *vice versa*. Pas d'intellection qui ne soit un acte de volonté ; pas de volition qui ne soit (en Dieu du moins) un acte de l'entendement ; pas de repos qui ne soit un acte du mouvement (en repos par rapport à un autre mouvement) ; pas de mouvement qui ne soit un acte du repos (en mouvement par rapport à un autre repos). De cette analogie entre entendement et volonté d'un côté, et mouvement et repos de l'autre on conclut en tout cas que la volonté infinie de Dieu, comme son entendement, constitue le mode infini *immédiat* de la pensée, comme le mouvement et le repos constituent le mode infini immédiat de l'étendue[3].

Le second candidat au poste de mode infini *médiat* de la pensée – la figure de tout l'univers – est quant à lui tout à fait admissible ; mais nous ne l'admettrons pas, non pas tant en raison de la faiblesse de ce choix, que de la véritable force d'un troisième candidat (car on ne peut admettre qu'un seul candidat pour ce poste). Pourquoi cette admissibilité ? D'abord, parce que Spinoza le mentionne sans avertir expressément qu'il ne vaut que pour l'attribut de l'étendue : on peut donc très bien admettre qu'il y ait une face, une figure ou une configuration[4] de l'univers mental comme il y a une figure de l'univers matériel. Ensuite, parce qu'il n'est pas absurde, selon les

1. Voir E, I, 31.
2. E, I, 32, cor. 2.
3. Voir TTP, IV, 8 ; E, II, 49, cor. ; ainsi que PM, II, 8.
4. Il est difficile de traduire le terme *facies*, et c'est pourquoi les commentaires emploient souvent la formule latine à la place de sa traduction. *Facies* pourrait être aussi rendue par « visage ».

indications du lemme 7 de la petite physique d'*Éthique* II (auquel renvoie la lettre 64), de penser cette face de l'univers mental comme *l'idée d'un individu infini* : si nous poussons à l'infini la composition des corps, nous dit ce lemme, « nous concevrons facilement que la nature tout entière est un seul individu, dont les parties, c'est-à-dire tous les corps, varient d'une infinité de manières sans aucun changement de l'individu total ». L'individu étant une « union de corps »[1], on ne saurait l'appeler, sous peine de forcer la lettre du texte, « individu mental » ou « individu pensant ». Il s'agit plutôt de l'idée de cet individu infini constitué de la composition à l'infini de tous les corps. On comprend ainsi pourquoi la lettre 64 disait de cette *facies*, dans une formule quelque peu paradoxale, qu'elle « demeure toujours la même bien qu'elle change d'une infinité de manières » : ce sont les parties qui se modifient; c'est le tout (qui n'est pas un monde clos mais un univers infini) qui demeure le même. Et de même que les corps varient dans la nature physique tout entière, qui est infinie et éternelle (au sens où elle demeure toujours la même), de même les idées varient dans la nature psychique tout entière, qui elle demeure une idée éternelle et infinie. Nous aurions ainsi l'architecture ontologique suivante : d'une part, de l'attribut de l'étendue suit, en tant que mode immédiat, éternel et infini, le mouvement et le repos (composé de toutes les essences de corps, qui sont des modalités, ou des rapports précis de mouvement et de repos); et de ce mode immédiat de l'étendue se déduit, en tant que mode médiat, éternel et infini, l'individu matériel infini, la face de tout l'univers physique (composé lui-même d'autres individus jusqu'aux corps les plus simples, élémentaires). D'autre part, de l'attribut de la pensée suit, en tant que mode immédiat, éternel et infini, l'idée affirmative infinie de Dieu, c'est-à-dire son entendement ou sa volonté, composée de tous les entendements et, de ce mode infini immédiat, suivrait logiquement l'idée de l'individu infini ou la face de tout l'univers mental, qui serait donc le mode *médiat*, éternel et infini, de la pensée, composé d'idées ou d'esprits modifiables.

Cependant, il n'est pas impossible que Spinoza ait volontairement laissé comme en blanc la case correspondant au mode infini médiat de la pensée. Il attise ainsi la curiosité de chacun, sème quelques indices, mais ne souhaite peut-être pas trancher explicitement. Serait-ce parce qu'il se montre finalement assez indifférent à ce genre de problème un peu trop métaphysique? Pas sûr; surtout si l'on parvient à trouver une solution qui lui confère tout son poids éthique. Ne serait-ce pas plutôt afin de donner au

1. Voir la définition de l'individu au cœur de la petite physique (après le scolie de E, II, 13), ainsi que la démonstration de son lemme 4.

lecteur la liberté d'enquêter pour lui-même? Mais alors devons-nous donc nous-même lever le voile pour les autres? Il existe en tout cas une interprétation tout à fait convaincante de ce mode médiat, éternel et infini, de l'attribut de la pensée, qui l'identifie à... l'amour que Dieu se porte à lui-même[1]. La dernière partie de l'*Éthique* nous apprend en effet que Dieu, parce qu'il jouit de son infinie perfection, et que cette jouissance est accompagnée de l'idée de soi, s'aime lui-même d'un amour intellectuel infini[2]: cet amour est intellectuel, car il naît de l'idée qu'a Dieu de lui-même, c'est-à-dire de son entendement; il est éternel et infini, car cet entendement l'est aussi. Des questions sans doute ne manqueront pas de se poser: le Dieu de Spinoza, qui ne saurait être assimilé ni à un roi, ni à un juge[3], qui ne saurait éprouver de sentiment à l'égard de personne[4], s'aimerait-il donc lui-même? Si telle est véritablement la solution de l'énigme du mode infini médiat de la pensée, on comprend que Spinoza ait voulu laisser la question en suspens: mieux vaudrait donner au lecteur le loisir de bien méditer la logique de l'être divin, et ses perspectives éthiques, plutôt que d'offrir matière au superstitieux...

Quoi qu'il en soit, en faisant de la volonté et de l'entendement divins un mode, le même mode, et non des attributs de la substance, et en faisant de l'amour intellectuel infini un autre mode qui en dérive, Spinoza, à travers ce qui peut apparaître pourtant, au premier abord, comme de simples ratiocinations métaphysiques, ouvre une double perspective de salut.

– La perspective de l'immanence, puisque le salut ne saurait s'accomplir que dans l'horizon d'une nécessité absolue, sans transcendance ni finalité, sans aucune béance entre une puissance créatrice et une puissance créée (on en finit avec le schéma créationniste d'une volonté divine faisant exister des possibles d'abord conçus).

– Et la perspective de la joie (entendue comme jouissance de sa propre perfection), puisque le salut, qui est union avec Dieu, se comprendrait comme la participation à un amour intellectuel qui est une modalité nécessaire de son action infinie (le mode éternel et infini médiat de la pensée).

Une première énigme est ainsi levée si l'on parvient non seulement à saisir l'identité des modes infinis, mais surtout leurs conséquences

1. Le Sherlock Holmes de cette enquête est J.-M. Beyssade, « Sur le mode infini médiat dans l'attribut de la pensée. Du problème (Lettre 64) à une solution (*Éthique* V, 36) », *Revue Philosophique*, n° 1, janv-mars 1994, p. 23-26.

2. E, V, 35 et dém.

3. Voir E, I, 3, sc.; et Lettre 21 à Blyenbergh.

4. Voir E, V, 17 et son cor.

éthiques. En même temps, le problème de l'articulation du fini et de l'infini peut trouver de nouvelles solutions : celles d'une immanence absolue entre les deux, et surtout d'une participation plus ou moins forte de l'un à l'autre. Cependant, cette participation active du fini à l'infini, par laquelle le premier exprime plus intensément le second, et parvient ainsi à jouir, peu à peu, de son inclusion en des modes infinis, ne remet-elle pas en cause la finitude même de la partie par rapport au tout? Notre entendement, en tant qu'il est une partie de l'entendement infini de Dieu, et notre possible amour intellectuel pour Dieu, en tant qu'il est une partie de l'amour infini que Dieu se porte (et ce faisant, nous porte), peuvent-ils encore être dits véritablement *finis* ?

Les choses singulières que nous sommes ne deviennent pas *infinies* en vertu de leur union et de leur participation à l'infini ; elles deviennent (si le verbe « devenir » peut être encore utilisé) *éternelles*. Mais l'éternité de notre être, que nous avons en partage avec l'éternité de Dieu, de ses attributs et de ses modes infinis, coexiste-t-elle encore vraiment avec notre finitude ?

Disjonction de l'éternité et de l'infinité

a) Union rapprochée et union éloignée

La question des rapports entre le fini et l'infini est traitée en un texte remarquable, quoique lui aussi, à bien des égards, énigmatique. Il s'agit du scolie de la proposition 28 d'*Éthique* I. La proposition pose que toute chose singulière (c'est-à-dire « qui est finie et a une existence déterminée ») est prise dans les rets du déterminisme entre choses elles-mêmes finies : en une spirale régressive et vertigineuse, elle fait de toute chose finie un effet d'une cause elle-même finie, qui à son tour (*et rursus*) est l'effet d'une cause finie, et ainsi à l'infini (*et sic in infinitum*). Elle nous enseigne donc qu'il ne peut y avoir de première cause finie, puisque toute chose finie nécessairement existe et opère par d'autres qui la déterminent ainsi à coexister et coopérer. À la question « pourquoi y a-t-il du fini ? », la réponse est bien : parce qu'il y a du fini… et cela sans commencement, ni fin. On conviendra néanmoins qu'une telle réponse, circulaire, est assez insatisfaisante, et appelle d'autres questions : soit, il y a du fini parce que celui-ci est déterminé (c'est-à-dire tout aussi bien terminé) par d'autres choses finies. Mais comment comprendre que Dieu, dans son infinité, puisse produire des choses qui s'entrelimitent : produit-il par lui-même ces limites (ou ces négations) propres aux choses finies, en vertu desquelles justement il est possible de parler de finitude ?

Le scolie de la proposition 28 donne certaines indications cruciales sur le rapport entre Dieu et les choses finies. Citons-le dans son intégralité :

> Puisque certaines choses ont dû être produites par Dieu immédiatement, à savoir celles qui suivent de sa nature absolue de façon nécessaire, et moyennant ces premières d'autres qui pourtant sans Dieu ne peuvent ni être ni être conçues, il s'en suit : 1° que Dieu est, des choses qu'il a immédiatement produites, la cause absolument prochaine, et non en son genre, comme on dit. Car les effets de Dieu ne peuvent ni être ni être conçus sans leur cause (par la prop. 15 et le corol. de la prop. 14). Il suit : 2° que Dieu ne peut être à proprement parler cause lointaine des choses singulières, sinon peut-être pour la raison suivante : à savoir afin que nous les distinguions de celles qu'il a immédiatement produites, ou plutôt de celles qui suivent de sa nature absolue. Car par cause lointaine nous entendons une cause telle qu'elle n'est en aucune manière liée à son effet [*cum effectu nullo modo conjuncta est*]. Or, toutes les choses qui sont sont en Dieu et dépendent de Dieu de telle sorte qu'elles ne peuvent sans lui ni être ni être conçues.

Dieu ne peut être considéré comme une cause *disjointe* des choses finies : en vertu de la distinction modale entre eux, celles-ci ne peuvent sans lui ni être ni être conçues. Aucune déliaison entre l'infini divin et le fini modal ne peut être envisagée : entre l'infini et le fini, il y a encore bel et bien union. Cependant, cette union n'est pas aussi étroite qu'avec les choses que Dieu « produit immédiatement » : Dieu ne saurait être considéré comme cause lointaine, ou éloignée des choses finies, en un sens absolu; mais relativement aux choses dont il est « cause absolument prochaine », il peut être appelé, quoique improprement, *causa remota*.

L'union qui lie Dieu aux modes peut donc être, lorsqu'on fait des *comparaisons*, plus ou moins lâche, plus ou moins distendue. Comment donc comprendre ce relâchement, qui ne saurait être en même temps une coupure ? Que signifie cette union éloignée, si elle n'est pas désunion ?

b) L'infinité des choses infinies

Pour en saisir le sens, commençons par expliciter à quoi le scolie fait référence lorsqu'il parle des « choses produites par Dieu immédiatement ». Si l'on entend cette formule par réflexe plutôt que par réflexion, on pense alors (immédiatement...) aux modes infinis immédiats : Dieu en est la cause absolument prochaine, alors qu'il ne l'est point des choses singulières. Cette compréhension du scolie néanmoins se heurte au sens de sa première phrase : Spinoza y distingue-t-il les modes infinis immédiats, et ceux qui, par l'intermédiaire de ces premiers (*mediantibus his primis*), sont produits par lui, à titre donc de modes infinis médiats ? Pourquoi le ferait-il, d'ailleurs, dans un scolie se préoccupant d'expliciter le rapport entre Dieu et les choses singulières, entre l'infini substantiel et le fini modal ? La distinction que présente cette première phrase paraît bien plutôt renvoyer aux deux conséquences qui suivent dans le scolie : 1) des choses immédiatement produites par lui, Dieu est cause absolument prochaine; 2) des choses singulières, il est cause relativement lointaine (il n'est pas absolument cause lointaine, mais il l'est par comparaison avec les premières).

Pour faire la lumière sur ces difficultés, il faut ici être attentif à une formule qui explicite, par deux fois, ce que signifie être « immédiatement » produit par Dieu : c'est suivre « de sa nature absolue (*ex absoluta natura*) ». Cette expression apparaît pour la première fois dans les propositions 21 et 23 d'*Éthique* I, consacrées en même temps que la proposition 22 à la déduction des modes infinis.

La proposition 21 pose que tout ce qui suit de la *nature absolue* d'un attribut divin est nécessairement éternel et infini. L'éternité et l'infinité sont des propriétés communes à Dieu et à certains modes, désignant une certaine façon d'exister[1]. Si ce qui suit de la nature absolue d'un atribut divin était fini et temporel, il serait déterminé par une autre chose, finie et temporelle, et donc ne serait pas déterminé *absolument* par l'attribut divin, mais de façon relative seulement.

Les propositions 22 et 23 posent ensuite que tout mode suivant d'un attribut modifié par un mode éternel et infini est lui aussi éternel et infini, et que réciproquement tout mode éternel et infini nécessairement suit soit de la nature absolue d'un attribut divin, soit de cet attribut modifié par une modification elle-même éternelle et infinie. Et la fin de la démonstration de la proposition 23 donne une précision cruciale pour notre propos :

> Un mode qui existe et de façon nécessaire et comme infini, a dû suivre *de la nature absolue* de quelque attribut de Dieu, et ce ou bien *immédiatement* (à ce sujet, prop. 21), ou bien par la *médiation* de quelque modification, qui suit de sa nature absolue[2].

Un mode éternel et infini peut donc suivre de la nature absolue de Dieu par la médiation d'un autre mode, qui lui-même suit de la nature absolue de Dieu. Cette médiation ne peut être celle d'un mode fini, ce qui contredirait la proposition 21 ; c'est nécessairement celle d'un mode lui-même éternel et infini. Il faut donc bien saisir ce que signifie considérer « la nature *absolue* d'un attribut » : non pas nécessairement la considérer comme non modifiée, non *relativisée* par un mode (si tel était le cas, seul le mode infini *immédiat* dériverait d'une telle nature); mais la considérer en soi, *sans la rapporter à une autre chose que* soi. Ainsi, la nature absolue de l'attribut de la pensée infinie est, nous l'avons, vu, la pensée infinie pure, sans

1. Sur l'infinité, voir le scolie 1 de E, I, 8, et sur l'éternité, voir la définition 8 d'*Éthique* I.
2. Nous soulignons.

considération d'un objet. Ce n'est pas la pensée *de quelque chose*, contrairement à l'idée de Dieu (son entendement), qui est la pensée infinie considérée en rapport avec son objet.

Par conséquent, de la nature *absolue* d'un attribut se déduit une infinité de choses (elles-mêmes nécessairement infinies et éternelles). *Suivre de la nature absolue d'un attribut divin caractérise d'abord le mode éternel et infini immédiat, mais aussi tout mode éternel et infini non immédiat.*

Cette remarque textuelle que nous avons faite sur la démonstration de la proposition 23 est d'importance, car elle nous permet non seulement de mieux saisir le sens du début du scolie de la proposition 28, mais surtout de mettre en question ce que la plupart des commentateurs acceptent comme une évidence : à savoir qu'il n'existe que deux modes éternels et infinis par attribut, l'immédiat et le médiat. En effet, dans les propositions 21 à 23, Spinoza distingue bien deux types de modes éternels et infinis : ceux qui sont produits immédiatement, ceux qui sont produits par la médiation d'autres modes – mais ces autres modes, qui suivent de la nature absolue de Dieu, ne sont pas nécessairement immédiats ! Pourquoi n'y aurait-il que *deux* modes éternels et infinis par attribut ? Ce chiffre a quelque chose d'arbitraire, et même de troublant : à quelle logique obéit-il ? Pourquoi deux, et pas trois ou quatre ? Pourquoi même un nombre *fini* de modes infinis ? Nulle part Spinoza ne l'affirme : il dit bien qu'il ne saurait y avoir, par définition, qu'un seul mode éternel et infini immédiat par attribut, mais pas que seul un tel mode est productif d'un autre mode éternel et infini. Non seulement il se peut, d'après la lettre des textes, qu'il n'y en ait pas que deux[1] ; mais de surcroît cela est même nécessaire, puisque « rien n'existe, sans que de sa nature ne suive quelque effet »[2] ! Un mode éternel et infini, parce qu'il n'est pas immédiat, n'en devient pas pour autant stérile : comme toute chose, il produit des effets ; et ces effets sont nécessairement des modes eux-mêmes éternels et infinis.

Si donc l'amour infini de Dieu est le mode infini médiat de l'attribut de la pensée, cet amour produit des effets, eux-mêmes éternels et infinis ; et s'il est possible de participer à cet amour intellectuel de Dieu, sans doute est-il également possible de participer alors à l'infinité de ses effets infinis : le salut n'est donc pas sans conséquences. Quels sont ces effets ? À celui qui participe un tant soit peu à cet amour intellectuel il sera donné, pas à pas, de

1. Même la proposition 21 est formulée avec un pluriel (*omnia*), de telle sorte que l'on puisse comprendre, après coup, que « toutes les choses qui suivent de la nature absolue de quelque attribut de Dieu » ne se réduisent pas au seul mode éternel et infini *immédiat*, mais concernent *tous les modes éternels et infinis qui appartiennent à cet attribut*.

2. E, I, 36.

les comprendre, et de les éprouver. Quoi qu'il en soit, cette ouverture sur la productivité infinie de l'amour divin dégage un horizon (infini) pour qui réfléchit à la pratique ou à l'activité même de la béatitude. Nous aurons bien évidemment à revenir sur cette participation possible de notre agir à l'infinité des effets infinis de l'amour intellectuel de Dieu.

c) Ces modes éternels qu'on dit finis

Il est temps, désormais, de revenir au scolie de la proposition 28, dans lequel sont énoncés les rapports entre Dieu, les modes infinis et les choses singulières. Nous devons le lire en sachant désormais que tout mode éternel et infini (dont nous savons également qu'il en existe une infinité par attribut) peut être, d'une manière ou d'une autre, considéré comme produit par la nature absolue de Dieu. Par conséquent, nous pouvons affirmer que le début du scolie, qui fait la distinction entre les choses produites par Dieu immédiatement et celles produites par lui par la médiation des premières, ne fait pas référence à la distinction entre modes infinis immédiats et modes infinis médiats : une telle distinction n'aurait aucun sens au vu de ce qu'en déduit la suite du scolie, qui parle d'abord des « choses produites immédiatement par lui », ensuite des « choses singulières »[1]. Ces choses immédiatement produites par Dieu renvoient à *tous* les modes éternels et infinis (qu'ils soient eux-mêmes produits par la nature absolue de Dieu directement ou indirectement); et les choses produites par la médiation des premières renvoient aux choses singulières, dont Spinoza précise qu'elles sont effectivement unies à Dieu, mais de façon plus lâche, plus « lointaine [*remota*] », que les premières. Reste à comprendre cependant en quoi les modes éternels et infinis peuvent être compris comme des médiations entre Dieu et les choses singulières. Car si Dieu est, *en un certain sens (comparatif)*, cause éloignée des choses singulières, c'est non seulement, d'après la proposition 28, parce qu'il produit chacune par la médiation d'une autre; mais aussi et surtout, d'après le scolie, parce qu'il les produit toutes par la médiation de celles qu'il produit immédiatement – les modes éternels et infinis.

Il faut peut-être, pour saisir ce rapport entre modes éternels et infinis et modes temporels et finis, être attentif à ce que sont les choses singulières *comprises* dans les modes infinis : à savoir des modes éternels qui ne sont pas infinis. Doit-on dire de ces modes éternels, tels l'entendement humain ou son amour à l'égard de Dieu, qu'ils sont en eux-mêmes finis, limités,

1. Contre Wolfson qui voit dans cette première phrase du scolie une distinction entre modes infinis *immédiats* et modes infinis *médiats*, voir M. Gueroult, *Spinoza*, *op. cit.*, I, p. 342-343.

terminés? Certains arguments paraissent l'attester. À commencer par la définition du fini au début de l'*Éthique* : est dite finie la chose qui peut être bornée (*terminari*) par une autre, par exemple « un corps est dit fini, parce que nous en concevons toujours un autre plus grand ». Un mode éternel comme l'entendement humain ou comme l'amour intellectuel que nous pouvons éprouver à l'égard de Dieu est donc fini, puisque nous pouvons toujours en concevoir un autre plus grand : l'entendement divin, ou l'amour infini que Dieu se porte à lui-même. En ce sens, un mode éternel comme l'entendement humain enveloppe une négation, eu égard à toutes les idées adéquates qu'il n'a pas (et ce, même s'il est intrinsèquement défini par les idées adéquates qu'il a) : donc, puisque « être fini est en vérité négation en partie » [1], l'entendement humain est fini.

On peut donc ranger les modes éternels non infinis dans la catégorie des choses singulières, puisque celles-ci sont définies comme étant « finies » et ayant une « existence déterminée » [2]. Cette dernière expression, appliquée aux modes temporels, signifie qu'ils possèdent une quantité de temps délimitée, une « durée limitée », si l'on veut. Mais une telle expression est également applicable aux modes éternels, dans la mesure où l'éternité n'est rien d'autre que l'existence elle-même, conçue comme déterminée à partir d'une chose elle-même éternelle. Par conséquent, quelle que soit la manière dont on conçoive l'existence, qu'on la conçoive comme déterminée dans le temps (c'est-à-dire comme extérieurement terminée par une autre chose temporelle) ou comme déterminée dans l'éternité (c'est-à-dire comme intérieurement produite par Dieu), l'expression « existence déterminée » peut qualifier aussi bien les choses temporelles qu'éternelles qui donc, dès lors qu'elles sont conçues comme finies, demeurent bel et bien des choses singulières.

Se pose néanmoins un problème : que signifie précisément concevoir un mode à la fois comme éternel et comme fini? La durée d'une chose singulière est la « continuation indéfinie de l'existence » [3] : pour la concevoir comme finie, il faut donc la penser *par rapport à autre chose* (qui dure plus longtemps, ou qui la limite); autrement dit, il faut non pas la comprendre en soi, mais la concevoir (l'imaginer en fait) en relation avec autre chose. Intrinsèquement, chaque chose fait effort pour conserver son être selon un temps non pas fini, mais indéfini [4].

1. E, I, 8, sc. 1.
2. E, II, déf. 7.
3. E, II, déf. 5.
4. E, III, 8.

En vérité, la durée ne peut être dite limitée que si on la conçoit abstraitement, c'est-à-dire selon une mesure quantitative : la durée n'est limitée que si on la confond avec le temps – confusion qui n'est pas inutile, mais qui ne prend pas la véritable *mesure* de la durée [1]. De la même manière, on peut se demander si penser l'éternité d'un mode peut encore signifier le concevoir comme fini : penser son éternité, c'est le concevoir « en intériorité », selon son rapport immanent à la chose éternelle dont dépend son existence. Un double point de vue sur une chose est donc nécessaire pour la considérer à la fois comme éternelle et comme finie : un point de vue qui la saisit pour ce qu'elle est, « intrinsèquement », et un point de vue qui l'envisage par rapport à ce qu'elle n'est pas, « extrinsèquement ».

Le point de vue par lequel est perçue la finitude est extrinsèque au sens où il *compare* le mode éternel, l'entendement humain par exemple, à un autre plus grand ; au sens où il le *rapporte* à une autre partie de l'esprit, constituée d'idées inadéquates. L'entendement humain peut donc être considéré comme une partie éternelle *finie* de l'esprit, si on le relativise par une autre partie, non intellectuelle. Le point de vue par lequel est comprise l'éternité est quant à lui intrinsèque au sens où il ne considère pas une détermination externe, limitative, négative entre le mode éternel et quelque chose qui nécessairement ne l'est pas : il est intrinsèque car il pense une détermination interne, affirmative, positive du mode éternel, en le reliant à une *altérité* elle-même éternelle – une altérité qui brouille même la frontière entre extériorité et intériorité. Le geste par lequel l'entendement humain est compris comme éternel est un geste d'union : union en premier lieu avec cette chose éternelle qu'est Dieu, sa cause immanente ; mais union aussi avec d'autres modes éternels, c'est-à-dire avec les autres entendements, qui le *déterminent* à penser adéquatement – sans, bien évidemment, le borner en aucune manière [2].

Il ne s'agit plus alors de comparer ou de rapporter de façon extrinsèque l'entendement humain à d'autres entendements, mais de comprendre le rapport intrinsèque qui les lie tous ensemble. L'entendement humain devient alors une partie unie à d'autres parties éternelles qui, bien loin de le limiter, lui conviennent pour composer un tout plus grand, plus puissant : aucun entendement, c'est-à-dire aucun esprit en tant qu'il fait acte de comprendre, ne saurait en limiter ou en nier un autre. Mais étant déterminé

1. Sur le temps, voir Lettre 12 et PM, I, 4 (« Le temps n'est pas une affection des choses [comme l'est la durée], mais seulement un simple mode de penser, ou, comme nous l'avons déjà dit, un être de raison ; c'est un mode de penser qui sert à l'explication de la durée »). Voir également Ch. Jaquet, *Sub specie æternitatis*, Paris, Kimé, 1997, p. 155-160.

2. E, V, 40, sc.

par lui à comprendre, n'importe quel entendement forme avec lui un tout plus puissant, qui peut toujours s'accroître, à l'infini.

Le rapport de partie à partie, et de partie à tout, n'est donc pas seulement un rapport comparatif et limitatif (que nous avons nommé « extrinsèque ») ; il peut être, positivement, un rapport constitutif ou productif. C'est ce rapport que pense la cinquième partie de l'*Éthique*, qui jamais ne parle de l'entendement humain ou de l'amour intellectuel à l'égard de Dieu comme de modes éternels qui seraient en même temps *finis*. Ce syntagme « mode éternel fini » n'existe d'ailleurs nulle part sous la plume de Spinoza.

Déjà la première partie nous prévenait : une « quantité infinie » n'est pas une quantité *mesurable*, et « elle ne peut être composée de parties finies ». Spinoza le dit à propos de la « substance corporelle », que bien des métaphysiciens considèrent comme finie et partant indigne de l'essence divine, puisque selon eux la supposition de son infinité conduirait à des absurdités : comment en effet pourrait-elle être infinie s'il existe des parties finies ? Comment composer une quantité infinie à partir de parties finies ? Quelle proportion y aurait-il entre ces parties finies dans l'infini ? Faux problèmes, rétorque Spinoza : il n'y a pas de commune mesure entre l'infini et le fini parce que l'infini, en lui-même, n'est pas multiple, divisible, mesurable. Il n'est pas composé de parties finies. Et ce qui vaut pour l'infinité de l'attribut vaut pour l'infinité des modes : on peut distinguer des parties ou des modalités dans un attribut ou un mode infini, mais ces modes, entendus dans leur lien intime aux choses éternelles qui les constituent ou qu'ils contribuent à constituer, ne peuvent être considérés comme finis.

Ainsi, pour un mode, être une partie de la nature naturée ne saurait signifier nécessairement en être une partie finie.

Certes, on ne dira pas de ces parties qu'elles sont infinies, ni par elles-mêmes, ni même par leur cause : l'entendement humain, l'amour qu'il porte à Dieu, ne sont pas infinis comme l'est l'entendement de Dieu, ou l'amour qu'il se porte à lui-même. Mais *en tant qu'ils sont éternels*, ces modes ne sont pas bornés, limités, niés. Ils ne sont ni finis (car ils ne sont pas rapportés à ce qui les borne), ni infinis (car ils ne sont que les parties constituantes de modes eux-mêmes infinis). Ce sont seulement des *modes éternels*, de la pensée, de l'étendue ou de tout autre attribut.

***

Quel bilan tirer de ces analyses ? Qu'en est-il de l'union des choses singulières avec Dieu ? Il est temps de proposer une réponse aux différentes questions que nous avons posées : en quel sens le singulier est-il une partie du divin ? en quel sens entendre l'articulation du fini et de l'infini ? en quel sens comprendre qu'on puisse parler de liberté humaine ?

D'abord, revenons au scolie de la proposition 28, dont nous proposons la lecture suivante : les « choses immédiatement produites » par Dieu y désignent tous les modes infinis (l'idée de Dieu, son amour infini, le mouvement et le repos, la figure de tout l'univers…) ; les choses produites par lui en vertu de la médiation de ces premières renvoient aux choses singulières, c'est-à-dire, étant donné le contexte de la proposition 28 : les choses qui sont finies et ont une existence (c'est-à-dire une durée) déterminée, au sens de limitée. Comment comprendre cette médiation ? Par quoi opère-t-elle ? Par les modes éternels (non infinis), qui sont les parties constituantes des modes éternels et infinis. Les *modes éternels et infinis* sont comme la médiation entre *Dieu et les choses singulières* (temporelles et finies), en tant qu'ils sont eux-mêmes composés de *modes éternels*[1].

Nous avons donc :

1) les modes éternels et infinis, produits par la nature absolue de Dieu (ce sont les modes infinis immédiats et médiats). Par exemple, dans l'attribut de la pensée, l'idée infinie qu'a Dieu de lui-même, ainsi que l'amour infini qu'il se porte ;

2) les modes éternels qui sont des parties constitutives de ces modes infinis : par exemple, notre esprit en tant qu'il participe de l'idée infinie de Dieu (c'est-à-dire notre entendement, partie de l'entendement divin) ; ou notre amour intellectuel, en tant que partie de l'amour divin ;

3) les modes singuliers, qui sont temporels et finis : par exemple, notre esprit, en tant qu'il a une durée et une puissance de penser limitées.

Comme nous l'avons vu, le fini ne se comprend pas directement par l'infini : si mon esprit est limité, ce ne peut être, par hypothèse, par l'infinité de Dieu, de la Pensée ou d'un mode qui n'est pas fini ; le fini, répétons-le, renvoie nécessairement à du fini. Mais, ce qui apparaît comme fini, limité, délié ou désuni enveloppe toujours l'infini (reliez les fils de la corde brisée, et vous retrouverez l'infini). Car, ce qui explique la positivité, la nature du fini, c'est Dieu, par l'intermédiaire des parties qui composent les modes éternels et infinis, qui sont des modes éternels. En somme, la véritable médiation entre l'infini et le fini, c'est la propriété commune entre Dieu et certains modes, à savoir l'éternité.

1. Pour une interprétation différente de ce scolie, voir Ch. Jaquet, *Sub specie æternitatis*, *op. cit.*, p. 194-196.

Ainsi s'éclaire, à rebours, un texte difficile de la fin du *Traité de la réforme de l'entendement*, qui s'appuie justement sur la distinction entre « choses singulières changeantes » (les modes finis et temporels) et les « choses fixes et éternelles » (les modes éternels). Citons-le longuement :

> En ce qui concerne l'ordre, et pour ordonner et unifier toutes nos perceptions, il est requis, dès que faire se peut et que la raison l'exige, que nous cherchions s'il y a un certain être, et en même temps quel il est, qui soit la cause de toutes choses, de sorte que son essence objective [*i.e.* son idée] soit aussi cause de toutes nos idées ; et alors notre esprit, nous l'avons dit, rapportera le plus possible la nature, car il en aura, sur le mode objectif, et l'essence, et l'ordre, et l'unité [*unionem*]. De là nous pouvons voir qu'il nous est avant tout nécessaire de déduire toujours toutes nos idées de choses physiques, c'est-à-dire d'êtres réels, en progressant, autant que faire se peut, selon la série des causes, d'un être réel à un autre être réel [...]. Mais il faut noter qu'ici, par la série des causes et des êtres réels, je n'entends pas la série des choses singulières changeantes, mais seulement la série des choses fixes et éternelles. Il serait en effet impossible à la faiblesse humaine de saisir la série des choses singulières changeantes, tant à cause de leur multitude innombrable qu'à cause des circonstances infinies touchant une seule et même chose, circonstances dont chacune peut être cause de son existence ou de sa non-existence ; car l'existence de ces choses n'a aucune connexion avec leur essence ou, si l'on veut (comme nous l'avons déjà dit), n'est pas une vérité éternelle. Mais en vérité, il n'est pas non plus besoin d'en comprendre la série, puisque les essences des choses singulières changeantes n'ont pas à être tirées de leur série, c'est-à-dire de leur ordre d'accès à l'existence, lequel ne nous offre rien d'autre que des dénominations extrinsèques, des relations, ou tout au plus des circonstances ; et tout cela est bien éloigné de l'essence intime des choses. Cette essence, au contraire, ne doit être demandée qu'aux *choses fixes et éternelles, ainsi qu'aux lois qui y sont pour ainsi dire codifiées comme dans leur vrai registre, lois selon lesquelles toutes les choses singulières se produisent et s'ordonnent*. Bien plus, ces choses singulières changeantes dépendent si intimement et, dirais-je, si essentiellement, de ces choses fixes, qu'elles ne peuvent sans celles-ci ni être ni être conçues. Aussi, ces choses fixes et éternelles, tout en étant singulières, seront cependant pour nous, à cause de leur présence en tout lieu et de leur puissance très étendue, comme des universaux ou des genres pour les définitions des choses singulières changeantes, et les causes prochaines de toutes choses [1].

Il y a tout dans ce texte : la nécessité de comprendre l'ordre de la Nature à partir de la cause première de toutes choses – ce que l'*Éthique* identifiera

1. TRE, § 99-101 (nous soulignons).

à Dieu; l'ambition de comprendre la série des modes temporels finis (les « choses singulières changeantes »), mais l'impossibilité de la saisir par elle-même, car la variété des circonstances qui les déterminent dépasse notre puissance de penser (nous retrouvons ici le thème de la « faiblesse humaine », auquel Spinoza se montre si sensible); la nécessité dès lors de saisir le fini (dans son rapport avec Dieu) via les « choses fixes et éternelles », qui seules peuvent nous en livrer l'essence intime; enfin, l'ambiguïté de ces choses fixes et éternelles, qui sont à la fois singulières et générales.

Comment à la fois penser la finitude des choses singulières changeantes, et leur union en Dieu, constitutive de l'union qui les lie entre elles? Le *Traité de la réforme de l'entendement* répond : nous ne pouvons connaître l'union ordonnée des choses finies, soumises à de continuels changements, à partir de leurs seules existences changeantes; il faut atteindre à l'essence même de ces existences, à ces « choses fixes et éternelles » dont nous pouvons préciser, l'*Éthique* à l'appui, qu'elles se comprennent elles-mêmes à partir de l'essence divine.

Que sont exactement ces choses fixes et éternelles? Prenons un exemple; choisissons-le dans la vie affective, puisque c'est elle qui donne chair à nos changements : notre milieu, en effet, avec lequel nous sommes en perpétuelle interaction, nous modifie sans cesse en nous faisant éprouver ces variations de puissance que Spinoza nomme « affects ». Ainsi je ressens, en telle ou telle circonstance, par exemple devant la mer, à l'écoute de telle musique, en compagnie de telle personne, une joie, qui m'est à chaque fois particulière, qui peut être changeante, et même fragile. Cette joie, qui s'associe en moi à l'idée d'une certaine chose (la mer, la musique, la personne en question) compose un amour, lui aussi tout aussi particulier, changeant, fragile peut-être. Mais ce qui est fixe et éternel, et qui constitue l'essence même de ce que je sens, c'est la définition même de l'amour, comme « joie qu'accompagne l'idée d'une cause extérieure »[1]; et les lois qui sont inscrites dans cette chose fixe et éternelle, « comme dans leur vrai registre », ne sont autres que les propriétés nécessaires de l'amour, qui me feront immanquablement adopter, en présence de ce sentiment, tel ou tel comportement déterminé. Par exemple, lorsque j'aime une chose, je m'efforce de l'imaginer, c'est-à-dire de la contempler comme présente[2]; je suis nécessairement triste de l'imaginer détruite ou affaiblie, et joyeux de l'imaginer conservée ou fortifiée[3]; je l'aime avec plus de constance encore,

1. E, III, déf. aff., 6.
2. E, III, 12.
3. E, III, 19.

si j'imagine quelqu'un d'autre, à l'égard duquel je n'éprouve aucune haine, l'aimer également[1] ; et je m'efforce, si cette chose aimée est semblable à moi, de tout mettre en œuvre pour qu'elle m'aime en retour[2]...

L'amour que je ressens est donc une modalité singulière, changeante – temporelle et finie – de mon existence : cet amour est un amour particulier, il est ma façon d'aimer ; il peut changer d'intensité, augmenter ou diminuer, jusqu'à disparaître, que ce soit au cours ou à la fin de ma vie. Mais cet amour n'est pas quelque chose d'incompréhensible, d'insaisissable, d'illogique : il a beau parfois, en raison de ses excès ou des chagrins auxquels il peut me conduire, être contraire à la raison, il n'en obéit pas moins à une logique, qui est celle de son essence et de ses propriétés nécessaires. Mon amour singulier, changeant, est donc une modalité (finie et temporelle) de l'essence même de l'amour, entendue comme « chose fixe et éternelle » (*Traité de la réforme de l'entendement*), ou comme « mode éternel » (*Éthique*). En elle-même, cette essence de l'amour n'a rien de limité : elle n'enveloppe aucune négation, elle est au contraire pleinement affirmative ; de l'essence de l'amour, entendue comme mode éternel, on ne pourra donc dire qu'elle est « finie ». On dira plutôt qu'elle est quelque chose de singulier, au sens où elle se distingue par exemple de l'essence du désir ou de la haine. Mais étant partout présente dès qu'il y a amour, elle peut être en même temps considérée, comme le dit la fin de notre extrait, comme un « genre » dont nos amours temporelles seraient comme les espèces (ce langage scolastique, définissant les choses par appartenance générique et différence spécifique, est une façon inadéquate de parler, que l'*Éthique* abandonnera) ; ou plus sûrement : comme la « cause prochaine » de notre amour. Le mode éternel, qui en est l'essence intime et affirmative, me permet en effet de comprendre la logique interne du mode fini : il permet de saisir non pas en quoi mon amour singulier, changeant, est fini (cela, seules les circonstances de ma vie peuvent l'expliquer) ; mais en quoi il est de l'amour, en quoi il participe à cette modalité éternelle de l'existence qu'est l'amour. La connaissance de l'essence de mon amour et de ses propriétés, de ses lois ou de ses codes, me permet de déchiffrer, ou de « décoder » ce qu'il en est de ma vie affective présente. Elle révèle non pas ses fluctuations, sa temporalité ou ses limites ; mais sa réalité, sa positivité, sa puissance singulière.

1. E, III, 31. Mais il est certain que, si la chose que j'aime n'est pas partageable, je craindrais également qu'elle soit aimée par un autre (car de cet amour naîtra un désir de possession, ici nécessairement exclusif).

2. E, III, 33.

D'aucune chose, nous l'avons vu, Dieu ne peut être dit véritablement « cause éloignée » : d'aucune il n'est une cause qui ne serait « d'aucune manière conjointe à son effet », une cause déliée, une cause désunie. Aussi le caractère périssable et fini des choses singulières ne peut-il être perçu directement à partir de leur union avec Dieu : car est perçue à travers elle leur essence intime, qui jamais ne les supprime, et toujours les affirme [1]. Par conséquent, aucune chose, *considérée en elle-même*, ne peut véritablement être dite finie : de l'essence de chaque chose, qu'il s'agisse de « moi » ou de cet affect d'amour en moi, procède une continuation indéfinie de l'existence – une durée en elle-même pleinement positive : car tout comme nous-même, l'amour en nous, s'il n'est pas détruit, persévère dans son être, même si son objet depuis longtemps nous a quitté !

Comprendre l'union éternelle des modes avec Dieu ne signifie donc pas accéder à un monde idéel dont le monde sensible ne serait qu'un reflet dégradé : ce que nous parvenons ainsi à comprendre, ce sont encore les choses singulières elles-mêmes, que nous vivons et qui nous font vivre. Mais nous ne les percevons plus alors de façon spatio-temporelle, en les imaginant à partir de l'effet qu'elles nous font; nous les concevons dans leur réalité éternelle, en les comprenant par leur enchaînement nécessaire. Concevoir l'essence d'une chose dans son union étroite avec l'essence divine – concevoir cette chose, comme l'expliquera la cinquième partie de l'*Éthique*, par la science intuitive – c'est la percevoir comme éternelle, fixe, indestructible.

Par conséquent, nous devons déjà l'entrevoir et nous aurons à l'approfondir, l'union intime de notre être singulier avec Dieu, via l'éternité, ne peut être seulement appréhendée sur le plan théorique de la perception, quand bien même il s'agirait de la perception la plus haute (la science intuitive, qui va directement de la connaissance de Dieu à celle de l'essence du singulier) : plus fondamentalement, cette union peut faire l'objet d'une expérience, d'une pratique, d'une *activité* de vie qui est tout l'enjeu de l'*éthique*. Il est donc temps désormais de voir comment se vit, corps et âme, cette existence singulière à la fois toujours limitée, et pourtant toujours aussi unie à Dieu.

1. Voir E, II, déf. 2 ; et E, III, 4, dém.

DEUXIÈME PARTIE

UNION DE L'ESPRIT AVEC LA NATURE (PSYCHOLOGIE ET PHYSIQUE)

Ma — How am I gonna know about you, Tommy? Why, they could kill you and I'd never know. They could hurt you. How am I gonna know ?
Tom — Well, maybe it's like Casy says. Fella ain't got a soul of his own, just... little piece of a big soul. The one big soul that belongs to everybody. Then...
Ma — Then what, Tom?
Tom — Then I don't matter. I'll be all around in the dark. I'll be everywhere. Wherever you can look. Wherever there's a fight so hungry people can't eat, I'll be there. Wherever there's a cop beating up a guy, I'll be there. I'll be in the way guys yell when they're mad. I'll be in the way kids laugh when they're hungry and they know supper's ready. And when people are eating the stuff they raise... living in the houses they build... I'll be there too.
Ma — I don't understand it, Tom.
Tom — Me neither, Ma, but... just something I've been thinking about. Give me your hand, Ma. Goodby.
Ma — Goodby, Tommy.

The grapes of wrath, John Ford.

Que nous a appris l'étude de l'union du mode avec la substance? Que nous a-t-elle appris non seulement du rapport ontologique qu'entretient chaque homme avec Dieu, mais aussi de ce que peut être une union en elle-même?

Pour parler d'*union* entre deux termes, il est nécessaire à la fois que tous deux se distinguent en quelque manière, et que leur distinction évidemment ne signifie ni opposition, ni indifférence : qu'il existe entre eux une liaison intime, qui implique donc une différence sans indifférence. Dans le cas du rapport entre mode et substance, l'un des noms de cette union est immanence, ou mieux : « causalité immanente ». La formule dit à la fois la *nécessité* du lien qui les unit – le mode est lié à Dieu comme une conséquence à son principe, ou un effet à sa cause; mais aussi la *participation* du premier au second : le mode existe *en* Dieu, il est une différence à même Dieu, immanente à la substance.

En un sens, l'homme est même tellement uni à Dieu qu'il peut être considéré comme une partie de lui. Mais en un sens seulement; car très vite, nous l'avons vu, les choses se compliquent. Les premières apparitions du terme *pars* au début de l'*Éthique* sont aussitôt des rejets : la substance ne saurait se diviser en parties, elle est une et partout la même. Il faut attendre la fin du scolie de la proposition 15 pour que soit admise l'existence de parties en Dieu (dans la matière notamment), mais qui ne *partagent* pas Dieu; entre elles et Dieu passe une distinction seulement *modale*, il n'y a pas *réellement* de parties en Dieu.

Ce qui ne signifie pas qu'un mode ne soit pas quelque chose : il a une consistance, il a une essence. Mais ce quelque chose qu'il est ne peut ni être ni se concevoir sans Dieu : comme si cette union du mode et de Dieu, qui est union du mode en Dieu et par Dieu, précédait et constituait le mode lui-même. Celui-ci ne peut être que s'il est uni à Dieu : il tient son être ou sa puissance de lui. Comprenons bien : c'est *l'union* qui *constitue* l'être du mode, et *non Dieu lui-même*. Car Dieu ne constitue pas l'essence du mode, il ne lui appartient pas : puisque entre ce qui appartient à une essence de chose et la chose elle-même, il n'y a qu'une distinction de raison (l'un ne peut être et être conçu sans l'autre, et *vice versa*), Dieu aurait donc besoin du mode pour être et être conçu – Dieu ne serait donc pas substantiel (la substance n'ayant pas besoin du concept d'autre chose pour être conçue). En vérité, l'union entre Dieu et le mode n'est en rien une confusion : elle est une union constitutive d'une distinction – modale.

Voyons donc les conséquences de cette union du mode avec Dieu, constitutive de son être même, en commençant par ce qui, en l'homme, nous intéresse au premier chef : son esprit. On présente souvent la philosophie spinoziste comme une philosophie du corps, de sa puissance et de son activité : cela n'est certainement pas faux. Mais cette vérité vaut relativement à l'histoire de la philosophie, surtout celle qui a précédé la pensée de Spinoza, et qui bien souvent a relégué le corps au second plan, quand il ne s'agissait pas de lui imputer la cause de notre misère. Mais du point de vue de la philosophie même de Spinoza, le problème demeure celui du

« salut de notre âme ». Un salut qui a bien évidemment un sens pour le corps, puisque l'esprit et le corps sont une seule et même chose, considérée sous deux attributs différents ; mais un salut qui se dit d'abord et avant tout de l'esprit, puisque c'est lui qui éprouve l'affect salutaire de béatitude : un sentiment qui n'est autre que l'affect de l'union de l'esprit avec Dieu.

Tel est, rappelons-le, le programme annoncé à la fin du prologue du *Traité de la réforme de l'entendement* : le bien suprême est de jouir, avec d'autres individus, d'une nature parfaite, consistant en « la connaissance de l'union qu'a l'esprit avec la Nature tout entière »[1]. Programme reformulé en préambule de la deuxième partie de l'*Éthique*, et qui vaut pour les parties II à V :

> Je passe maintenant à l'explication des choses qui ont nécessairement dû suivre de l'essence de Dieu, autrement dit de l'être éternel et infini. Non certes à l'explication de toutes ; car nous avons démontré, par la proposition 16 de la partie I qu'une infinité de choses en une infinité de modes doit en suivre ; mais seulement de celles qui peuvent nous conduire, comme par la main, à *la connaissance de l'esprit humain et de sa suprême béatitude*[2].

Le propos de Spinoza est finalisé : la finalité ne gouverne certes pas la Nature, puisque Dieu agit selon la nécessité de sa propre essence, à laquelle est soumise même sa volonté ; mais elle existe pour toute conscience apte à poser des fins. La finalité existe donc dans la Nature, puisqu'elle existe en l'esprit humain, qui est une chose parfaitement naturelle.

Une telle finalité nous invite dès lors à insister une nouvelle fois sur la distinction entre unions données et unions à conquérir. L'union éternelle (ontologique) de notre esprit avec Dieu est certes donnée ; mais étant plus ou moins parfaite, elle est aussi à intensifier : l'union de notre esprit avec la Nature est donc aussi à conquérir. En même temps, par cette conquête, son lien avec les autres parties de la Nature, c'est-à-dire en premier lieu avec les autres esprits humains, se resserrera : car l'union de l'esprit avec la nature signifie aussi l'union de tous les esprits qui, par la communauté de ce lien avec Dieu, se lient entre eux. Le salut réside donc bien dans la connaissance de l'union de l'esprit avec la Nature, une union à la fois donnée et à conquérir (par cette connaissance même), une union à la fois ontologique (de l'esprit avec Dieu) et anthropologique (de l'esprit avec d'autres esprits).

1. TRE, § 13. Une note précise : « Cela est expliqué plus amplement en son lieu », ce lieu étant à chercher plus dans l'*Éthique* que dans le *Traité de la réforme de l'entendement*.

2. Nous soulignons.

Étudions donc en premier lieu l'union de l'esprit avec ce qui, de Dieu, le fait penser, à savoir l'attribut divin auquel il appartient : *union de l'esprit avec la pensée*. Ensuite, examinons l'union de l'esprit avec ce qu'il pense, c'est-à-dire son objet : *union de l'esprit avec le corps*. Enfin, analysons les accords et les oppositions de pensée : *union et désunion de l'esprit avec les autres esprits, union et désunion de l'esprit avec ses propres idées*.

CHAPITRE PREMIER

INTÉRIORITÉ ET EXTÉRIORITÉ MENTALES

EXPLIQUER LES IDÉES PAR DES IDÉES

Affirmer de l'esprit humain qu'il n'est qu'une modalité de la Nature a des conséquences décisives : non seulement c'est en finir avec l'idée d'une substantialité de l'âme – l'idée de subjectivité en est donc bouleversée ; mais c'est aussi naturaliser pleinement le psychisme, qui devient un phénomène soumis, comme les autres, à la causalité naturelle.

Descartes le disait déjà : si la substance se caractérise comme ce qui « n'a besoin que de soi-même pour exister », alors, « *à proprement parler*, il n'y a que Dieu qui soit tel et il n'y a aucune chose créée qui puisse exister un seul moment sans être soutenue et conservée par sa puissance »[1]. Or Spinoza ne parle pas autrement que *proprement* : il n'y a que Dieu qui soit substance, et aucune équivocité de ce terme n'est alors admise. L'esprit humain ne peut être considéré comme une substance, même en un sens second ou dérivé[2] ; il n'est qu'une affection d'un attribut substantiel qu'il exprime d'une certaine manière : la Pensée.

Toutefois, on pourrait objecter que les idées ne peuvent exister dans un esprit qu'au titre de modes exprimant sa puissance de pensée, et que si Spinoza refuse, eu égard à la substance une et unique qu'est Dieu, la substantialité de l'âme humaine, il est néanmoins obligé de reconnaître que le rapport de l'esprit à ses propres idées est comme un rapport de substance à modalités. Les idées d'un esprit ont beau être, en termes spinozistes, des

1. *Les Principes de la Philosophie*, Paris, Vrin, 2009, art. 51 (nous soulignons).

2. C'est cette substantialité de second ordre, ne concernant que certaines choses créées, que Descartes octroie à l'esprit ou au corps (voir *Les Principes de la Philosophie*, *op. cit.*, art. 52).

modes de mode, elles semblent être, comme l'esprit lui-même à l'égard de la substance divine, des façons de penser qui ne peuvent ni être ni être conçues sans une entité qui leur est antérieure (au moins logiquement) et qui peut elle-même très bien, sans elles, et être et être conçue.

Alors, quels rapports l'esprit humain entretient-il d'une part avec la pensée, entendue comme son principe absolu, et d'autre part avec ses idées, entendues comme ses propres affections?

Que l'esprit soit un mode de la pensée signifie en premier lieu qu'il y a une antécédence logique de la pensée sur l'esprit. La réalité de la pensée, de ses lois, de sa nécessité, prime sur celle de l'esprit: par rapport au modèle cartésien, le rapport de l'esprit à la pensée est renversé. Ce n'est pas l'esprit qui, à travers la volonté libre, peut disposer de la pensée comme d'un matériau, c'est la pensée qui s'exprime ou se concrétise dans un esprit déterminé. La pensée n'est donc pas l'attribut principal de l'esprit (Descartes); l'esprit, au contraire, est une façon « précise et déterminée » d'exprimer la nécessité de la pensée. D'où une conséquence importante, et étonnante: notre esprit, qui est de nature modale et non pas substantielle, est une idée. Cette conséquence a de quoi étonner même d'un point de vue spinoziste, car à lire la définition de l'idée au début d'*Éthique* II, on aurait tendance à en réserver le nom aux seules opérations, internes, d'un esprit: « l'idée est un concept de l'esprit »[1]. Alors, si l'idée est un concept de l'esprit, et si l'esprit est lui-même une idée, doit-on en conclure que l'esprit est un concept d'un autre esprit, c'est-à-dire d'une autre idée? Comment entendre cet emboîtement des idées, qui toutes expriment la pensée dans son infinité?

Retenons pour l'instant que l'esprit n'est pas d'une autre nature que ses propres idées: il est donc lui-même une idée, qui sans doute appartient à une autre idée, et qui toutes dépendent de l'attribut de la pensée. Mais surtout, soyons attentifs à une autre conséquence, que développent les propositions 5 à 10 de la partie II de l'*Éthique*: l'origine et la nature d'une idée n'est pas à chercher ailleurs que dans la nécessité de l'attribut de la Pensée. Les idées n'ont pas pour cause ce dont elles sont les idées (les *ideata*), c'est-à-dire les choses perçues (*res perceptas*), mais Dieu lui-même, en tant qu'il est chose pensante[2]. Il en va de même pour toutes les modalités de chaque attribut – la causalité étant intra-attributive, et non inter-attributive, puisque entre les attributs passe une distinction réelle (aucun attribut ne saurait donc dépendre en quelque manière, ou en quelque

1. E, II, déf. 3.
2. *Cf.* E, II, 5.

« mode », d'un autre attribut). On n'expliquera donc jamais la formation d'une idée par une réalité autre que pensante : une idée, qu'elle soit formée par un esprit ou qu'elle soit cet esprit lui-même, a pour cause une autre idée. De toutes les modalités de la pensée, seul le mode infini et immédiat – ou idée de Dieu – se déduit directement de l'infinité de la pensée absolue. Toutes les autres modalités de la Pensée, et notamment les idées des choses singulières, sont engendrées par d'autres modalités de la pensée, à savoir par d'autres idées singulières.

Une telle affirmation a bien évidemment quelque chose de contre-intuitif : n'est-ce pas parce que ce chat ronronne sur mes genoux que j'en ai l'idée, que je le perçois au moins par la vue et par l'ouïe ? Quelles peuvent bien être ces autres idées qui produisent en mon esprit celle du chat qui ronronne, si ce n'est l'existence matérielle du chat lui-même ? Admettons, contre la doctrine spinoziste, que nous puissions rendre compte de la présence de l'idée du chat en mon esprit par l'existence corporelle, en dehors de mon esprit, de ce chat. Il faudra néanmoins convenir que ce chat est corporellement présent, car il est venu à moi ; et que je le perçois ronronner sur mes genoux, car je dispose des organes des sens pour faire une telle expérience. Mais tout cela, comment puis-je le savoir, si ce n'est à travers certaines idées, en l'occurrence celle de la venue du chat à moi et celle de la présence d'organes sensoriels en moi ? Seules certaines idées de « choses » peuvent expliquer en mon esprit la présence d'une idée de « quelque chose », de la même manière que ces « choses » expliquent la présence de ce « quelque chose » en dehors de moi : je ne puis en tout cas « sortir » d'une idée, afin d'en expliquer la genèse, que pour trouver d'autres idées. L'extériorité d'une idée singulière, c'est-à-dire d'une idée finie et ayant une certaine durée, est constituée par d'autres idées, elles-mêmes finies et ayant une durée déterminée. Ce qui existe à l'extérieur d'une idée, ce n'est pas un corps, c'est une autre idée : je ne peux m'expliquer l'idée de quelque chose que par les idées d'autres choses.

Ainsi, ce qui paraissait avoir un caractère contre-intuitif recouvre désormais une plus grande clarté : l'existence d'une idée n'est pas expliquée par l'existence de son objet ; on ne sort pas du champ des idées pour expliquer la formation d'une idée.

Mais alors tombons-nous dans une espèce d'immatérialisme, qui voudrait que toute réalité soit ou bien perçue, ou bien percevante[1] ? Non, puisqu'en vertu de l'union substantielle des attributs, la réalité qui se

1. Voir Berkeley, « Exister, c'est être perçu ou percevoir. Le cheval est dans l'écurie, les livres sont dans le cabinet de travail comme avant », dans *Œuvres* I, G. Brykman (éd.), *Notes philosophiques*, carnet A, § 429, Paris, PUF, 1985, p. 78.

donne selon la pensée se donne aussi selon d'autres attributs, notamment l'étendue. Il existe donc une relation entre modalités d'attributs différents : s'il ne peut y avoir de rapport de causalité entre les idées et les choses qui en sont les objets, il doit y avoir néanmoins un rapport d'identité entre l'enchaînement des idées et l'enchaînement de leurs objets. En effet, alors que le rapport de causalité est interdit par la distinction réelle des attributs divins, le rapport d'identité entre les logiques parcourant chaque attribut est rendu nécessaire par l'union de ces attributs en Dieu : l'ordre et la connexion des modalités sont nécessairement les mêmes en chaque attribut, puisque tous expriment l'unique nécessité de la productivité divine.

> Aussi longtemps que les choses sont considérées comme des modes de la pensée, nous devons expliquer l'ordre de la nature tout entière, c'est-à-dire la connexion des causes, à travers le seul attribut de la pensée, et en tant qu'elles sont considérées comme des modes de l'étendue, l'ordre de la Nature tout entière doit être expliqué à travers le seul attribut de l'étendue, et je l'entends ainsi des autres attributs. Aussi Dieu est-il en vérité cause des choses *comme elles sont en soi*, en tant qu'il est constitué d'une infinité d'attributs ; et pour le moment je ne peux expliquer ceci plus clairement [1].

On a pu se poser la question de savoir ce que désignaient ces choses considérées « en soi » : une chose en soi est-elle autre chose que l'ensemble infini des modes qui l'expriment dans l'infinité des attributs divins ? Non, puisqu'à part la substance et ses affections, il n'y a rien. Les modes ne révèlent pas en chaque attribut une chose qui demeurerait comme tapie sous ses apparitions phénoménales : certes, alors que l'entendement divin comprend toutes les modalités constitutives de cette chose en soi, selon l'infinité des attributs en lesquels elle s'exprime, l'entendement humain quant à lui ne saisit la chose que selon les attributs de l'étendue et de la pensée ; mais cela ne signifie pas que la « chose en soi » soit autre chose que ce qu'elle est « pour soi », c'est-à-dire pour cet entendement humain. En effet, le concept de « chose telle qu'elle est en soi » correspond en vérité dans l'ordre de la nature naturée au concept de « Dieu » dans l'ordre de la nature naturante : le nom de Dieu désigne la substance entendue dans l'infinité de ses attributs, celui d'attribut désigne cette même substance comprise selon un certain type de réalité ; de la même manière, le nom de « chose en soi » désigne une chose dans l'infinité de ses expressions modales, et le nom de « mode » désigne cette même chose comprise sous un attribut déterminé. Or, de même qu'il est possible d'avoir une idée adéquate de

1. E, II, 7, sc. (nous soulignons).

Dieu en le connaissant seulement selon certains de ses attributs (tout en comprenant que Dieu est nécessairement constitué d'une infinité d'attributs), de même nous pouvons connaître adéquatement une chose dès lors que nous en comprenons l'une de ses modalités (tout en sachant que cette même chose, en soi, s'exprime aussi nécessairement selon une infinité d'autres modalités)[1].

L'essentiel n'est donc pas de rêver aux modalités exprimant une chose en des attributs qui nous demeurent inaccessibles (même si nous ne pouvons pas nous empêcher d'y penser : que sommes-nous sous l'attribut X, qui n'est ni Étendue ni Pensée ?) ; l'essentiel est de comprendre chaque modalité qui nous est accessible (tel corps, telle idée) selon l'attribut auquel elle appartient. Et puisque la pensée rationnelle se démarque de la pensée magique en posant comme principe que les corps doivent être expliqués par des corps (et non par la pensée), habituons-la également à n'expliquer les idées que par les idées (et non par la matière).

Soit. Mais reste un problème : par quelles idées expliquer les idées qui se forment en mon esprit ? Par exemple, les idées qui produisent en moi l'idée du chat perçu ne sont pas seulement des idées intérieures à mon esprit, mais aussi des idées extérieures à lui – de la même manière que l'affection que mon corps forme concernant ce chat n'est pas seulement produite par d'autres affections en mon corps, mais aussi par des corps extérieurs, à commencer par le corps du chat venu à moi. Or, autant nous acceptons aisément que des affections en notre corps soient produites par d'autres corps extérieurs à lui, autant nous admettons plus difficilement que des idées en notre esprit soient produites par d'autres idées extérieures à lui. Alors, quelle idée, existant en dehors de mon esprit, peut bien engendrer en lui (même si c'est avec lui) l'idée qu'il a présentement du chat ?

L'ÉTERNITÉ ET LA DURÉE

La pensée n'est pas une affaire privée. La pensée désigne d'abord l'étoffe commune de tous les esprits, leur chair immatérielle ou inétendue : c'est pourquoi l'esprit n'a pas de pouvoir *sur* la pensée elle-même, qu'à la

1. Sur la question de savoir si la chose en soi est intégralement comprise par l'entendement humain dès lors qu'est adéquatement compris l'un de ses modes – qu'il soit mental ou corporel – voir G. Huan, *Le Dieu de Spinoza*, Arras, Schoutheer frères, 1913, chap. IV, 4, p. 259-266.

fois il enveloppe et exprime; il n'a pas de puissance sur ce qui est sa puissance même de pensée, en tant que la puissance de la Pensée s'explique à travers lui. Telle est la conséquence cruciale de l'actualité pleine et entière de la puissance divine : la puissance, qui n'est jamais en retrait par rapport à elle-même, ne peut être puissance sur soi-même, puissance de la puissance. Certes, il est possible qu'un mode exerce sa puissance sur un autre mode; ou pour le dire plus précisément : il est possible pour une certaine modalité de la puissance infinie d'exercer sa puissance (c'est-à-dire de s'exercer) sur une autre modalité de la puissance infinie : cette puissance (*potentia*) *sur* une autre puissance étant ce que Spinoza appelle volontiers le pouvoir (*potestas*). Mais aucune puissance, corporelle ou mentale, n'est puissance de maîtrise de soi-même, ce qui impliquerait une distance par rapport à soi-même, une position de surplomb vis-à-vis de soi : la puissance, parfaitement immanente à son effet, ne s'écarte jamais de soi; elle s'affirme, elle s'effectue, elle agit.

C'est pourquoi l'esprit ne peut user de la pensée à sa guise, selon son bon vouloir, comme d'un bien personnel : il peut certes en jouir, lorsqu'il éprouve l'affect de son union avec elle; mais il en jouit alors comme d'un bien commun. La pensée n'est pas la « propriété privée » de l'esprit; elle est la « propriété commune » que toutes les idées, et donc tous les esprits, partagent de concert. La théorie des propriétés communes, chez Spinoza, est donc déjà une manière de rompre avec le subjectivisme dans la pensée.

Cependant, en même temps que chaque esprit exprime, à sa manière, la nécessité de la pensée, il est en lui différentes manières de penser. Si la pensée impose à l'esprit sa nécessité, s'il ne peut former ses idées qu'à travers les lois de la pensée, chaque esprit peut néanmoins penser à travers ces lois de manière soit inadéquate soit adéquate. Aussi la partie II de l'*Éthique*, après avoir posé que ce qui constitue fondamentalement l'essence actuelle de l'esprit humain est une idée (l'idée d'une chose singulière existant en acte), affirme-t-elle :

> De là suit que l'esprit humain est une partie de l'entendement infini de Dieu; et partant lorsque nous disons que l'esprit humain perçoit ceci ou cela, nous ne disons rien d'autre que ceci : Dieu, non en tant qu'il est infini mais en tant qu'il s'explique à travers la nature de l'esprit humain ou en tant qu'il constitue l'essence de l'esprit humain a telle ou telle idée; et lorsque nous disons que Dieu a telle ou telle idée, non seulement en tant qu'il constitue la nature de l'esprit humain mais en tant qu'il a aussi en même

> temps que l'esprit humain l'idée d'autre chose, nous disons alors que l'esprit perçoit une chose en partie, ou inadéquatement [1].

Le scolie qui suit ce corollaire anticipe la perplexité du lecteur : avancez « à pas lents », prévient Spinoza, et ne portez de « jugement » qu'après avoir tout lu. Nous voulions savoir par quelle idée était déterminé mon esprit lorsqu'il avait l'idée d'un chat assis sur mes genoux; et voilà une réponse étonnante : lorsque j'ai l'idée de ce chat, Dieu a cette même idée en tant qu'il s'explique par l'essence de mon esprit; et si Dieu a une certaine idée du chat non seulement en tant qu'il constitue la nature de mon esprit, mais aussi en tant qu'il a d'autres idées (lesquelles?), alors je perçois ce chat inadéquatement, en partie. L'explication, bien loin d'être lumineuse, est très énigmatique. Tentons néanmoins d'y voir plus clair, au moins à partir des jalons que Spinoza a posés avant ce corollaire.

Commençons par sa première affirmation : l'esprit humain est une partie de l'entendement divin. Pourquoi ? Cela suit « de là », dit le corollaire, c'est-à-dire, selon la proposition 11 d'*Éthique* II, du fait même que l'esprit soit une idée. Or, toutes les idées, même celles de choses qui n'existent pas actuellement dans la durée, précisent la proposition 8 et son corollaire, sont comprises dans l'entendement divin. Attardons-nous sur cette proposition, ce qui sera l'occasion de faire le point sur la distinction entre essence actuelle, essence formelle et essence objective[2] :

> Les idées des choses singulières, autrement dit des modes, qui n'existent pas doivent être comprises dans l'idée infinie de Dieu, de même que les essences formelles des choses singulières, autrement dit des modes, sont contenues dans les attributs de Dieu.

Comment rendre compte de cette apparente dissymétrie entre idées et essences des choses singulières ? Pourquoi les idées seraient-elles dans l'entendement divin, alors que les essences seraient dans les attributs ? Cette différence relève d'une distinction de point de vue : les idées dans l'entendement divin sont ici considérées en rapport avec leur objet (à savoir les modes qui n'existent pas); alors que les essences modales contenues dans un attribut sont considérées en elles-mêmes : non pas comme *essences objectives*, ou idées d'objets, mais comme *essences formelles*. Une « essence objective » désigne une idée en tant qu'elle est rapportée à un certain objet; une « essence formelle » désigne n'importe quel être en sa réalité interne, qu'elle soit idéelle, corporelle ou autre. Le chat qui vient sur

1. E, II, 11, cor.
2. Ou encore entre : être actuel, être formel et être objectif.

mes genoux a une essence formelle : en tant que corps, il est une modalité précise et déterminée de la matière ; l'idée que j'ai du chat, elle, possède à la fois une essence formelle (elle est une modalité précisément déterminée de la pensée) et une essence objective (elle pense un objet déterminé, ce chat qui vient à moi). Or, rappelons que l'attribut de la pensée désigne la pensée infinie considérée en soi, sans rapport à quelque objet que ce soit, alors que l'idée infinie de Dieu désigne la pensée infinie comme pensée de quelque chose. Si donc on ne considère l'idée du chat qu'en son essence formelle, comme pur mode de la pensée, sans la rapporter à son objet (on considère l'idée du chat en tant qu'*idée*, et non en tant qu'idée *du chat*), on doit alors la rapporter à cet attribut de la pensée en lequel elle est effectivement contenue[1]. Ce qui est dit dans la proposition 8 des « choses singulières » en général vaut pour ces choses singulières en particulier que sont les « idées ». Mais si on considère l'idée du chat en son essence objective, comme idée rapportée à un certain objet (le chat), alors on doit la rapporter à l'entendement divin, qui pense toute chose. Bien plus : si le chat est mort, ou s'il n'a jamais existé, son essence néanmoins est comprise dans l'attribut de l'étendue, et l'idée de ce chat qui n'existe pas (ou plus) fait partie de l'entendement divin. Plus précisément, elle en fait partie en tant qu'essence objective ; en tant qu'essence formelle, elle est contenue dans l'attribut de la pensée. L'entendement infini de Dieu est donc l'idée de tout ce qui a une essence, de tout ce qui « est ». On pourrait certes dire : idée « de tout ce qui existe » ; mais il faudrait entendre l'existence ici exclusivement au sens d'éternité. On préfèrera ainsi le terme « essence » (*essentia*), qui renvoie en premier lieu au fait d'« être » (*esse*)[2].

De toutes les choses singulières considérées en leur essence formelle, on peut donc dire qu'elles sont contenues dans leur attribut respectif ; et de toutes les idées, considérées en leur essence objective, on peut dire qu'elles sont contenues dans l'idée infinie de Dieu, même celles dont l'objet n'existe pas actuellement dans la durée : ces idées n'existent donc pas autrement que comme comprises dans l'entendement divin. On peut certes avoir du mal à comprendre cette inclusion dans l'entendement divin d'idées n'existant pas (dans la durée) : des idées qui ne sont actuellement formées par aucun esprit, des idées qui n'ont pas encore commencé d'exister ou qui n'existent plus (et par conséquent des esprits qui ne sont pas nés ou qui sont morts) existent néanmoins déjà, ou encore, dans l'idée

1. Voir E, II, 5, dém.
2. Voir E, II, 3.

de Dieu. Pourquoi ? Que signifie ce mode d'existence d'êtres qui pourtant n'existent pas ?

La difficulté n'est pas simplement théorique, elle révèle un des enjeux pratiques les plus forts de l'éthique spinoziste, à savoir comment vivre l'éternité, qui est ce mode d'existence des choses contenues en Dieu. Du point de vue de l'éternité, de la production éternelle de Dieu, toutes les idées qui peuvent être formées par un esprit (ou qui peuvent former un esprit), c'est-à-dire toutes les idées qui ne sont pas contradictoires et qui ont une essence formelle, existent en quelque manière, autrement dit : sont éternelles. Pouvoir exister, en ce sens, c'est déjà exister. Et c'est même exister en acte, puisque, d'après le scolie de la proposition 29 d'*Éthique* V, il est deux manières de concevoir l'actualité des choses, soit de façon spatio-temporelle, soit de façon éternelle, « en tant qu'elles sont contenues en Dieu et suivent de la nécessité de la nature divine ». Mais il ne faudrait pas pour autant concevoir cette existence éternelle comme une existence « avant » l'existence, comme une puissance « avant » la puissance. D'abord, parce qu'on ne saurait temporaliser l'éternité, qui en aucun cas ni ne précède la durée, ni ne lui succède. Ensuite et surtout parce qu'il ne s'agit pas de réintroduire du possible dans le réel : l'éternité d'une chose ne désigne pas une existence possible avant son existence réelle et temporelle. Nous aurons cette représentation des choses si nous partons de l'existence d'une chose dans la durée et imaginons qu'auparavant elle existait sous une autre forme, dans l'éternité. Mais Spinoza en vérité ne distingue pas deux mondes, un monde des choses qui durent et sont situées dans l'espace et le temps, et un monde des choses éternelles, contenues dans les attributs divins (ou même dans l'entendement de Dieu s'il s'agit d'idées rapportées à leurs objets). Cette distinction entre deux mondes est l'équivalent spatial de la temporalisation du passage de l'éternité à la durée : comme si les modes éternels étaient en arrière-plan des modes temporels, contenus dans l'éternité des attributs ou de l'idée de Dieu, avant de sortir dans la durée et d'apparaître sous nos yeux.

Sont distinguées plutôt deux façons d'appréhender une seule et même chose, l'existence elle-même : à partir ou bien de sa participation à l'essence de Dieu, ou bien de son effort au milieu d'autres efforts d'existence. Si on ne peut pas appréhender l'existence d'une chose singulière *autrement* que comme contenue dans un attribut divin, alors l'idée de cette chose ne peut être dite exister *autrement* que comme comprise dans l'idée de Dieu. Ce qui signifie que lorsque les choses singulières durent, elles n'existent alors pas *seulement* comme contenues dans leur attribut, mais également dans la durée : elles font alors effort pour persévérer dans leur être selon un temps indéterminé[1]. De la même manière, leurs idées, ou essences objectives, sont dites durer – ce qui ne signifie pas qu'elles ne sont plus comprises dans l'entendement infini de Dieu, mais qu'elles sont dotées également d'une « essence actuelle », par laquelle elles font effort pour durer. Difficile cependant, comme le remarque Spinoza au début du scolie de la proposition 8 d'*Éthique* II, de donner un seul exemple de cette double appréhension de l'existence, « vu qu'elle est unique » – surtout s'il s'agit de l'existence des idées ! Le problème en effet est que dès que je me représente une chose, même inexistante (par exemple, un chat sur mes genoux), son idée n'existe plus seulement comme comprise dans l'idée de Dieu, puisqu'elle existe alors aussi dans mon esprit, et qu'elle s'efforce de continuer d'y exister. Aussi Spinoza choisit-il un exemple mathématique, portant sur une propriété des cordes d'un cercle (la corde d'un cercle étant le segment qui relie deux points de sa circonférence). Il suffit de se représenter ces cordes pour dire qu'elles existent : l'idée de la chose alors existera dans la durée, en même temps que cette chose – alors que bien souvent nous pouvons avoir l'idée (existante dans notre esprit) d'une chose n'existant pas en dehors de notre esprit. Soit deux cordes AB et CD se coupant en P : le produit de AP par PB est égal au produit de CP par PD – il s'agit là d'une propriété commune à toutes les cordes de n'importe quel cercle. Le scolie de la proposition 8 formule cette propriété de la manière suivante :

> Le cercle, on le sait, est de nature telle que les rectangles sous les segments de toutes les lignes droites sécantes entre elles à l'intérieur de lui-même sont égaux entre eux; c'est pourquoi dans le cercle sont contenus une infinité de rectangles égaux entre eux.

Pour bien comprendre l'exemple spinoziste, il faut savoir qu'au XVIIe siècle le mot « rectangle » signifie le produit de deux segments de droites; or comme la figure illustrant l'exemple, dans le scolie, représente deux cordes perpendiculaires, le lecteur d'aujourd'hui, s'il associe l'idée de rectangle à celle d'angle droit formé par les cordes perpendiculaires, peut tomber dans la plus grande confusion[2]. La propriété du cercle sur laquelle travaille l'exemple de Spinoza est en fait la suivante : sont égaux les produits des paires de segments obtenues à partir de cordes se coupant en un point intérieur au cercle. Cette propriété de l'égalité des « rectangles »

1. Voir E, III, 8.

2. C'est pourquoi on se méfiera sur ce point de la traduction de Guérinot, qui notamment ne voit pas que la perpendicularité des cordes n'est qu'un cas particulier.

existe donc en tant qu'elle est incluse dans le cercle, et l'idée de cette propriété existe aussi en tant qu'elle est comprise dans l'idée du cercle. Mais dès lors que nous nous représentons deux cordes en particulier comme existant en acte, la propriété, appliquée à ces deux cordes, existe non plus seulement comme contenue dans le cercle, mais aussi dans la durée ; et l'idée de cette propriété n'existe plus seulement comme contenue dans l'idée du cercle, mais aussi en tant qu'elle enveloppe l'existence en acte de la propriété. Le scolie nomme E et D les deux « rectangles » (c'est-à-dire les deux produits des paires de segments) obtenus à partir de deux cordes[1], et en conclut que les idées de E et de D, en existant actuellement, « se distinguent des autres idées des autres rectangles ».

Ces propos appellent deux remarques.

– D'abord, il n'est pas étonnant que l'on se représente la différence entre existence éternelle et existence temporelle sinon comme une temporalisation, du moins comme une extériorisation : l'exemple même des idées des rectangles E et D qui se « distinguent » lorsqu'on les conçoit pousse dans cette voie. Contenus dans le cercle, E et D se confondaient parmi l'infinité des autres « rectangles » ; leurs idées quant à elles fusionnaient dans l'idée du cercle : l'union de toutes ces idées dans l'idée du cercle était une union sans distinction, une confusion. On parlait alors d'une propriété générale des cordes d'un cercle, on parlait d'une infinité de « rectangles ». Viennent à être conçus (en l'esprit) deux « rectangles », viennent à être tracées (sur la feuille) deux cordes, et alors surgit la distinction, c'est-à-dire l'extériorisation à la fois idéelle et spatiale. N'est-on pas clairement passé d'un mode d'existence éternel, latent, à un mode d'existence spatio-temporel, patent ? Non ; d'abord, il faut y insister, parce qu'une chose ne cesse pas d'être contenue dans son attribut (et son idée dans celle de Dieu) parce qu'elle existe dans la durée – on ne cesse jamais d'être éternel ; ensuite et surtout parce que les idées qui se distinguent dans la durée se distinguent justement pour l'esprit qui les conçoit, mais une telle distinction ne nous autorise pas à les imaginer se confondre dès lors qu'on ne les conçoit plus (car si être conçu par nous signifie être distingué, être distingué ne signifie pas nécessairement être conçu par nous). Chaque rectangle a une essence formelle (même si tous sont en quelque sorte

1. Dans le schéma accompagnant son exemple, Spinoza semble nommer E et D les deux cordes (que nous avons appelées AB et CD). En fait, E et D nomment des « rectangles », dit le scolie ; et donc si E = D, c'est non pas parce que les cordes seraient de longueur égale (autre cas particulier du schéma spinoziste), mais bel et bien en vertu de cette loi immanente à l'essence même du cercle, à savoir que les produits des paires de segments (les « rectangles ») de *toutes* les cordes se coupant à l'intérieur d'un cercle sont égaux.

« jumeaux », puisqu'ils sont égaux) ; et aucun n'attend d'avoir une essence actuelle, et de s'efforcer de persévérer en son être, pour se distinguer de tous les autres.

– Ensuite, on peut se demander pourquoi Spinoza est allé chercher un exemple (plutôt complexe !) s'appuyant sur l'égalité des rectangles construits à partir des cordes d'un cercle, alors qu'il pouvait en choisir un, plus direct, se fondant sur la simple existence des cordes : pourquoi n'a-t-il pas dit que dans un cercle est contenue une infinité de cordes, et que lorsqu'on en conçoit deux, l'idée de chacune d'elles n'est plus simplement comprise dans l'idée de cercle, mais existe également en tant qu'elle enveloppe l'existence de la corde ? C'est qu'un tel exemple mettrait en jeu des choses se présentant comme des « termes » (les cordes), alors que l'exemple choisi par Spinoza convoque des choses dont on voit clairement – c'est là son avantage – qu'elles sont des rapports entre des termes (les « rectangles », ou produits des paires de segments)[1]. Cet exemple complexe indique qu'une idée (qu'elle soit simplement comprise dans l'entendement divin ou qu'elle existe aussi dans la durée) est l'idée d'un *rapport*, et que tous les rapports dont on peut avoir l'idée sont gouvernés par des lois communes – ici, pour ces rapports que sont les produits des paires de segments, par l'égalité.

Résumons ces enseignements, et appliquons-les désormais au corollaire de la proposition 11 d'*Éthique* II : l'esprit humain, comme toute idée considérée en son essence formelle, est contenu dans l'attribut de la pensée ; en tant qu'il est rapporté à un certain objet (en tant qu'il pense quelque chose), il est compris dans l'idée de Dieu : en tant qu'essence objective, notre esprit est une partie de l'entendement divin. Dans la mesure où l'objet de l'idée constituant notre esprit est une chose singulière existant en acte (notre corps), on peut le dire doté d'une essence actuelle, par laquelle il dure, ou s'efforce d'exister et d'opérer, en l'occurrence de penser. L'esprit humain, contenu dans la pensée divine, partie de l'entendement divin, est donc une idée qui a des idées : c'est, pourrait-on dire, *un certain rapport déterminé entre des idées, constitutif d'une idée qui est la forme de notre esprit.*

1. Notons que même si la corde se « présente comme » un terme, c'est-à-dire comme un état de chose fixe, elle aussi en fait ne peut véritablement être comprise que comme dynamique, processus, ou encore « rapport de mouvement et de repos » : la corde en effet est engendrée par le mouvement rectiligne d'un point de la circonférence d'un cercle jusqu'à un autre point de cette circonférence. On a là une définition génétique de la corde, qui nous en explique son « essence intime » (TRE, § 95).

Or ce que le corollaire nous apprend de décisif, mais aussi de très surprenant, c'est qu'en vertu de cette union de notre esprit avec l'idée de Dieu, il se passe la chose suivante : lorsque je perçois le chat sur mes genoux, ou les cordes dans le cercle, Dieu en même temps perçoit le chat ou les cordes à travers mon esprit. Bien plus, lorsque Dieu a l'idée du chat non seulement en constituant cette idée qu'est mon esprit, mais en ayant aussi d'autres idées, alors je peux dire que je ne perçois mon chat qu'en partie, c'est-à-dire inadéquatement.

Que signifie tout cela ? Si effectivement est grande la perplexité à la lecture du corollaire de la proposition 11, c'est qu'il recourt à une explication du rapport entre la pensée de mon esprit et la pensée de Dieu qui semblait interdite : comment comprendre en effet, s'il existe une distinction modale entre eux, que Dieu puisse *constituer* l'essence de mon esprit ? « La substance ne constitue pas la forme de l'homme », prévient la proposition 10 ; « l'essence de l'homme est constituée par des modifications précises des attributs de Dieu », précise son corollaire ; « les choses singulières ne peuvent sans Dieu ni être ni être conçues, et pourtant Dieu n'appartient pas à leur essence ; mais j'ai dit que nécessairement constitue l'essence d'une chose [...] ce sans quoi, et vice versa ce qui sans la chose, ne peut ni être ni être conçu », ajoute enfin son scolie. En somme, ce qui constitue (ou appartient à) l'essence d'une chose, ne se distinguant que conceptuellement d'elle, ne peut, comme Dieu, se concevoir par soi seul, sans elle : alors, comment penser encore l'altérité entre Dieu et le mode ? L'immanence caractéristique de l'union entre Dieu et le mode se convertit-elle finalement en substantialisation du mode, voire en modalisation de Dieu ?

DEUS QUATENUS : UN SCANDALE ?

Quel sens peut avoir cette formule « Dieu en tant qu'il constitue l'essence de l'esprit humain », puisque Dieu, en vérité, ne constitue pas son essence ? On pourrait répondre que, dans la mesure où n'est pas considéré Dieu en tant que Dieu (en tant qu'être absolument infini), mais Dieu en tant que mode singulier de la pensée, la formule « Dieu en tant qu'il constitue l'esprit humain » ne désigne rien d'autre que « l'esprit humain » lui-même. Mais justement, une telle réponse paraît manquer le détour par le « *Deus quatenus* »[1] : à travers elle n'est pas considéré seulement l'esprit humain, mais bel et bien Dieu en tant qu'esprit humain. La formule a certes quelque chose de scandaleux si on la prend comme prétexte pour substantifier l'esprit, et effacer la distinction modale entre la cause et son effet. Mais elle est nécessaire si, à l'inverse, on l'entend comme le moyen de saisir l'activité de pensée d'un esprit en maintenant le *rapport* de la partie au tout : la formule « Dieu en tant qu'il constitue l'essence de l'esprit », si on ne l'isole pas (ce qui serait justement désunir la partie du tout), bien loin de signifier que l'esprit est cause libre de ses idées, insiste au contraire sur sa dépendance vis-à-vis de la nécessité d'une pensée dont il est une modalité, une expression, une partie. Or être une « partie » de l'entendement divin a deux sens.

– Cela veut dire d'abord entrer dans un rapport « interne » avec Dieu, puisqu'être une partie de l'entendement divin, c'est être une idée de Dieu : non pas l'idée infinie de Dieu (son entendement), mais une idée qu'a Dieu (parmi d'autres), une certaine idée par laquelle il perçoit quelque chose. Dieu, en un sens, perçoit à travers mon esprit.

– Mais cela veut dire aussi entrer dans un rapport « externe » avec d'autres idées, puisqu'une partie est nécessairement en relation avec les autres parties du tout auquel elle appartient : ces autres parties sont elles-mêmes des idées, celles par exemple que Dieu a lorsque, percevant quelque chose, il constitue l'essence de mon esprit alors que celui-ci perçoit cette chose inadéquatement.

Voici donc, lorsque je perçois le chat sur mes genoux, par quelles idées, extérieures à lui, mon esprit est déterminé : par les idées qui, dans l'entendement divin, complètent la perception tronquée, partielle, inadéquate que j'ai du chat – si on veut bien admettre que je ne perçois pas en totalité la nature de ce chat, mais seulement en partie, sous le rapport de l'effet que ce félin produit en mon corps.

Soit. Mais une telle réponse n'est pas encore satisfaisante.

En effet, cette réponse fournit une explication statique là où nous attendions une explication dynamique : lorsque je perçois (inadéquatement) mon chat, Dieu le perçoit en ayant d'autres idées que celle qui

1. Selon F. Zourabichvili, expliquer le texte de Spinoza consiste non pas à rabattre le « parler spinozien » sur le « parler vulgaire », mais à comprendre la nécessité du passage de la langue vernaculaire à la langue spinozienne : « Il est certes légitime et rassurant pour le débutant de se voir proposer des *versions*, mais la pédagogie spinozienne procède à l'inverse, dans le sens du *thème* : "lorsque nous disons que… <parler vulgaire>, nous ne disons rien d'autre sinon que… <parler spinozien>" », *Spinoza. Une physique de la pensée*, Paris, PUF, 2002, p. 165.

constitue l'essence de mon esprit; mais cela explique-t-il vraiment comment l'idée du chat m'est venue? Ces idées extérieures à mon esprit sont-elles venues à lui pour le pousser à penser d'une certaine manière? Tout comme le chat paraît bel et bien venu à moi (c'est-à-dire à mon corps) pour s'installer sur mes genoux...

N'est-ce pas le sens de la fameuse proposition 7, qui affirme que « l'ordre et l'enchaînement des idées, c'est le même que l'ordre et l'enchaînement des choses », donc, notamment, des corps? L'idée qu'est le chat dans l'attribut de la pensée est-elle donc venue rencontrer mon esprit, comme le corps du chat, dans l'attribut de l'étendue, est venu se poser sur mes genoux? Le corollaire de la proposition 11 d'*Éthique* II ne rend compte que du sens statique de la détermination de mon esprit, non du sens dynamique : il n'explique pas en quoi mon esprit est dynamiquement incité à produire une certaine idée du chat, mais en quoi il est statiquement limité dans sa perception du chat (la détermination dynamique est coproduction; la détermination statique est délimitation). Cette explication montre davantage la finitude de mon esprit lorsqu'il perçoit inadéquatement, que sa productivité de pensée, même en régime d'inadéquation.

En vérité, mon esprit ne peut véritablement *com-prendre* cette détermination de la venue en lui d'une idée qu'en engendrant pour lui-même cet « événement », c'est-à-dire en « prenant avec » soi les idées qui en expliquent le processus, et ne pourront plus alors être considérées comme extérieures. L'explication statique par l'existence d'idées extérieures vaut par comparaison, pour rendre compte de l'inadéquation de ma position de pensée. Mais comprendre concrètement quelles sont les idées qui m'expliquent comment j'ai formé l'idée du chat, c'est les produire en moi et ne plus pouvoir me les représenter comme « extérieures ». Je ne puis véritablement comprendre l'événement d'une pensée inadéquate, coproduite par mon esprit et des idées extérieures, qu'en formant une idée adéquate qui unit en elle toutes les idées permettant de l'expliquer. La pensée dynamique de l'inadéquation devient ainsi une pensée adéquate de la production.

Lorsque mon esprit a une idée inadéquate d'une chose, il n'est donc pas seulement une partie de l'entendement infini de Dieu, il a de surcroît une idée qui est elle-même une partie de l'idée qu'a cet entendement infini de cette chose. L'idée inadéquate est donc bien une partie de l'idée adéquate de la chose, cette idée adéquate appartenant à l'entendement divin en tant qu'il constitue l'esprit humain en même temps (*simul*) que l'idée d'autre chose. C'est pourquoi l'idée inadéquate est, eu égard à l'idée parfaite qu'a

Dieu, une idée tronquée, une idée fausse, ou encore une « privation de connaissance »[1]. Le détour par « Dieu en tant que » n'est donc pas un véritable détour : c'est la voie directe pour que soit comprise la nécessité de la pensée d'une chose par un esprit. En ce sens, parler la « langue spinozienne » n'est autre que parler la langue du concept expliquant ce que signifie « penser ». Dans le corollaire de la proposition 11, Spinoza certes ne dit pas explicitement ce que signifie « penser adéquatement » ; il est néanmoins possible de le déduire : qu'un esprit ait une idée adéquate signifie que Dieu, en tant qu'il constitue *seulement* l'essence de cet esprit, a rigoureusement la même idée. Une idée est adéquate en mon esprit lorsqu'il est nécessaire, mais aussi suffisant, de prendre en compte la seule modalité de la pensée divine qu'est mon esprit pour comprendre cette idée.

Que l'esprit pense de façon adéquate ou inadéquate, il pense donc toujours selon une certaine nécessité, qui est celle de la pensée même. Cette nécessité s'explique par le seul esprit lorsque celui-ci pense adéquatement, c'est-à-dire rationnellement. Lorsqu'il pense inadéquatement, cette nécessité ne se comprend plus par lui seul, par ses propres lois, mais également par d'autres modalités de la pensée, et donc par d'autres lois. La nécessité à laquelle obéit un esprit qui imagine n'est pas seulement la nécessité de cet esprit, mais aussi celle d'idées qu'il n'a pas : c'est la nécessité de Dieu en tant qu'il a, en même temps que cet esprit, d'autres idées. La nécessité de la raison est en revanche celle de la pensée divine en tant qu'elle constitue l'essence du seul esprit : l'esprit est donc rationnel lorsqu'il pense à travers des lois qu'il comprend, au double sens de lois qui sont les siennes et qu'il saisit clairement et distinctement. L'esprit pense adéquatement lorsqu'il pense selon une nécessité *interne*, qu'il suit en toute connaissance de cause.

Or, dans la mesure où l'ordre et la connexion des idées sont les mêmes que l'ordre et la connexion des choses, la logique de pensée que suit l'esprit lorsqu'il comprend est identique à celle de son objet. Lorsque l'esprit comprend, ses « effets objectifs » (ses idées) « procèdent dans l'âme en rapport avec l'être formel de son objet »[2]. Ainsi, lorsque je comprends l'essence formelle d'une figure, comme le cercle, ou d'un sentiment, comme l'amour, mon esprit enchaîne ses idées selon une logique (dite objective) qui est la même que la nécessité intérieure à laquelle obéit l'essence (dite formelle) de la chose pensée : je peux en effet construire l'idée vraie du cercle à partir de l'idée d'un segment de droite et de celle de mouvement; si j'enchaîne ces deux idées de telle sorte que je conçois

1. Voir E, II, 35.
2. TRE, § 85.

l'une des extrémités du segment comme fixe et l'autre comme mobile, j'*engendre* le cercle, comme l'écolier traçant sur une feuille de papier un cercle avec son compas. Je produis ainsi la définition génétique, le concept du cercle qui en montre sa cause ou sa loi de composition, et ce faisant reproduis l'essence formelle intime du cercle[1].

De la même manière, à partir des idées de joie, d'accompagnement et de cause extérieure, je peux engendrer l'idée de l'amour, entendu comme une joie accompagnée de l'idée d'une cause extérieure.

En revanche, lorsque l'esprit imagine, ses effets objectifs obéissent à une causalité externe, celle de ses « rencontres fortuites »[2] avec des choses extérieures. L'esprit qui imagine suit en ce sens une nécessité qui compose une complexion d'idées (un *ingenium*) se comprenant à travers les rapports qu'il entretient avec son milieu. L'esprit pense alors, dit Spinoza, « selon l'ordre commun de la Nature »[3]. Comment entendre cette expression ? Elle signifie que nos « rencontres fortuites » ne sont pas assimilables à un désordre, à un chaos qui nous laisserait à chaque fois dans le plus grand désarroi ; mais qu'elles ne rendent pas compte non plus de l'ordre réel de la Nature, qui est l'ordre éternel de la production divine, depuis la cause substantielle libre jusqu'aux effets modaux contraints. Cet ordre commun est non pas l'ordre, en soi, des causes, mais l'ordre, pour soi, des effets que certaines causes produisent en notre esprit : c'est la manière dont s'organisent communément nos relations avec le monde extérieur. L'ordre commun de la Nature est donc un ordre temporel obéissant à la logique de nos habitudes : nos rencontres « fortuites » avec les choses du monde extérieur ne sont donc que rarement des rencontres « extra-ordinaires » ; le plus souvent, leur caractère « fortuit » ne nous apparaît pas, tant nous y sommes habitués. C'est ainsi que nous rencontrons « fortuitement » notre propre corps, dans ce que certains appelleront sa « facticité » : pourquoi lui ? pourquoi le percevons-nous ainsi ? qui est-il ? Ou que nous rencontrons « fortuitement » le soleil : pourquoi est-il là ? pourquoi nous le représentons-nous ainsi ? quel est-il ? Notre corps, comme les corps extérieurs, nous les rencontrons « fortuitement » au sens où ils n'ont d'autre nécessité pour nous que celle de nos habitudes et de nos usages : ils constituent l'ordre commun de la Nature, un ordre coutumier et utile, qui ne peut être compris en vérité que par l'ordre réel des causes de la Nature.

1. TRE, § 95-96.
2. E, II, 29, sc.
3. Voir E, II, 29, cor.

L'imagination n'est donc la « folle du logis », comme dirait Malebranche, qu'en un sens très précis : au sens où l'esprit lorsqu'il imagine est aliéné, c'est-à-dire dépendant de causes extérieures qu'il ne comprend pas. Mais cette folie a ses lois : celles qui dépendent de l'ordre des causes dont l'imaginaire n'est jamais affranchi, même s'il ne le comprend pas. L'esprit n'est donc, à vrai dire, jamais illogique : certes il est bien souvent irrationnel, c'est-à-dire qu'il ne perçoit pas adéquatement, ou totalement, les lois qui constituent formellement les choses extérieures. Mais même lorsqu'il ne fait que les « entrevoir », les percevoir partiellement, il les pense selon une logique susceptible d'être comprise par la raison : l'imagination, justement parce qu'elle n'est pas hors-la-loi, ne devient jamais incompréhensible. Mais c'est aussi parce qu'elle obéit à des lois lui conférant une puissance qu'elle échappe la plupart du temps à toute maîtrise rationnelle : elle demeure la folle du logis au sens où bien souvent, même lorsque nous parvenons à la comprendre, nous demeurons dans l'incapacité de la raisonner, et donc de l'arraisonner.

Est-ce à dire que l'esprit qui imagine est comme dépassé par sa propre pensée ? Si tel était le cas, nous serions reconduits à l'idée d'une puissance de pensée pouvant être en excès sur elle-même, ou (ce qui revient au même) en défaut par rapport à elle-même. Si nous étions dépassés par la puissance imaginative de notre propre pensée, nous serions le plus souvent imparfaits… par rapport à nous-même – ce qui n'a aucun sens. Serait-ce tout simplement que l'expression « sa propre pensée » n'a elle-même pas grand sens ? Il faut ici être prudent : certes, on ne peut plus dire que le moi pense en première personne (l'évidence n'est plus « je pense », mais « l'homme pense »[1]) ; on ne peut plus dire que la pensée est absolument intime et privée : elle obéit à une logique anonyme, commune à tous les esprits. Mais s'il y a en ce sens une dimension « extime » de la pensée, on ne peut pas non plus affirmer que les idées de tel ou tel esprit sont « publiques », ou extérieures à lui. La nécessité commune qui gouverne les esprits n'empêche pas que les idées que chacun forme soient personnelles. Il nous faut donc ici distinguer entre les lois de la pensée et les affections de l'esprit : les lois de la pensée (entendue comme attribut) sont publiques, à la fois extérieures et intérieures aux esprits ; les affections de l'esprit (ses idées) sont privées, propres en ce sens à chaque esprit.

Les lois de la pensée ne constituent l'essence d'aucun esprit : elles constituent seulement des propriétés communes aux différents esprits. Cependant, les affections de l'esprit ne sont données ou produites en lui

1. E, II, ax. 2.

que selon ces lois, auxquelles n'échappe aucun esprit, aucune idée. C'est pourquoi ce ne sont pas les parties de l'esprit, ses idées, qui seules constituent son essence; ce qui fait l'essence d'un esprit, ce ne sont ni les lois anonymes et universelles de la pensée, ni ses affections privées et intimes : c'est un certain rapport nécessaire entre des enchaînements idéels particuliers, imaginatifs ou rationnels. L'essence de l'esprit : un mixte de public et de privé, un enveloppement de l'extériorité dans l'intériorité, ou de l'intériorité dans l'extériorité.

En somme, la philosophie spinoziste récuse la définition de la *pensée* dans les termes d'une intériorité intra-subjective; mais on ne confondra pas pensée et esprit. Certes, l'esprit n'est pas une chose existant par soi-même, et ne peut servir de support à la définition d'une identité subjective stable; certes, l'activité de pensée ne peut être conçue seulement comme un processus privé, en première personne; néanmoins, Spinoza ne s'intéresse-t-il pas à « l'effet que cela fait de » penser, imaginer, comprendre ? Les idées, et les affects qui en naissent, ne peuvent-ils être appréhendés comme « intérieurs » à l'esprit, même s'ils obéissent à des logiques trans-subjectives, anonymes ? L'esprit sent les choses, éprouve des sentiments, et est conscient de ses affects : ces modalités de sa pensée demeurent en lui, comme lui est en elles. Cet enroulement de l'esprit dans ses idées, et de ses idées en lui, permet à la doctrine spinoziste du psychisme d'échapper à l'alternative entre externalisme et internalisme. Le refus de la substantification de l'esprit comme activité de penser déliée de toute logique transindividuelle ne signifie pas le refus de l'intériorité subjective : en ce sens, la critique spinoziste porte sur le solipsisme (hérité de Descartes), non pas sur l'intériorité. Dit autrement, il est bel et bien possible de penser par soi-même (c'est le propre de la pensée adéquate, qui se comprend par la seule nécessité de l'esprit); mais il n'est pas possible de penser seul.

Pour résumer cette idée, le *Traité de la Réforme de l'Entendement* dispose d'une formule qui frappe chacun de ses lecteurs : l'esprit y est qualifié d'« automate spirituel »[1]. Cette formule, qui intervient au moment où il est question de la « vraie science », qui procède des causes aux effets, caractérise surtout l'esprit lorsqu'il forme des idées adéquates; mais elle pourrait s'appliquer aussi à l'esprit lorsqu'il imagine. Car que signifie-t-elle ? Que par *la pensée*, attribut substantiel qu'il enveloppe, l'esprit est un automate : il agit selon des lois déterminées, selon une nécessité – qui est seulement la sienne lorsqu'il comprend, qui est aussi celle de causes extérieures lorsqu'il ne comprend pas. Mais par *ses pensées*, ses idées et ses

1. TRE, § 85.

affects, l'esprit est une conscience (il est un automate *spirituel*) : il n'est pas aveugle à ses propres procédures de cognition, il sent l'effet que cela lui fait de penser, que ce sentiment soit confus lorsque cette pensée est inadéquate, ou clair et distinct lorsqu'elle est adéquate. Ni pure intériorité, ni pur automatisme, l'esprit est un automate spirituel : il agit comme une véritable « machine à penser », comme une machine immatérielle ou inétendue qui se sent penser.

CHAPITRE II

UNION DE L'ESPRIT ET DU CORPS

> ... je m'assis devant la table du café, à deux pas du rideau de perles, et j'y fus aussitôt tellement à mon aise que je perdis toutes pensées pour goûter plus facilement à ce bien-être... Car l'être, là, se trouvait bien; je dis: l'être, celui que chacun porte en soi; bien mieux, qui est nous tout entier, hors duquel on ne peut fatalement rien être d'autre, et dont pourtant il est si rare que l'on constate, en soi, la présence réelle. Il suffit cependant, pour la déceler, qu'il y entre un soupçon de plaisir, mais vrai, qui ne soit que libre plaisir; et l'excès léger de cette vapeur le tiédit assez pour qu'on sente s'épanouir en soi, fût-ce d'une onde presque imperceptible, ce que l'on contenait de soi, à son insu, dans l'inépuisable réserve de la vie latente. Or cela monte vers le frais et le pur du matin, pour vivre un peu de la lumière, qui est la vraie vie du monde sensible... J'étais heureux [1].

Parallèlement à l'affirmation de l'automatisme de l'esprit, il y a chez Spinoza l'affirmation d'un automatisme radical du corps, n'agissant en vertu d'aucune autre loi que celles de son propre attribut, l'étendue. Spinoza s'inscrit en faux contre la position cartésienne selon laquelle l'esprit peut mouvoir le corps, et le corps produire en lui des passions. Ce refus spinoziste d'une interaction psychophysique tient bien évidemment, nous l'avons vu, à l'ontologie déployée dans la première partie de l'*Éthique*, c'est-à-dire au fait que l'esprit et le corps sont des manières d'être appartenant à des attributs distincts : l'esprit en la Pensée, et le corps en l'Étendue, relèvent de deux genres d'êtres qui ne se recoupent pas. Une détermination de l'esprit sur le corps, ou du corps sur l'esprit, relèverait d'un entrelacs entre Pensée et Matière; or l'idée d'un tel chevauchement

1. Henri Bosco, *Un rameau de la nuit*, Paris, Folio-Gallimard, 2002, p. 21.

n'est rien moins qu'une idée confuse, une idée qui ne comprend pas ce qu'elle pense puisque chaque attribut se comprend clairement à partir de lui seul[1]. L'impossibilité de l'interaction psychophysique s'explique donc par la nature de la distinction inter-attributive : une distinction réelle.

Ici cependant se pose une double question, l'une concernant le rapport entre l'esprit et le corps, l'autre le rapport des esprits entre eux, et des corps entre eux.

– D'une part, que reste-t-il de l'union entre l'esprit et le corps s'il n'y a aucune interaction entre les deux ? Chez Descartes, en regard de la distinction substantielle entre réalité mentale et réalité corporelle, il y a le constat de leur interdépendance, qui ne peut s'expliquer que par une union substantielle voulue par Dieu[2]. Mais si l'on évacue, comme le fait Spinoza, toute possibilité d'une causalité psychophysique, peut-on alors encore parler d'union entre eux ? La question est ici d'autant plus troublante que les seules, et rares, occurrences des termes « *unio* » et « *unitus* » dans l'*Éthique* concernent toujours, de près ou de loin, le rapport entre le corps et l'esprit[3] : alors, s'agit-il simplement d'un vestige de la langue cartésienne, vidé de son sens, ou d'un vocable réinvesti d'une pensée conceptuelle forte ? Si les deux formes d'union que nous avons déjà envisagées – union entre Dieu et les modes, union entre les idées – impliquent à chaque fois une causalité unifiante, et des lois de production ou de composition de ces unions, que reste-t-il alors de cette idée d'union lorsqu'elle s'applique au rapport entre esprit et corps, puisque la causalité ne peut plus passer entre eux ? Quoi de commun alors entre l'union psychophysique et les autres formes d'union, notamment ontologique et psychologique ?

– D'autre part, comment concilier déterminisme et automatisme, qui tous deux caractérisent les esprits comme les corps ? Comment penser ensemble leur automatisme respectif et leur nécessaire intégration dans l'enchaînement infini des causes finies ? Ce problème se pose avec d'autant plus d'acuité que la machine à penser, ou à se mouvoir, fonctionne en régime d'adéquation : comment dès lors penser ensemble causalité adéquate (automatisme) et causalité externe (déterminisme) ? Un esprit peut-il être cause totale ou parfaite de ses idées (qui seront alors adéquates), s'il ne peut l'être qu'en vertu d'autres esprits ? De même, qu'en est-il de la possibilité d'une réelle activité du corps, nécessairement affecté par les corps environnants ? En somme, la question est celle de la compatibilité entre

1. Voir E, I, 10.

2. Sur « l'union substantielle » chez Descartes, voir notamment la sixième Méditation (AT IX, p. 65-66) ; ainsi que les *Réponses aux quatrièmes objections* (AT IX, p. 177).

3. Voir E, II, 13, sc. ; E, II, 21 et E, IV, 8. Voir aussi E, II, 16, cor. 1.

union et autonomie : si l'autonomie n'est pas autarcie, si elle doit nécessairement se comprendre à partir de la dépendance vis-à-vis d'une certaine altérité, quelle union l'esprit doit-il entretenir avec les autres esprits pour pouvoir penser par lui-même ? Et quelle union le corps doit-il avoir avec les autres corps pour devenir actif ?

L'ANGOISSÉ, LE RÉJOUI ET LE SOMNAMBULE

> Nous voyons que, dans le monde organique, lorsque la réflexion s'affaiblit, s'obscurcit, la grâce y gagne en degré égal, en splendeur et en souveraineté. Mais de même que l'intersection de deux droites en deçà d'un point, après un parcours à travers l'infini, soudain se reproduit au-delà, ou de même que l'image dans un miroir concave, après un recul jusqu'à l'infini, soudain réapparaît toute proche de nous, de même, lorsque la connaissance a pour ainsi dire traversé un infini, la grâce est retrouvée ; si bien que, dans le même temps, elle apparaît la plus pure dans une stature humaine lorsque celle-ci n'a aucune conscience ou bien lorsqu'elle en possède une, infinie, soit : chez la marionnette ou en Dieu [1].

L'angoisse, ou le divorce de l'âme et du corps (Court Traité)

Il est des personnages qui traversent l'œuvre de Spinoza, comme de simples éclairs laissant une maigre trace, ou comme d'insistantes figures hantant sa pensée. Ces personnages incarnent des enjeux souvent majeurs de sa philosophie : parmi eux, retenons ceux de l'angoissé (*Court Traité*) ou du somnambule (*Éthique*), qui jettent une lumière chaque fois originale sur le rapport entre l'âme et le corps, et auxquels nous ajouterons une autre figure, cruciale, de l'union psychophysique : celle de la jouissance d'être.

La figure de l'angoissé relève de ces brèves apparitions, sur lesquelles le lecteur d'ordinaire ne prend pas trop la peine de s'attarder. Or l'angoisse dans le *Court Traité* est l'affect de la désunion de l'âme et du corps. Si tous deux peuvent divorcer, c'est qu'ils sont unis, d'une union qui ne laisse pas indifférent. Le *Court Traité* en vérité laisse le lecteur perplexe dès lors qu'est traitée la question de l'union psychophysique. D'un côté s'y dessine sur certains thèmes cruciaux la démarcation du spinozisme vis-à-vis du cartésianisme : il n'existe qu'une seule substance, absolument infinie ; ses attributs, qui n'ont rien de commun, se distinguent réellement ; point donc

1. Kleist, *Sur le théâtre de marionnettes*, Nantes, Le Passeur-Cecofop, 1989, éd. bilingue, trad. fr. J.-Cl. Schneider, p. 37 ; rééd. Rezé, Séquences, 1991, p. 33-34.

d'interaction entre les attributs, et partant entre l'esprit et le corps. Ainsi, d'une réflexion illustrée par le cas de la pierre (« si, par exemple, une pierre gît immobile, il est impossible qu'elle soit mue par la force de la pensée »), le *Court Traité* conclut: « aucun mode de pensée ne pourra produire mouvement ou repos dans le corps »[1]. D'un autre côté, cette impossibilité ne semble pas avoir de pertinence dans le cas de l'homme, puisque notre âme peut sinon produire un mouvement radicalement nouveau dans le corps, du moins modifier le mouvement déjà existant des « esprits animaux »[2] : certes ce pouvoir est limité, puisque si ce mouvement déjà présent est trop faible (à cause d'une course essoufflante), ou trop fort (à cause de l'alcool), l'âme aura beau faire, rien ne se produira[3]; et surtout l'âme n'a pas la capacité de convertir un repos en mouvement, ou un mouvement en repos[4]. Mais si le corps y consent, alors l'âme a le pouvoir d'entraîner les esprits animaux dans la direction souhaitée. D'où lui vient ce pouvoir?

> La cause en est, et ne peut être rien d'autre que le fait que l'âme, étant une Idée de ce corps avec lequel elle est unie, est composée avec ce corps de telle manière qu'ils font un tout[5].

L'union psychophysique telle qu'elle est saisie par le *Court Traité* se distingue de l'union substantielle telle qu'elle est pensée par Descartes : il ne s'agit pas d'un mélange, d'une fusion entre une entité pensante et une entité étendue. Reste néanmoins une étrangeté : cette union est, si l'on veut, gnoséologique (l'âme est l'idée du corps), et pourtant par ce canal purement cognitif passe une relation causale. D'un côté, l'âme a le pouvoir d'influer sur le mouvement des esprits animaux du corps; de l'autre, le corps agit sur l'âme en produisant en elle des effets cognitifs. Certes le corps n'est pas la cause principale des passions de l'âme, cette cause étant l'idée que nous avons des choses. C'est pourquoi il n'est possible de s'arracher à une passion qu'en changeant d'idée sur les choses : on cessera d'aimer une chose en percevant en elle quelque chose de mauvais, ou en une autre quelque chose de meilleur[6]. Il reste cependant que le corps agit en l'âme, non « en tant qu'il est un corps [...], mais en tant qu'il est un objet

1. CT, II, 19/8.
2. Rappelons que selon les *Passions de l'âme*, les « esprits animaux » sont des « parties du sang très subtiles » (art. 11).
3. CT, II, 19/12.
4. CT, II, 20/3-6.
5. CT, II, 19/9.
6. Voir CT, II, 5/4 et II, 19/10.

comme toutes les autres choses »[1]. En somme, le corps a le pouvoir de se faire connaître. De façon générale, dans le *Court Traité*, toute perception d'objet est comprise comme un effet de cet objet dans l'esprit : avoir une idée signifie *recevoir* ou *accueillir* une forme ou un mode de penser, qui est « perception de la forme » de l'objet lui-même[2].

Telle est donc l'originalité, mais aussi l'ambiguïté du *Court Traité* sur les rapports entre l'idée et l'objet en général, et entre l'âme et le corps en particulier : la relation de connaissance est entendue comme relation de causalité. Aussi l'union entre le corps et l'esprit n'est-elle plus une union indifférente du point de vue affectif ; cette union fait un effet, et quel effet !

> La connaissance que nous avons du corps n'est pas telle que nous le connaissions tel qu'il est ni parfaitement, et pourtant, quelle union ! quel amour ![3].

Il y a un effet affectif de l'union entre l'esprit et le corps, car il y a d'abord un *effet* du corps dans l'esprit à travers cette union. Et cet amour semble resserrer les liens entre l'esprit et le corps, au point qu'on ne sait plus, dans cette circularité entre amour et union, qui des deux est premier : est-ce parce que le corps produit un effet cognitif dans l'esprit qu'il engendre un effet affectif ? Ce qui revient à dire que c'est l'union qui cause l'amour ; ou bien est-ce parce que l'esprit découvre le corps qu'il l'aime et partant s'unit à lui ? Ce qui voudrait dire que c'est l'amour qui fait l'union.

Quoi qu'il en soit, c'est sur le fond de cette union amoureuse que doit être comprise l'angoisse de leur divorce : l'opposition entre l'esprit et le corps ne produirait aucun tourment si leur union ne vibrait d'aucun amour. Bien plus, ce divorce n'est possible que parce que l'union a quelque chose de contingent : si l'esprit aime le corps, c'est qu'il est la première bonne chose qu'il connaisse ; mais l'esprit et le corps demeurent comme dans une relation d'extériorité, puisque si l'esprit connaît une autre chose meilleure, il pourra s'en détacher. L'identité du moi paraît donc davantage psychique que physique : je suis uni à un corps, mais pourrais très bien m'unir à autre chose, si jamais j'en découvrais l'utilité[4]. Or l'angoisse naît justement de cette décision – mentale – de ne plus consentir au corps : elle survient

1. CT, II, 19/15.
2. CT, II, 15/5.
3. CT, II, 22/2.
4. Sur cette extériorité du corps à l'égard de l'esprit, voir Ch. Jaquet « L'amour du corps dans le *Court Traité* », dans *Les expressions de la puissance d'agir chez Spinoza*, Paris, Publications de la Sorbonne, 2005, p. 245-257 ; et sur la « subjectivité » réduite dans le *Court Traité* à la seule dimension de l'esprit, voir F. Zourabichvili, *Le conservatisme paradoxal de Spinoza*, *op. cit.*, p. 50-58.

lorsque l'esprit contrecarre la direction prise par les esprits animaux, lorsqu'il contredit le corps entendu comme cause de ses propres mouvements[1]. Il est donc des angoisses qui tiennent au conflit de l'âme avec son corps. Elles sont comme l'envers de son amour pour lui. Mais alors, que dire si l'âme choisit de se désunir du corps, pour mieux s'unir à Dieu ? Que dire si elle entreprend de se détourner de tous les mouvements spontanés du corps, de tous ses appétits ordinaires, pour se tourner vers la puissance infinie de Dieu ? Ne devrait-on pas s'exclamer, pastichant le *Court Traité* : quelle désunion ! quelle angoisse ! Si le chemin du salut exige un détachement de l'âme vis-à-vis du corps, afin de se rattacher plus étroitement à Dieu, n'est-il pas nécessairement pavé de la tristesse du renoncement à son premier amour ? Le *Court Traité* jouant l'union ontologique contre l'union psychophysique, il faut donc convenir que la béatitude nécessairement se paie de mélancolie : nul bonheur de goûter aux joies d'une union « plus étroite » avec Dieu sans un vague à l'âme ; pire : sans la sourde angoisse de briser la belle entente, l'harmonie du couple, l'union amoureuse de l'esprit et du corps. Mélancolie qui pourrait bien s'apparenter à une acédie paralysante…

Certes, tout détachement à l'égard des biens ordinaires de la vie, comme le montre le prologue du *Traité de la réforme de l'entendement*, peut apparaître comme un renoncement terrible. Mais la logique même de la conversion spinoziste s'appuie sur la reconnaissance que ces biens étaient en fait des maux, et sur l'expérience que c'est non pas le renoncement qui donne la possibilité de goûter à la joie suprême, mais l'inverse : seule la joie du salut (espéré ou éprouvé) donne la force du détachement. Bien évidemment, le chemin du salut est difficile ; mais il n'est pas mélancolique : car il ne s'agit jamais de briser les liens avec ce qui nous constitue en propre, de renoncer à une part de nous-même. Au fond, même si le « sujet » du *Court Traité* paraît être davantage l'esprit que le corps, il est tellement « composé » avec lui, ils forment ensemble un tel « tout », que se désunir du corps ne signifie rien moins que se détruire soi-même. À moins d'en appeler aux vertus d'un au-delà, on voit mal comment ici-bas une telle destruction, une telle désunion peut fonder une félicité.

Mais alors, si dans l'*Éthique* la conquête de la béatitude ne traverse plus les angoisses d'une séparation de soi avec soi, comment rend-elle compte de l'expérience de l'angoisse ? Et plus fondamentalement, ne reste-t-il rien de l'amour à l'égard du corps ? Dans l'*Éthique* effectivement disparaît l'idée d'une union amoureuse de l'esprit et du corps. Spinoza y tire, de

1. CT, II, 19/11.

manière beaucoup plus cohérente, les conséquences de l'affirmation selon laquelle les corps s'expliquent par les corps, et les idées par les idées. Aussi affirme-t-il sans ambages :

> Ni le corps ne peut déterminer l'esprit à penser, ni l'esprit ne peut déterminer le corps au mouvement, ou au repos, ou à quelque chose d'autre (s'il en est)[1].

À qui s'étonnerait de la précision finale de cette proposition, il faudrait indiquer qu'elle renvoie peut-être à la réfutation de l'idée du *Court Traité*, selon laquelle l'esprit pouvait déterminer la direction du mouvement du corps (en infléchissant celui des esprits animaux) : il faut désormais en finir avec toute interaction psychophysique, qu'elle soit forte (production d'un mouvement ou d'un repos), ou même faible (modification du mouvement). L'esprit et le corps ne peuvent plus être dans une relation de causalité, car l'union psychophysique doit se déduire d'une identité ontologique[2].

C'est pourquoi, si angoisse il y a, elle doit s'expliquer dans sa dimension soit psychique, soit physique, mais en aucun cas dans un brouillage entre les deux. La tension propre à l'angoisse, que le *Court Traité* saisissait comme tiraillement entre une affirmation de l'esprit et une détermination contraire du corps, est désormais appréhendée par l'*Éthique* comme conflit interne à l'esprit : ce n'est pas le corps qui s'oppose à l'esprit, c'est en l'esprit que s'opposent deux affirmations :

> Au reste cet affect par lequel l'homme est disposé de telle sorte qu'il ne veuille pas ce qu'il veut et veuille ce qu'il ne veut pas se nomme : l'angoisse [*Timor*][3].

La jouissance d'être, ou l'idée que nous sommes (Éthique)

Est-ce à dire, pour autant, que l'esprit ne peut rien éprouver pour le corps ? L'*Éthique* retient du *Court Traité* que l'esprit est l'idée du corps ; mais en approfondissant de façon rigoureuse le sens de cette affirmation. En étant « idée du corps », l'esprit a le corps pour objet immédiat, l'esprit pense le corps, mais sans d'emblée penser *à* lui. Car il n'y a aucune distance, aucune extériorité entre l'esprit et le corps : l'esprit n'est rien d'autre que ce qu'est le corps, mais dans le domaine de la pensée. En

1. E, III, 2.
2. E, III, 2, sc.
3. E, III, 39, sc. Nous devons à P. Macherey la traduction de *Timor* par « angoisse » (cf. *Introduction à l'*Éthique *de Spinoza. La troisième partie : la vie affective*, Paris, PUF, 1995, p. 280).

somme, l'esprit, en tant qu'idée du corps, est le sentiment du corps, il sent son corps, sans d'abord ressentir quelque chose pour lui.

Il sent son corps, précise Spinoza, en tant que celui-ci est affecté de diverses manières : ce qu'il sent de son corps, ce sont donc les affections qui le traversent. Quelles sont-elles ? Ce peuvent être des affections qui se rapportent à des corps extérieurs – ce que Spinoza nomme : des images (l'*imago* désigne donc quelque chose de corporel). Si mon corps est affecté par le soleil, mon esprit sent l'affection de mon corps : en tant qu'il *est* l'idée de mon corps, il *a* l'idée de cette affection corporelle. Et partant, il est à même de percevoir le corps auquel cette image renvoie : par les idées des images (visuelles, tactiles, sonores…) qui se forment en son objet (le corps), l'esprit *imagine* les corps extérieurs (l'*imaginatio* désigne donc quelque chose de mental). Mais ce faisant, l'esprit ne pense pas *à* son corps, que pourtant il sent : il pense aux corps auxquels renvoient les affections qui se forment en son corps, et qui deviennent les objets de ses perceptions. En somme, l'esprit perçoit, c'est-à-dire imagine ou se représente des corps extérieurs, parce qu'il sent son corps propre ; mais ce sentir lui-même n'est pas une imagination ou une représentation ayant pour objet le corps propre.

À chaque fois que l'esprit perçoit un objet extérieur, il perçoit en vérité une image de son propre corps ; mais cela, d'emblée, il ne le sait pas : il imagine des corps extérieurs, et non son propre corps modifié. Pour distinguer ces deux dimensions de la perception (perception d'une image corporelle et perception d'un corps extérieur) Spinoza use, comme en passant, de deux notions en vérité importantes : celle d'*indication* et celle de *représentation*. En effet, d'un côté :

> Les idées que nous avons des corps extérieurs indiquent plus la constitution de notre corps que la nature des corps extérieurs [1].

Et de l'autre :

> Les affections du corps humain dont les idées représentent les corps extérieurs comme étant en notre présence, nous les appellerons images des choses, quoiqu'elles ne reproduisent pas les figures des choses. Et quand pour cette raison l'esprit contemple les corps, nous dirons qu'il imagine [2].

« Représenter » est un mot rare sous la plume de Spinoza. La représentation est en effet dévalorisée, non seulement parce que nos idées ne sont pas des figurations spatiales (elles sont des affirmations mentales, des pensées qui n'ont rien d'étendu), mais aussi parce qu'elle est

1. E, II, 16, cor. 2.
2. E, II, 17, sc.

trompeuse : nos représentations ne sont jamais que des idées d'images corporelles qui renvoient à des corps extérieurs, sans *rapporter leurs figures*. Car les images de notre corps sont les effets des corps extérieurs dans notre corps : elles expriment dès lors davantage l'essence, les mouvements, les lois de composition de notre corps que l'essence et les propriétés des corps extérieurs. Et c'est pourquoi nos perceptions ou représentations des corps extérieurs indiquent davantage la manière dont notre corps est constitué (par certaines images) que l'essence même de ces corps extérieurs. Ces perceptions à chaque fois indiquent une modification du corps propre, mais justement ne la représentent pas en tant que telle : c'est pourquoi, en la perception, la dimension représentative des corps extérieurs, aveugle à la dimension indicative du corps propre, peut nous induire en erreur ; ordinairement, nous croyons percevoir les corps extérieurs tels qu'ils sont, alors que nous n'en percevons que les effets qu'ils nous font.

Toutefois, les affections qui traversent le corps propre ne renvoient pas toutes à des corps extérieurs. Elles peuvent parfois se rapporter au corps propre lui-même, par exemple lorsque j'éprouve une sensation de plaisir ou de douleur. Mon corps est ici traversé par une affection qui ne fait pas signe vers un autre corps, mais vers lui-même, ou vers l'une de ses parties : ma pensée n'est pas comme projetée vers un corps extérieur, elle est toute concentrée vers le corps propre. Plus j'ai mal aux dents, plus le sentiment du corps propre s'intensifie, et l'esprit, ne pensant à aucun autre corps, pense véritablement à lui.

Mais on ne pourra dire que l'esprit imagine ou se représente le corps propre que si celui-ci a une image renvoyant à lui-même : lorsque par exemple je me perçois (lorsque je regarde ma main, ou que j'écoute ma voix), j'ai une idée qui me représente à moi-même cette partie de mon propre corps ; autrement dit mon corps est affecté par une certaine image de lui-même (ou de l'une de ses parties), et mon esprit a l'idée de cette affection. Si cette idée que j'ai de mon corps s'accompagne de joie, alors j'éprouverai de l'amour pour mon corps, et désirerai le conserver tel qu'il est, ou du moins : tel que je m'imagine qu'il est. Mais ce narcissisme qui passe par cette image flatteuse du corps, cette union amoureuse de mon esprit avec mon corps est médiatisée par l'idée variable que j'ai de lui : je puis être amené, en d'autres circonstances, en d'autres temps, à percevoir avec tristesse ce corps, à éprouver du rejet pour lui, et d'ailleurs à le haïr d'autant plus que je l'ai beaucoup aimé. La haine du corps est donc tout aussi possible que l'amour du corps : elle en est même souvent un narcissisme renversé[1].

On ne confondra donc pas l'union ontologique indestructible de l'esprit avec le corps, qui fait que l'esprit est l'idée du corps, et leurs unions ou désunions occasionnelles, selon les affects changeants que l'esprit éprouve à l'égard de son corps. En somme, on ne confondra pas l'idée de mon corps qu'est mon esprit, et l'idée de mon corps qu'a mon esprit : l'esprit peut très bien être l'idée précise d'un corps, sans avoir d'idée bien déterminée de ce corps ; à l'instar du bébé qui sent bel et bien les affections qui traversent son corps, sans pour autant avoir une idée de ce corps en tant que tel. L'esprit *est* donc immédiatement, et pour toujours, l'idée du corps, sans nécessairement *avoir* d'emblée d'idée de ce corps. Être le sentiment du corps, c'est être l'idée d'un certain corps modifié de telle ou telle manière : c'est être l'idée d'un corps « subjectif », l'idée d'un corps propre. Avoir un sentiment pour son corps, en revanche, c'est avoir l'idée d'une modification de son corps qui se rapporte à lui : c'est avoir l'idée d'un corps « objectif », objectivé par une image de lui. C'est pourquoi l'idée, que je suis, de mon corps implique une immédiateté et une intériorité du rapport à soi, qui disparaissent dans l'idée que j'ai de mon corps : si je puis aimer ou haïr mon corps, c'est que ce corps se donne à moi comme extérieur, et médiatisé par un certain imaginaire (l'imaginaire qui a pour objet mon corps, perçu comme beau ou laid, dur ou mou...). Rappelons que l'*Éthique* définit l'amour comme « la joie qu'accompagne l'idée d'une cause *extérieure* » : l'amour du corps implique donc comme un rapport d'extériorité entre l'esprit et le corps. Par conséquent, l'esprit n'aime jamais directement son corps propre ; lorsqu'il aime son corps, il aime un corps extériorisé, objectivé.

Néanmoins, on ne saurait dire qu'exister, en tant qu'idée d'un corps, ne produit aucun effet affectif : il ne s'agit certes pas d'un effet que fait le corps dans l'esprit, ni d'un affect que l'esprit éprouve pour le corps ; mais d'un sentiment de soi qui est nécessairement une forme de joie. Pourquoi ? Parce que être, pour un esprit comme pour un corps, signifie être une partie de la puissance divine : une expression de son infinie puissance de comprendre (dans l'attribut de la pensée), et de son infinie puissance de mouvoir (dans l'attribut de l'étendue). Or, puisque l'esprit sent le corps, il sent nécessairement cette puissance ou perfection d'être : il se sent vivant. Certes, plus ou moins vivant selon les affections qui le traversent, mais toujours vivant, tant qu'il sent. Par conséquent, ce sentiment d'être est nécessairement une

1. Voir E, III, 38.

jouissance d'être : le sentiment d'exister, d'être vivant, d'être puissance ou perfection, est nécessairement un contentement minimal propre à chaque être qui sent la vie en lui.

Ce que le *Court Traité* appréhendait comme « amour du corps » est donc conçu en toute rigueur par l'*Éthique* comme satisfaction d'exister :

> C'est pourquoi, bien que chaque individu vive content de la nature dont il est constitué, et s'en réjouisse, cette vie néanmoins dont chacun est content, et cette réjouissance ne sont rien d'autre que l'idée ou l'âme de cet individu, et partant la réjouissance de l'un s'éloigne de la réjouissance de l'autre autant que l'essence de l'un diffère de l'essence de l'autre [1].

Le terme qu'utilise Spinoza pour nommer cette réjouissance est *gaudium* : il désigne un contentement, une jouissance intime, une satisfaction intérieure. Ce *gaudium* n'a donc rien à voir avec du narcissisme : il relève de l'idée que je suis, non de l'idée que j'ai de moi-même. Il est non pas une représentation qu'a l'individu de lui-même, mais « l'âme » même de cet individu, entendue comme le sentiment de la vie en soi. C'est pourquoi ce sentiment n'est pas à proprement parler une joie, au sens d'une augmentation de la puissance d'agir, mais une réjouissance, au sens d'une jouissance de sa propre puissance : n'est pas senti un accroissement de perfection (une joie), mais la perfection même qui nous constitue (un *gaudium*). Ce *gaudium* n'est certes pas sans rapport avec la béatitude recherchée. Mais il n'a plus rien à voir avec un amour du corps : l'esprit n'est pas dans un vis-à-vis, même amoureux, par rapport au corps ; l'esprit est compris comme l'âme du corps, ce qui sent son dynamisme, sa puissance, sa vie. Ainsi vivre fait de l'effet, et cet effet est un contentement.

Cependant, dans notre scolie, ce contentement est présenté sous la forme d'une concessive, qui tient à souligner que le *gaudium* a beau être universel, il n'en pas moins différentiel : il particularise chacun – le contentement du cheval n'étant pas celui de l'homme, et le contentement de l'ivrogne celui du philosophe. La jouissance intime d'exister dépend donc de l'essence de chaque individu, et sans doute de la manière dont elle est elle-même modifiée, affectée, constituée. On peut même se demander quel contentement éprouve l'individu abattu par la mort d'un être cher, désemparé par la douleur d'une séparation, accablé par les douleurs d'une maladie. Et si le contentement de l'ivrogne diffère de celui du philosophe, que dire alors du contentement de l'endeuillé, du mélancolique ou du malade ? Certes, cette « joie de vivre » qu'est le *gaudium* occupe alors peu l'esprit, tout préoccupé qu'il est par de profondes tristesses. Malgré tout, la

1. E, III, 57, sc.

vie demeure : la souffrance en est d'ailleurs le signe, et de cela il y a encore de quoi se réjouir. Spinoza l'affirme au détour d'une remarque sur l'utilité de certains sentiments de tristesse :

> À l'instar de la pitié, la honte aussi, bien qu'elle ne soit pas une vertu, est pourtant bonne, en tant qu'elle indique en l'homme envahi par la honte un désir de vivre honnêtement, tout comme la douleur, qui peut être dite bonne en tant qu'elle indique que la partie endommagée n'est pas encore putréfiée [1].

La douleur corporelle est signe de vie ; la souffrance morale également : il est donc des situations où ne pas souffrir n'est pas forcément bon signe… Mais cette valorisation de la souffrance ne signifie en aucune manière qu'il y ait une jouissance à souffrir : il ne s'agit pas de substituer à la figure du narcissique celle du masochiste. Il y a seulement une jouissance à sentir que malgré tout vit encore ce qui souffre.

Néanmoins, il est vraisemblable que les situations de plaisir sont plus à même de conduire à expérimenter vraiment le *gaudium* : d'ailleurs Spinoza prend les exemples de l'ivrogne et du philosophe. Tous les deux sont dans la joie : le premier « est conduit [*ducitur*] » par son contentement (situation de passivité), le second « possède [*potitur*] » le sien (situation d'activité) ; car le premier est dans le plaisir excessif, passionnel, de la boisson, alors que le second est dans la force d'âme, rationnelle, que procure la compréhension. Comme le dit Henri Bosco[2], sans doute le « plaisir libre », par exemple celui de comprendre, plutôt que le plaisir aliénant, celui de boire, accroît-il le contentement : dans tous les cas il y a certes contentement, mais seul le plaisir libre ne nous polarise pas sur un objet, et peut nous reconduire à nous-mêmes. Spinoza a d'ailleurs un mot pour cet état de libre plaisir, non polarisant, non aliénant, non obsessionnel, et qui n'est pas nécessairement le plaisir intellectuel du sage : c'est l'*hilaritas*, la gaieté, définie comme joie qui affecte à égalité toutes les parties de notre corps et qui, bien que « plus facile à concevoir qu'à observer », est fort précieuse[3].

Mais même si ce plaisir libre de l'*hilaritas* est la voie royale, dans l'affectivité passionnelle, vers la réjouissance du *gaudium*, tous deux ne se confondent pas (d'autres voies d'ailleurs y mènent aussi). Le *gaudium* se définit exactement par « la joie accompagnée de l'idée d'une chose passée,

1. E, IV, 58, sc.
2. Voir la citation en exergue de ce chapitre.
3. L. Bove en fait même le point de départ passionnel de la conversion éthique : voir *La stratégie du* conatus. *Affirmation et résistance chez Spinoza*, Paris, Vrin, 1996, chap. IV.

qui est survenue contre tout espoir [*quæ præter spem evenit*] »[1]. En apparence, cette définition a peu de rapport avec l'usage qui est fait du *gaudium* pour nommer le contentement dont jouit chaque individu. Mais en apparence seulement : en effet, le *gaudium* désigne la joie de la bonne surprise, du dénouement inattendu mais heureux (« non, ce n'est pas vrai ! » se dit alors le réjoui) ; il renvoie aussi peut-être à une manière de faire de nécessité vertu : finalement, « ce n'est pas plus mal », se dit celui qui est bien content des choses telles qu'elles ont tourné. Ce contentement donc, en tant qu'il est « *præter spem* », contre toute attente, ou plutôt par-delà tout espoir, a quelque chose toujours d'inattendu : il peut donc être le contentement recherché par l'ivrogne qui boit pour soulager son manque, mais à qui la boisson fait plus de bien encore qu'il ne l'imaginait; il peut être aussi le contentement du philosophe qui comprend, mais à qui l'intelligence des choses fait plus de bien encore qu'il ne l'espérait. *Præter spem* : cela peut signifier qu'on ne s'y attendait pas; mais aussi que cela dépasse nos attentes. Qu'on en espérait, mais pas tant. Quoi qu'il en soit, il y a *gaudium* lorsque les choses, ici notre propre puissance, notre perfection intérieure, nous surprennent : le *gaudium* est la bonne surprise de jouir de ce qu'on a tendance à oublier, et qu'on est tout heureux, à l'occasion de tel ou tel état (une *hilaritas*, une convalescence, le répit après un grand chagrin) de recouvrer. Le *gaudium* est le sentiment de notre être qui est d'autant plus présent à nous-mêmes qu'il n'est plus attendu, et que nous sommes détendus.

Une ligne affective de la joie comme rapport à soi traverse donc l'*Éthique*, jusqu'à la béatitude. Et pourtant, Spinoza répugne, dans une certaine mesure, à parler d'amour de soi : l'amour, dans sa définition précise, est trop marqué de l'imaginaire de l'extériorité pour convenir à un rapport à soi-même. D'ailleurs, dans le *gaudium*, il n'y a pas de « rapport » à soi : il y a un individu qui se « contente » d'être, qui se réjouit d'être l'individu qu'il est. Le rapport à soi intervient lorsque l'individu est déterminé à penser *à* soi-même, à se contempler : le contentement, la réjouissance d'exister, la satisfaction d'être deviennent alors « satisfaction *de soi-même* [*acquiescentia* in se ipso] », qui peut naître ou bien d'un imaginaire narcissique, ou bien de la raison[2]. Cette satisfaction de soi-même est donc le *gaudium* naturel que chacun éprouve, mais pris comme objet de réflexion : même s'il est souvent peu conscient de lui-même, nul n'échappe au *gaudium*, tant qu'il est animé de vie, c'est-à-dire de puissance ou de

1. E, III, déf. aff., 16.
2. Voir E, IV, 52.

perfection; mais seul éprouve l'*acquiescentia in se ipso* celui qui est mis dans la disposition de « se contempler, lui et sa puissance d'agir »[1]. Or l'*Éthique* vise justement à nous mettre dans la disposition de contempler, rationnellement, notre propre perfection : c'est-à-dire d'en comprendre l'union intime avec la perfection divine.

> En vérité, la satisfaction de soi-même est ce que nous pouvons espérer de plus haut[2].

Elle sera d'autant plus grande qu'à la fois notre perfection, et la conscience de cette perfection, seront élevées : elle sera d'autant plus grande que notre être, corps et âme, intensifiera son union avec la perfection divine. La béatitude, qui est la suprême satisfaction de soi-même, consiste donc à approfondir au maximum notre *gaudium* naturel, notre jouissance spontanée d'exister. En vertu de cette identité entre nature individuelle et jouissance d'être, le projet éthique de Spinoza ne consiste à rien d'autre qu'à s'aimer vraiment, c'est-à-dire à exister véritablement :

> La raison ne demande rien contre la nature, c'est donc elle-même qui demande que chacun s'aime lui-même, recherche ce qui lui est utile, ce qui lui est véritablement utile, et ait en appétit toutes les choses qui conduisent véritablement l'homme à une plus grande perfection [3].

La raison n'exige donc aucun renoncement à soi-même, aucune haine de soi : elle exige seulement – mais c'est beaucoup – que nous nous aimions plus et mieux, en jouissant de la plus grande perfection qui puisse nous être donnée. La raison ne cherche rien d'autre qu'à se réjouir davantage de notre être, et sans doute y parvient-elle au mieux – tel est le *gaudium* du philosophe – quand elle ne l'attend plus, quand justement cesse cette tension, ou cet effort, vers lui.

Du *Court Traité* à l'*Éthique* s'opère donc un changement de paradigme à propos de la perspective éthique de l'union de l'âme et du corps : alors que le *Court Traité* est construit autour d'une opposition nette entre « être uni au corps » et « être uni à Dieu » (changer d'union est dès lors une question de vie ou de mort, de régénérescence ou de dégénérescence[4]), l'*Éthique* quant à elle entreprend d'articuler la double union de l'esprit, à la fois avec le corps et avec Dieu. Certes, les deux se distinguent puisque l'union psychophysique relève de l'identité ontologique (l'esprit et le corps sont la même

1. E, III, déf. aff., 25.
2. E, III, 52, sc.
3. E, IV, 18, sc.
4. Voir CT, II, 22.

chose), alors que l'union ontologique relève de la causalité immanente (l'esprit est un effet de Dieu en lui). La première est même déduite de la seconde, puisque c'est l'unité de la substance en l'infinité de ses attributs qui explique l'identité de l'esprit et du corps en leurs deux attributs, la pensée et l'étendue. Mais la différence des deux unions ne conduit plus à un conflit entre elles : l'union psychophysique n'étant pas causale, elle ne produit aucun amour ; dès lors, l'affect de l'union avec Dieu – l'amour pour Dieu – n'est plus concurrencé par l'affect d'union avec le corps.

Par conséquent, l'union psychophysique est tout à fait compatible avec un approfondissement de l'union ontologique, puisqu'il n'y a pas à renoncer au corps pour aimer Dieu. Bien plus, il n'y aurait pas la possibilité d'affermir l'union ontologique si n'était maintenue l'union psychophysique : car l'affect de l'union ontologique n'est possible qu'à partir de l'affect de l'union psychophysique – qu'à partir du contentement d'exister, qui n'est autre que la tonalité affective de notre âme.

Le somnambulisme, ou l'automatisme corporel

La compréhension de l'union psychophysique permet, en indiquant quelle est la voie du salut, d'alimenter un combat pour lequel le spinozisme a conservé quelque titre de gloire, mais auquel souvent il a été également réduit : le combat contre la croyance au libre arbitre.

Pour lutter contre ce préjugé, on peut certes expliquer, comme Spinoza le fait de façon récurrente, que tout est soumis au déterminisme, et que nous croyons posséder le libre arbitre, c'est-à-dire être indéterminés, parce que nous avons conscience de nos volontés, mais en ignorons les causes. Le préjugé du libre arbitre, comme toutes nos illusions, naît donc d'une conscience partielle des choses : d'une conscience qui certes sait, mais sait peu et ignore en même temps qu'elle ne sait pas tout. Il est néanmoins possible de lutter contre un tel préjugé à partir des leçons de l'expérience[1] ; et plus précisément : en réfléchissant aux expériences mêmes qui sont censées confirmer le libre arbitre. Parmi elles est souvent choisie l'expérience du pouvoir de l'esprit sur le corps, de la décision psychique suivie d'exécution physique.

N'est-ce pas en effet parce que mon esprit veut que mon bras se lève que celui-ci effectivement le fait ? N'est-ce pas plus généralement parce que mon esprit pense, et décide d'agir, que mon corps se meut ? La réponse de Spinoza tient dans une formule, restée célèbre : en vérité, « nul ne sait ce

1. Cet appel à l'expérience est fréquent chez Spinoza, et peut avoir différentes fonctions (voir P.-F. Moreau, *Expérience et éternité*, *op. cit.*).

que peut le corps »... si on le considère à travers les seules lois de sa nature de corps[1]. Et à l'inverse, ajoute Spinoza, nul ne sait, si l'on suppose que l'esprit agit sur le corps, comment il accomplirait cette action, par quels moyens il pourrait le mouvoir. L'expérience pour Spinoza ne nous enseigne donc pas de façon évidente que l'esprit ne peut pas agir sur le corps; mais seulement que si l'on s'en tient à elle – et il faut la considérer dans toute son amplitude, dans toute sa variété – alors rien de concluant, au sujet de l'union psychophysique, ne peut en être tiré. Certes, il y a des expériences qui *semblent* indiquer que l'esprit agit sur le corps : je décide de parler, ou de marcher, et certaines parties de mon corps se mettent en mouvement; mais bien d'autres expériences montrent avec tout autant d'évidence, si ce n'est plus, que le corps n'a aucun besoin de l'esprit pour être déterminé à agir. Avec un sourire, Spinoza note ainsi :

> L'expérience enseigne plus que suffisamment qu'il n'est rien que les hommes aient moins en leur pouvoir que leur langue, et rien qu'ils puissent moins maîtriser que leurs appétits[2].

L'impossible pouvoir de l'esprit sur le corps, et partant l'illusion du libre arbitre, sont chez Spinoza démontrées de façon apodictique; de la même manière, c'est d'un point de vue logique qu'est expliquée l'absurdité d'un lieu, ou d'un lien, où se noueraient pensée et étendue. D'un point de vue empirique en revanche, on peut faire jouer les expériences les unes contre les autres. Le domaine de l'expérience est d'ailleurs ouvert : on ne sait pas *jusqu'ici*, dit bien Spinoza, ce que peut le corps par les lois de la seule étendue, ni ce qu'il peut faire en étant seulement déterminé par l'esprit. Ce qui signifie que peut-être un jour on en saura davantage, grâce aux sciences expérimentales par exemple. Spinoza ne refuse pas d'envisager un progrès dans les connaissances humaines : l'appendice de la première partie de l'*Éthique* a déjà souligné que la découverte des mathématiques a marqué une rupture dans l'histoire humaine, en offrant aux hommes une norme de vérité qui permettait de s'affranchir de la pensée finaliste. Dans le scolie de la proposition 2 d'*Éthique* III, il laisse entendre que l'expérience (celle conduite aujourd'hui par exemple par les neurosciences) pourra nous donner davantage d'enseignements sur les aptitudes de notre corps.

Mais Spinoza en ce scolie va plus loin que simplement jouer certaines expériences contre d'autres : il fait de notre ignorance des puissances du corps (jusqu'où s'étendent-elles?) un argument pour se passer le plus

1. E, II, 3, sc.
2. *Ibid.*

possible du recours à l'esprit. Ainsi, l'explication des ouvrages d'art et des œuvres d'art (« des édifices, des peintures et des choses de ce genre ») pourrait très bien faire l'économie du psychisme : l'art, des artisans et des artistes, en tant qu'il produit des œuvres *matérielles*, est une affaire de corps, de technique et d'habileté physiques. Il n'y aurait donc pas, comme l'affirment d'ailleurs bien des artistes, à se demander quelle est l'idée qui gouverne la fabrication de l'œuvre : l'idée elle-même se fabrique en même temps que le corps agit et produit une forme. L'œuvre n'est pas « dans la tête » (dans l'esprit) avant que d'être réalisée : elle est produite simultanément corps et âme; elle s'explique, en sa dimension spirituelle, par certaines idées, et en sa dimension corporelle, par certains mouvements. L'invention, la conception, la trouvaille, mais aussi le sens de l'œuvre ne sont pas moins affaire de gestes, de respiration, de position du corps que d'intelligence, de raisonnement, d'imagination.

Mais il y a plus, selon Spinoza : plus la conscience de soi est altérée, plus le corps « se lâche ». L'exemple de l'ivrogne est ainsi donné comme celui d'un homme croyant maîtriser sa parole, alors qu'il parle sous l'effet de l'alcool : il dit alors « ce que, redevenu sobre, il aurait voulu avoir tu ». Exemple encore, s'il en faut, de l'illusion du libre arbitre, et du fait que le corps n'a besoin que de déterminations matérielles pour agir; cas particulier d'une loi générale, l'ivrognerie n'étant que le verre grossissant... de la sobriété. Mais on pourrait rétorquer que justement, lorsque nous ne sommes pas soûls, notre esprit a le pouvoir d'empêcher notre corps de parler, et que l'alcool, qui échauffe le corps, fait perdre à l'esprit son pouvoir de contrôle. L'altération du jugement affaiblit le libre arbitre, mais en confirmerait l'existence. D'ailleurs, l'ivrogne regrette ce qu'il dit : ce qui signifierait que lorsque le corps agit de façon indépendante, il agit de façon imprudente; et que lorsqu'il obéit à l'esprit, il est beaucoup plus vigilant.

Aussi Spinoza évoque-t-il dans le scolie de la proposition 2 d'*Éthique* III un autre cas, beaucoup plus convaincant : celui du somnambule. Celui qui « dort en marchant » accomplit en effet dans le sommeil ce que, vigilant, il n'oserait faire : la bride de la conscience desserrée, le corps réalise alors des prouesses qui non seulement ne peuvent s'expliquer que par les lois de sa propre nature, mais surtout font l'admiration de l'esprit une fois éveillé. L'ivrogne sans contrôle de l'esprit fait ce qu'après coup il regrette (il « parle trop »); le somnambule sans contrôle de l'esprit fait ce qu'après coup il admire (il « agit juste »). Admirer signifie, chez Spinoza, être fixé sur une idée, sans pouvoir la connecter avec une autre[1]. C'est ne pas pouvoir se remémorer ou inventer ce qui permettrait de fournir une explication. Il y a donc admiration d'un phénomène naturel lorsqu'il y a impossibilité d'imaginer une cause naturelle qui puisse l'expliquer. C'est pourquoi la sortie spontanée de l'admiration passe le plus souvent par les voies du surnaturel : ainsi, explique l'appendice d'*Éthique* I, l'admiration de la Nature (de sa beauté, de son utilité surtout) conduit-elle à la croyance en des esprits supérieurs, véritables « recteurs de la Nature », qui ont donné à la Nature une finalité, celle de nous conserver (un soleil pour nous chauffer, des animaux pour nous nourrir…); ainsi l'admiration de la structure de notre corps conduit-elle à l'idée d'un art divin, qui a tout organisé pour notre utilité.

D'ordinaire, ni l'admiration, ni le somnambulisme n'ont les faveurs de Spinoza : l'admiration nourrit la fiction du miracle, l'invention du surnaturel, la contagion de la superstition – contre l'explication savante. D'ailleurs, l'admiration du somnambule n'est pas exempte de ces maux : combien de théories, combien de livres pour expliquer que le somnambulisme est la marque d'un corps possédé… par un esprit qui n'est pas le sien? Mais au moins, l'esprit admiratif de son propre somnambulisme (et qui est donc moins porté à se croire possédé) peut-il se demander si le corps n'a pas la puissance d'accomplir *par soi-même* tous ses mouvements. Quant au somnambulisme, il qualifie d'ordinaire, sous la plume de Spinoza, le comportement du commun des mortels qui, en proie à l'imagination, « rêvent les yeux ouverts »[2] : formule récurrente dans l'*Éthique*, qualifiant ceux qui prennent les idées de leurs affections pour la nature même des choses. On a pu ainsi dire que toute l'*Éthique* consistait à sortir de ce somnambulisme ordinaire, et à « devenir vigilambule »[3]. Cependant, dans notre scolie, le somnambule manifeste une certaine perfection : celle d'un corps accomplissant des actes qu'on croit ordinairement réservés à la seule direction de l'esprit; bien plus, cette puissance du corps agissant apparaît ici d'autant plus grande que le somnambule n'a pas conscience de son agir. Comme si la conscience était un empêchement, comme si la surcharge de l'esprit conscient de ce qu'il fait était une pesanteur rendant plus malaisé l'agir : le supplément d'âme qu'est l'esprit conscient de soi

1. Voir E, III, déf. aff., 4.

2. Rappelons que les somnambules, contrairement à l'image habituelle qu'on en donne, ont presque toujours les yeux ouverts, et presque jamais les bras tendus.

3. Voir la belle analyse de ce « rêver les yeux ouverts » dans F. Zourabichvili, *Spinoza. Une physique de la pensée*, *op. cit.*, p. 237-255. On trouve p. 253 l'expression « devenir vigilambule », empruntée à Deleuze.

serait-il donc, en maintes occasions, une inhibition de l'action? Soyons précis : Spinoza ne dit pas que le somnambule est privé d'esprit. Ce dont l'absence est vécue comme un gain, c'est la conscience ou l'attention à ce qui est fait au moment de le faire. Le somnambule agit au lieu de penser à agir, ce qui ne l'empêche pas du tout de penser, et même peut-être de penser son agir. On retrouve ici la distinction entre l'idée que l'on a et l'idée que l'on est de son corps propre : le somnambule n'a pas l'idée de ce qu'il fait, et c'est pourquoi jamais il ne s'en souvient; mais il est l'idée de ce qu'il fait, et c'est pourquoi bien souvent il le fait sans faillir[1]. Il n'est pas dépourvu de conscience au sens où il sent l'espace, s'y meut sans accroc, et peut répondre à certaines sollicitations extérieures (par un oui ou un non, par une phrase certes incompréhensible à son interlocuteur, mais qui peut avoir un sens pour lui). Et cette conscience immédiate, distincte d'une conscience réfléchissante qui mettrait à distance son objet de pensée, renvoie à une intelligence du corps, à une compréhension immédiate (intuitive?) des rapports que le corps entretient avec les corps extérieurs, qui n'est autre que l'équivalent de l'activité corporelle dans l'ordre de la pensée : quelque chose qui pourrait s'apparenter à une activité psychique spontanée.

C'est pourquoi l'automatisme corporel du somnambule se double d'un automatisme spirituel : de même que le corps agit selon des lois précises (des propriétés qu'il a en commun avec d'autres corps et des propriétés qui singularisent son essence), de même l'esprit agit selon des lois précises – celles de la pensée et celles de sa pensée. Dès lors se dessine une certaine proximité entre le somnambule et le sage : tous deux agissent spontanément de façon adéquate. Mais alors que cette spontanéité est innée et presque inconsciente chez le vrai somnambule, elle est conquise et parfaitement lucide chez le sage. Nous disons ici « vrai somnambule » pour le distinguer de ces « faux somnambules » que nous sommes tous lorsque nous délirons par l'imagination : rêvant les yeux ouverts sans pourtant dormir, nos délires sont alors consciemment élaborés, construits, « réfléchis » – ainsi en est-il de la « doctrine finaliste », échafaudée à partir du préjugé finaliste, dont l'appendice d'*Éthique* I démonte les rouages.

Le vrai somnambule n'a aucune prétention, ni à dire le monde, ni à agir sur lui : son agir est sans réflexion, sans intentionnalité; et c'est pourquoi il réussit. Le faux somnambule est au contraire plein d'intentions, qu'il

1. Il ne faut pas cacher que le somnambulisme peut être dangereux : il arrive que le somnambule se blesse, par chute par exemple. Cependant, on remarquera que ces risques existent également à l'état de veille ; et que le somnambule peut parfois accomplir des actes qui laissent plutôt perplexe (conduire une voiture, marcher sur une corniche…).

projette sur les autres, sur la Nature ou en Dieu : son agir est inadéquat car il ne fait pas corps avec le reste du monde, sa pensée est partiale car elle se construit sur une vue partielle de la réalité. Peut-être alors le sage est-il celui qui parvient à obtenir la grâce du vrai somnambule dès lors que, selon le mot de Kleist, sa « connaissance a pour ainsi dire traversé un infini »[1].

À ceux qui allèguent que le corps serait inerte si l'esprit n'était pas apte à penser, Spinoza rétorque : c'est parfaitement vrai, mais l'esprit à son tour ne pourrait rien penser si le corps était inerte. Sans qu'il n'y ait aucune relation de causalité, la puissance d'un esprit à penser tel ou tel objet dépend de la puissance du corps à « exciter » telle ou telle image : de façon plus générale, plus un corps a d'aptitudes, plus son idée (l'esprit) est apte à percevoir.

C'est ce rapport entre puissance du corps et puissance de l'esprit qu'il nous faut désormais approfondir : d'abord en étudiant ce qui fait la complexité d'un corps (ce que Spinoza nomme : individualité), en rapport avec le développement de sa conscience ; ensuite en étudiant les niveaux d'intelligence du réel (ce que Spinoza nomme : genres de connaissance), en rapport avec les aptitudes et propriétés du corps.

De l'individu

Qui pense ?

Aucune partie de l'*Éthique* n'est intitulée : *De Corpore*. S'il est quelque chose comme un *De Corpore* spinoziste, il constitue une partie, brève, du *De Mente* (partie II de l'*Éthique*). Or, parce que l'esprit demeure l'idée du corps, il faut analyser ce dernier : parce que bien s'intéresser à l'esprit signifie s'intéresser aussi au corps, le spinozisme, qui est d'abord une philosophie de l'esprit, est aussi, dans le même geste, une philosophie du corps.

Ce geste toutefois est fort : Spinoza ne fait pas moins en effet que renverser l'ordre classique de la distinction des corps, en considérant non

1. *Sur le théâtre des marionnettes*, *op. cit.*, p. 37. Avant ce texte, Kleist affirme : « jamais il ne me ferait croire que dans un mannequin mécanique plus de grâce puisse être contenue que dans l'édifice du corps humain. Il répliqua qu'il était tout simplement impossible à l'homme d'atteindre ici la perfection du mannequin. Seul un dieu, en ce domaine, pouvait se mesurer à la matière ; et c'est là le point où les deux extrémités de ce cercle fermé qu'est le monde se rejoignent » (p. 31).

plus l'âme (et ses différentes fonctions: végétative, sensitive, locomotrice…) comme ce qui permet de distinguer les corps, mais au contraire le corps et sa puissance particulière comme ce qui permet de distinguer les esprits. Dire, comme le font les propositions 12 et 13 d'*Éthique* II, que l'esprit humain perçoit son objet, et que cet objet est un certain corps existant en acte, ne suffit pas, prévient Spinoza, à déterminer sa puissance : car ces déterminations sont communes à tous les individus, et ne spécifient en aucune manière les hommes. Il est nécessaire, pour savoir ce que peut l'esprit humain, de connaître plus précisément ce que peut le corps humain. Telle est la leçon du scolie de la proposition 13 d'*Éthique* II, texte décisif pour saisir l'union psychophysique en général, et celle de l'homme en particulier.

En premier lieu, l'esprit se dit non seulement de l'idée du corps humain, mais de l'idée de tout corps. Ce qui signifie qu'à n'importe quel corps dans l'étendue correspond un esprit dans la pensée, et que cet esprit « perçoit » ce qui arrive à son objet, le corps. La proposition 12, qui vaut pour l'esprit humain (« Tout ce qui arrive dans l'objet de l'idée constituant l'esprit humain doit être perçu par l'esprit humain… »), repose en fait sur une démonstration qui, recourant à la langue du *Deus quatenus*, a une valeur universelle : Dieu a connaissance de tout ce qui arrive à l'objet d'une idée quelconque *en tant qu*'il est affecté par cette idée, c'est-à-dire *en tant qu*'il constitue cet esprit. Autrement dit, n'importe quelle idée perçoit les événements, ou les affections de son objet; n'importe quel esprit perçoit ce qui arrive à son corps propre. Ce que résume le scolie de la proposition 13 par une formule frappante, qui aura elle aussi une certaine postérité : les individus, « quoiqu'à des degrés divers, sont pourtant tous animés [*omnia, quamvis diversis gradibus, animata tamen sunt*] ». Cela ne signifie nullement, on l'aura compris, que les corps soient animés par des esprits; mais qu'à tout corps correspond une idée qui a des propriétés communes avec l'esprit humain : notamment celle de percevoir ce qui arrive au corps.

Aussi l'idée d'un corps équin perçoit-elle ce qui arrive au cheval : l'esprit du cheval sent les affections de son corps; son âme est même, nous l'avons vu, un certain *gaudium*. Mais cette aptitude à percevoir, à penser donc, vaut aussi pour le chêne ou pour le quartz : de tout corps il y a une idée qui en perçoit les événements. Humains, animaux, végétaux et minéraux ont donc des propriétés communes : à la fois physiques (en tant que corps, ils enveloppent tous l'étendue), mais aussi psychiques (en tant qu'esprits, tous perçoivent ce qui arrive à l'objet corporel auquel ils sont unis). Idée absurde ? Conséquence en tout cas implacable du système, mais qui peut en effet laisser songeur : ainsi, la pierre pense… la pierre en tant qu'idée sent ce qui, en tant que corps, lui arrive. Étrange conséquence en effet, dont on ne sortira pas en affirmant qu'en fait, de la pierre, il y a bien une idée en Dieu (dans l'attribut de la pensée), mais une idée aveugle à son objet : une idée qui ne serait que la formule logique, la loi de comportement du corps en question, et qui serait donc insensible aux événements du corps, même si en partie elle les explique. En somme, se poserait ici de manière fondamentale la question de la distinction entre l'idée que l'on est et l'idée que l'on a : l'idée qu'est la pierre, elle ne l'aurait pas, puisqu'elle ne lui ferait aucun effet. Or le scolie de la proposition 13 dément très clairement une telle disjonction entre idée que l'on est et idée que l'on a : « tout ce que nous avons dit de l'idée du corps humain, il faut le dire nécessairement de l'idée d'une chose quelconque », puisque ce qui a été dit de l'union psychophysique, ce sont des « choses communes [*communia*] ». Donc, puisque avant ce scolie il a été dit que l'esprit humain perçoit les affections de son corps, il faut le dire de l'esprit de la pierre.

Mais il faut le dire en n'oubliant pas une partie de cette affirmation : tous les individus sont animés, certes, mais *à des degrés divers*. La perception minérale n'a donc pas la même puissance que la perception humaine ; elle est sans doute d'un bien faible degré, mais ce degré n'est pas nul.

Or, pour connaître le degré de perception, et de conscience, d'un esprit – et notamment de l'esprit humain – il faut saisir le degré de réalité que contient l'objet de cet esprit, le corps. La connaissance de la puissance de perception d'un esprit passe donc, nécessairement, par la connaissance de la puissance d'agir du corps. Comprenons bien ce que cela signifie : l'esprit en son essence formelle, en tant que modalité de la pensée infinie, n'a pas besoin du corps pour être connu ; il se comprend par l'attribut dont il est un mode[1]. Mais la connaissance de l'esprit en son essence objective, en tant qu'idée d'un objet précis, a besoin de celle du corps : la connaissance de l'esprit en tant qu'uni au corps, pour devenir elle-même adéquate, a besoin d'une connaissance adéquate de la nature du corps. Et pourtant, grande déception, le scolie de la proposition 13 stipule : « Mais je ne peux expliquer ici cette nature, et cela n'est pas nécessaire pour ce que je veux démontrer ». Une telle affirmation a de quoi décontenancer le lecteur : la connaissance adéquate de l'esprit uni au corps est-elle donc impossible ? Pourquoi Spinoza ne peut-il pas expliquer la nature du corps humain ? Il ne le dit pas. Conjecturons qu'il ne dispose peut-être pas des connaissances suffisantes pour le faire ; ou qu'une telle explication, à partir des éléments de connaissance dont il dispose, serait trop longue, et dévierait le propos de son but – connaître la puissance perceptive de l'esprit. Rappelons aussi que

1. Voir E, II, 7, sc.

« nous ne savons pas jusqu'ici ce que peut le corps » ; et que cette remarque faite il y a près de quatre siècles a encore quelque pertinence aujourd'hui.

Ce qui de toute façon est certain, c'est qu'un long traité de biologie humaine ne paraît pas nécessaire à Spinoza. Sur la base de cette distinction modale entre l'esprit et le corps (il est nécessaire de connaître adéquatement le corps pour connaître adéquatement l'esprit uni au corps, la réciproque n'étant pas vraie), le scolie de la proposition 13 se contente alors d'ouvrir sur ce que l'on a appelé « la petite physique de l'*Éthique* », qui jette les fondamentaux de la nature des corps.

De ces éléments de physique, on retiendra d'abord qu'il existe une différence entre les corps les plus simples (*corpora simplicissima*) et les corps composés. Les premiers ne se distinguent que par le mouvement ou le repos, la rapidité ou la lenteur : au point qu'on peut se demander s'ils sont autre chose que des repos et des mouvements de vitesse variable, dont la réalité serait purement comparative. Qu'est-ce en effet qu'un corps rapide, si ce n'est un corps dont la vitesse est supérieure à celle d'un autre ? Et qu'est-ce qu'un corps en mouvement, si ce n'est un corps qui se déplace par rapport à un autre en repos ? Le nom même de *corpora simplicissima* indique que la simplicité de ces corps n'a pas de valeur absolue. Cette idée de comparaison, au cœur de la physique, se trouvait déjà dans le scolie de la proposition 13 : on connaît l'esprit humain par comparaison avec les autres esprits, en se demandant en quoi il est supérieur aux autres (*præsentius est*). Et cette perspective comparatiste court jusque dans le dernier scolie de l'*Éthique* : « D'où il apparaît combien le sage est valeureux, et plus puissant [*potior*] que l'ignorant ». Bien que la comparaison puisse être critiquée par Spinoza, dans la mesure où elle consiste à connaître une chose non pour ce qu'elle est, mais par rapport à ce qu'elle n'est pas, son éthique ne l'exclut pas, puisqu'elle permet au final de comparer les manières de vivre, pour distinguer celles qui nous sont les plus utiles. Or ce procédé de la comparaison trouve peut-être l'une de ses sources dans la physique comparatiste de Spinoza.

Mais on retiendra surtout de cette petite physique que les corps composés, appelés individus, n'existent pas seulement de façon comparative, selon la vitesse de leurs mouvements les uns par rapport aux autres, mais aussi de façon *intrinsèque*, selon « le rapport de mouvement et de repos » que conservent entre elles les parties de ces individus. Pour le comprendre, il nous faut examiner l'importante définition qui, au cœur de la petite physique, ouvre la partie consacrée à la nature des corps composés : de ceux-ci font partie les corps humains.

Une union de corps

> Quand un certain nombre de corps [*corpora aliquot*], de même grandeur ou de grandeur différente, sont contenus par d'autres [*coërcentur a reliquis*] de telle sorte qu'ils se font mutuellement pression [*invicem incubant*], ou [*vel*] s'ils se meuvent à la même vitesse ou bien [*aut*] à des vitesses diverses, de telle sorte qu'ils se communiquent mutuellement leurs mouvements selon un certain rapport précis, nous dirons que ces corps sont unis mutuellement [*illa corpora invicem unita*] et que tous ensemble ils composent un seul corps, ou un individu, qui se distingue des autres [*a reliquis*] par cette union de corps.

L'individu se caractérise par une *union de corps*, née de la pression qu'en exercent certains sur d'autres. Les corps unis se communiquent ainsi leurs mouvements « selon un certain rapport précis », qui définit une identité individuelle distincte[1]. Une telle identité relève donc d'une loi interne de communication des mouvements des corps constituant l'individu, et non des relations que celui-ci entretient avec des corps externes. Toutefois, une question se pose : cette identité individuelle, consistant en la constance d'un rapport précis entre les mouvements des corps unis, ne tient-elle pas à la contrainte de corps extérieurs ? Plus largement, peut-on véritablement parler d'identité individuelle stricte, fondée en « intériorité », dans la mesure où l'individu n'est jamais qu'une modalité de la substance, toujours en rapport avec d'autres individus qui ne manquent pas de l'affecter, et donc de le modifier ?

La question est en somme de savoir si, parmi les modes, non seulement tout est en relation, mais surtout si tout est relation. Peut-on dire que par sa physique, et plus fondamentalement par son ontologie, la philosophie de Spinoza est une philosophie relationnelle ?

En vertu de son statut modal, l'individu ne saurait être conçu par lui seul : il a besoin du concept d'autre chose, à commencer par celui de la substance, pour être pensé. Cependant, l'être de la substance n'appartenant pas à l'essence de l'individu (sinon il serait lui-même substantiel), celle-ci est constituée par des modes, en l'occurrence des corps, qui lui donnent une certaine « forme ». Cette forme modale de l'individu consiste certes en une certaine relation – le rapport constant entre les mouvements de ses parties ; mais cette relation elle-même tient-elle son être de ses relations avec d'autres corps, composés ou non, c'est-à-dire en définitive avec d'autres

1. Nous interprétons le « *vel* » de la définition de l'individu selon son sens ordinaire, à savoir comme une explicitation ou une précision (le « *aut* » qui le suit, en revanche, exprime une alternative).

relations? Il faut distinguer ici entre « relation intrinsèque » et « relation extrinsèque » : les corps les plus simples sont en relation, extrinsèque, avec d'autres corps très simples ; ils n'ont même, sans doute, d'existence qu'extrinsèquement relationnelle ; mais les corps composés, qui à la fois sont en relation (extrinsèque) avec des corps extérieurs et sont eux-mêmes une relation (intrinsèque) de corps intérieurs, ont-ils une essence qui dépende de l'essence des autres corps ? Autrement dit, la relation intrinsèque qui les constitue, et qui est elle-même en relation extrinsèque avec d'autres corps (ces corps étant eux aussi des relations), tient-elle son être de ces relations extrinsèques elles-mêmes ?

Cette question de la consistance propre des corps unis sera tranchée différemment selon l'interprétation qu'on donne de la définition de l'individu.

Suivant l'interprétation standard, inaugurée par Martial Gueroult, ce corps unifié qu'est l'individu, ce corps de corps si on peut dire, procède de « la pression des ambiants »[1]. Les corps constituant l'individu (*corpora aliquot*) seraient ainsi des corps pressés par le reste des autres corps, extérieurs à eux (*a reliquis*) : l'individu tiendrait donc son unité et son identité de ses rapports (extrinsèques) avec les corps extérieurs, puisque la constance du rapport (intrinsèque) entre les mouvements de ses corps internes serait relative à la constance de cette pression extérieure. Vienne à varier la pression des ambiants, et l'identité de l'individu est transformée : à la limite, un corps individuel devrait se désagréger si cessait la pression des corps extérieurs[2]. Pour ce qui est du corps humain pourtant, ce n'est pas le cas : la peau est en effet assez résistante pour s'opposer à la pression interne du corps, même s'il n'y a plus l'air pour appuyer dessus[3]. En revanche, pour des corps moins complexes que le corps humain, une telle désagrégation est possible : ainsi d'un verre d'eau ; si la pression atmosphérique ne s'exerce plus, les molécules d'eau ont assez d'énergie pour s'échapper (échapper aux liaisons avec leurs voisines) et passer à l'état gazeux. Dans le

1. M. Gueroult, *Spinoza. L'âme* (Éthique 2), *op. cit.*, p. 166.

2. Dans le cas de l'homme, cette idée d'un corps individuel qui explose dans le vide a été popularisée par de nombreux films, notamment par *Outland* (1981) où des ouvriers de l'espace, pris de crises de démence, se désagrègent en ouvrant la vanne de leur scaphandre.

3. On dit parfois que dans le vide absolu le sang se mettrait à bouillir. En fait, seules quelques veines pourraient être concernées : tout dépendrait de la pression de confinement qu'exerceraient les vaisseaux sanguins dilatés. En revanche, les gaz dissous dans le sang pourraient repasser à l'état gazeux et faire des bulles, ce qui pourrait être cause d'embolies. Quoi qu'il en soit, il ne saurait être question d'explosion ou de désagrégation : nos cellules sont tenues ensemble par des liaisons dont la force ne relève pas de la pression extérieure.

vide, le verre d'eau entre donc en ébullition [1]. Par conséquent, l'explication de l'identité individuelle par la pression des corps extérieurs ne vaut que pour certains corps, faiblement unis, et ne paraît pas, d'un point de vue scientifique, universalisable. Doit-on en conclure que Spinoza, peut-être parce qu'il manquait d'un tel savoir, s'est trompé? C'est, de façon générale, parfaitement possible; mais en l'occurrence, une telle conclusion ne doit pas être tirée trop hâtivement, puisque la définition de l'individu peut être interprétée autrement [2].

Cette autre interprétation ne fait pas dépendre de corps extérieurs le rapport de mouvement et de repos propre au corps individuel : car il n'est pas impossible en effet de penser que les corps exerçant la pression appartiennent eux-mêmes au corps complexe qui définit l'individu [3]. Son rapport de mouvement et de repos concerne dès lors à la fois les corps pressants et les corps pressés, les corps comprimants et les corps comprimés, qui tous ensemble le constituent. L'union des corps définissant l'individu doit donc être comprise comme une union maintenue non plus par la pression des ambiants, mais par la loi intérieure, par le rapport ou la proportion interne (*ratio*), qui lie les corps constituants les uns aux autres.

Cette seconde interprétation est préférable non seulement parce qu'elle est plus viable d'un point de vue scientifique; mais aussi parce qu'elle est plus cohérente avec ce que dit ensuite la petite physique. D'abord, succèdent à la définition de l'individu quatre lemmes qui explicitent à quelles conditions peuvent survenir des variations dans l'individu sans que celui-ci ne perde son identité : les corps constitutifs d'un individu peuvent bien être remplacés par d'autres, changer de grandeur, concentrer leur mouvement sur une partie de l'individu, et celui-ci peut bien opérer n'importe quel mouvement, ou être en repos, il ne subira pour autant aucune transformation essentielle, pourvu que ses parties conservent leurs mouvements respectifs et se les communiquent réciproquement selon une même loi intérieure. À chaque fois, dit Spinoza, l'individu retiendra sa

1. On pourrait aussi prendre l'exemple de certains animaux des abysses, dont la pression est équilibrée avec la pression hydrostatique des profondeurs (1000 bars), et qui explosent quand on les remonte.

2. Nous devons à A. Suhamy cette autre interprétation.

3. La première interprétation se fonde notamment sur la répétition de « *a reliquis* », qui semble désigner à chaque fois la même chose : les corps extérieurs qui exercent leur pression (première occurrence), et desquels se distingue alors l'union des corps pressés (seconde occurrence), constitutive de l'individualité du corps composé. La seconde interprétation, qui a notre préférence, distingue quant à elle le référent de ces deux *reliquia* : d'abord, il s'agit des corps pressants, intérieurs à l'individu; ensuite, des corps extérieurs à l'individu, desquels celui-ci se distingue.

nature sans aucun changement de forme (*absque ulla formæ mutatione*). La variation ne vaut donc pas mutation : et une telle plasticité est à chaque fois expliquée en vertu de la constance non de la pression des ambiants, mais bel et bien d'un rapport interne conférant une autonomie à l'individu.

Dans la lettre 6 adressée à Oldenburg (« contenant des observations sur le livre de Monsieur Robert Boyle, au sujet du nitre, de la fluidité et de la solidité »), Spinoza considère une « vessie pleine d'eau »[1]. Il précise : « comme les particules d'eau ne cessent d'être agitées en divers sens, il est clair que, si elles ne sont pas comprimées par les corps qui les environnent, l'eau se répand dans tous les sens »[2]. On pourrait en conclure que ce qui fait l'individualité de ce corps (la vessie emplie d'eau), et qui la distingue d'un autre individu (le verre empli d'eau), c'est la pression du corps solide (vessie ou verre) sur le corps liquide. En même temps, précise Spinoza, « la raison pour laquelle les particules d'eau ne cèdent pas à la pression du doigt s'exerçant sur les parois de la vessie, comme elles le feraient si elles étaient libres, c'est qu'il n'y a pas d'équilibre, comme c'est le cas quand un corps, par exemple notre doigt, est entouré d'un liquide de toutes parts ». Autrement dit, on a affaire dans le cas de la vessie pleine d'eau plutôt à deux individus juxtaposés (la vessie et l'eau), qu'à un seul et même individu, équilibré, dans la composition duquel entreraient ces deux individus. Et si on ne considère que l'eau dans son individualité (dans son union de corps, hydrogène et oxygène liés entre eux selon un rapport précisément déterminé), le fait qu'elle soit contenue dans un verre ou dans une vessie ne change pas sa loi de composition, et partant ses propriétés : « mais quelque comprimée que l'eau soit de toutes parts dans la vessie, ses particules se prêteront au mouvement d'une pierre contenue également dans la vessie, comme elles le feraient hors de la vessie ». La plasticité de l'individu « eau » n'est pas la même que celle de l'individu « vessie » : et la pression des ambiants n'y change rien; une telle plasticité, ou aptitude à être affecté et à affecter, relève du rapport précisément déterminé entre les parties de chaque individu : c'est lui qui explique les propriétés (ici l'élasticité) de ces individus.

Dans l'*Éthique*, la petite physique se clôt par un scolie qui confirme cette indépendance de l'identité individuelle par rapport à la « pression des ambiants » : la nature tout entière – entendue d'un point de vue physique – y

1. Spinoza discute une expérience de Boyle qui prouverait l'existence d'« espaces intermoléculaires ».

2. Extrait cité par M. Gueroult pour illustrer que « la pression des ambiants conditionne le fluide tout autant que le solide ». La suite de la lettre montre au contraire que la pression des ambiants ne *conditionne* en rien la nature même du fluide.

est en effet caractérisée comme étant « un seul individu dont les parties, c'est-à-dire tous les corps, varient d'une infinité de manières sans aucun changement de l'individu tout entier ». Si l'identité d'un individu, c'est-à-dire l'union des parties maintenue par un rapport précis de mouvement et de repos, tenait à la pression des corps ambiants, on voit mal comment il serait possible de parler d'un individu qui serait union de *tous* les corps existants. Cet individu étant un univers infini et non un monde clos, il est nécessairement sans extériorité. Et les variations à l'infini des parties de l'individu infini, dues aux mouvements de ces parties les unes sur les autres, se font sans mutation de l'individu tout entier, c'est-à-dire sans que change la loi de proportion précisément définie selon laquelle l'infinité des corps internes s'entre-communiquent leurs mouvements.

Aussi l'individuation chez Spinoza n'est-elle pas seulement relationnelle, et extrinsèque, mais tient-elle à la constance d'un rapport interne qui équivaut à une force de cohésion des parties entre elles : la définition de l'individu insiste, par la répétition de « *invicem* », sur la réciprocité des échanges entre corps constituants, sur la mutualité de leurs rapports à l'intérieur même de l'individualité. C'est elle qui donne à l'individu une consistance propre, qui ne lui vient donc pas de l'extériorité : un individu a beau dès lors n'exister que dans un collectif, il est néanmoins à lui-même un collectif qui ne tient pas son unité d'abord de cette inscription dans une communauté plus grande ou plus forte, mais avant tout d'une loi génétique de composition interne constitutive de son identité propre. En ce sens, plus que de l'hétérodétermination, l'individualité relève de l'autoorganisation.

Seuils de différentiation et communauté d'action

La philosophie spinoziste est donc bien une pensée de la relation : des relations qui, de façon générale, se donnent dans les lois de la nature, auxquelles nul mode n'échappe ; et des relations qui, de façon particulière, sont internes ou externes aux individus, les liant les uns aux autres à travers des propriétés communes. L'individuation des corps, notamment des corps humains, est donc tout aussi bien une socialisation, et cette socialisation se fait par des affections engendrant en eux des variations de la puissance d'agir (c'est-à-dire des affects). Nulle chose n'existe en dehors du réseau de ses relations avec d'autres choses : à part Dieu, existent seulement des relations, puisque ce qui constitue l'essence d'un mode, notamment corporel, est une relation (*ratio*) entre des corps. Néanmoins, même si la réalité est faite avant tout de rapports, même si toute individualité est intrinsèquement rapport de rapports et extrinsèquement en rapport avec d'autres rapports, ces relations ont une *essence*, une *forme* propre, une *consistance* interne : et ce n'est pas parce que cette forme n'est pas substantielle, ce n'est pas parce que cette essence est seulement modale, qu'elle tient son être même de l'extériorité. Les multiples rapports constitutifs des individus ne sauraient effacer les seuils de différenciation entre eux : ils obéissent en effet à des lois et ne se confondent pas dans un chaos généralisé. Les tables ne mangent pas d'herbe, nous l'avons dit, et les éléphants ne passent pas par le chas d'une aiguille; de la même manière, les gros poissons mangent naturellement les petits, et les araignées tissent aisément leur toile[1]. Les individus n'entrent donc pas dans n'importe quel rapport de composition : certains rapports interindividuels sont possibles (c'est-à-dire en vérité nécessaires), tels le rapport de dévoration de poisson à poisson, ou le rapport de déplacement d'araignée à toile. Mais ces mêmes rapports sont impossibles entre d'autres individus (c'est-à-dire entre d'autres rapports de rapports) : impossible est ce rapport de dévoration de table à herbe, ou ce rapport de déplacement d'éléphant à chas d'une aiguille.

La philosophie relationnelle de Spinoza n'invalide donc pas l'idée d'essence individuelle, c'est-à-dire de rapport précisément déterminé impliquant une cohérence propre à chaque individu : on ne saurait même parler de véritable rapport constitutif d'un individu si ce rapport n'avait pas quelque constance et consistance. C'est pourquoi tous les individus, même s'ils se conviennent au moins en tant qu'ils enveloppent tous l'attribut de l'étendue, ne s'entraffectent que selon des logiques bien déterminées; et quand bien même certains de leurs affects se ressembleraient, et pourraient laisser imaginer une certaine convenance possible entre eux, la différence des essences entre individus provoque une discordance entre les affects :

> Tout affect de n'importe quel individu discorde [*discrepat*] de l'affect d'un autre, autant que l'essence de l'un diffère [*differt*] de l'essence de l'autre.

Au sens strict, les essences individuelles diffèrent, elles ne discordent pas; mais il peut y avoir suffisamment de différence entre les rapports bien déterminés qui constituent chaque individu pour que leurs affects ne puissent s'accorder. Et le scolie d'en tirer les conséquences suivantes :

> De là suit que les affects des animaux [...] diffèrent des affects des hommes autant que leur nature diffère de la nature humaine. Cheval et homme, c'est vrai, sont tous deux emportés par le Désir de procréer; mais l'un c'est un désir de cheval, l'autre, d'homme.

1. Nous reprenons là quelques uns des exemples, quelque peu baroques et souvent animaliers, dont use Spinoza (*cf.* TP, 4/4; TRE, § 54; TTP, XVI, 2; PPD, I, 7, sc.).

Spinoza n'a sans doute pas choisi le désir de procréer, la *libido procreandi*, par hasard : car s'il est toujours possible d'envisager des rapports sexuels zoophiliques, il est en revanche impossible de penser que les désirs humain et équin de procréer puissent convenir, c'est-à-dire produire effectivement leur objet, la procréation (l'impossibilité de procréer pour deux individus de deux espèces différentes étant justement un critère de distinction biologique entre ces deux espèces). Il y a donc des logiques, autant affectives que biologiques, qui séparent les individus entre eux, notamment les individus relevant d'espèces différentes. Mais à l'intérieur d'une même espèce passent également des lignes de démarcation affectives entre individus : rappelons que, selon le scolie de la proposition 57 d'*Éthique* III, « la différence n'est pas mince entre le contentement par lequel est conduit l'ivrogne et le contentement que possède le philosophe ». Cette distinction entre deux types d'individus, ou même entre deux espèces d'individus (même s'ils appartiennent tous deux au genre humain), repose sur une distinction entre deux affects différents, voire discordants, même s'ils relèvent eux aussi d'un même genre : le contentement. Les individus se distinguent avant tout par les affects dont ils sont capables, l'ivrogne se caractérisant par un contentement passif, le philosophe par un contentement actif[1]. Cette distinction intervient d'ailleurs à un moment charnière de la partie III, puisque après ce scolie, Spinoza passe de l'explication des affects passifs (passionnels) à celle des affects actifs (rationnels), auxquels il consacre les deux dernières propositions de cette partie.

Désormais, nous avons quelques réponses aux questions que nous posions : ce qui identifie un individu, c'est une loi de composition interne, une loi de communication des mouvements des corps constituants, conférant à l'union de corps qu'est l'individu une sensibilité affective déterminée, une capacité d'affecter et d'être affecté, et partant des variations de puissance qui lui sont propres. Chaque individu a donc une certaine forme d'autonomie, même si cette autonomie n'est en aucun cas coupure avec le monde ambiant, avec le milieu social ou biologique. Il est même possible d'envisager qu'un individu entre dans la composition d'un individu plus large, c'est-à-dire se comporte aussi selon la loi constitutive de ce plus grand individu. Dans cette dépendance, il ne perdra pas son essence, il conservera son propre rapport de mouvement et de repos ; mais ce rapport devra s'accorder à celui de l'individu avec lequel il entre en composition, et dont il est même un élément de composition. C'est le cas de la lymphe et de

1. Voir E, III, 51, sc. : « Quand nous comparons les hommes les uns avec les autres, nous les distinguons par la seule différence des affects ».

la chyle qui entrent dans la composition du sang : aucun de ces corps ne perd son individualité à participer à celle du sang; aucun ne gagne non plus son individualité de sa seule participation à celle du sang; chacun est un rapport interne soumis en même temps à la juridiction d'un autre rapport, celui qui constitue le sang dont lymphe et chyle sont des parties.

Si « la pression des ambiants » a pu paraître déterminante dans la constitution de cette union de corps qu'est l'individu, c'est qu'une telle union implique le contact des corps constituants. Même si corps pressés et corps pressants appartiennent à l'individu lui-même (et tous, de pressants ou pressés deviennent pressés ou pressants, puisque l'action est réciproque), encore faut-il qu'il y ait contact entre eux, et partant communication du mouvement de proche en proche, pour qu'une telle union de corps compose un individu. Tel est le cas d'un organisme, humain par exemple. Qu'il soit minéral, végétal ou animal, on parlera d'individu lorsque ses parties constituantes (ses organes par exemple) sont suffisamment soudées les unes aux autres pour que l'union compose une totalité distincte d'une autre. Il se peut néanmoins que plusieurs individus collaborent à une même action, sans qu'il y ait entre eux de contact ou de pression réciproque. On ne dira pas alors que ces individus composent, au sens physique du terme, un individu plus grand, mais plutôt une *chose singulière* :

> Par chose singulière, j'entends les choses qui sont finies et ont une existence déterminée. Or, si plusieurs concourent à une seule action, de telle sorte qu'ils soient tous simultanément cause d'un seul effet, je les considère tous, en cela, comme une seule chose singulière [1].

Cette mise en rapport de l'individu et de la chose singulière nous permet de distinguer différentes formes d'union : l'union par contact, et l'union par coproduction d'une même action. La première union relève d'une certaine statique : l'individu n'est pas avant tout défini par la production d'une action (même si, bien évidemment, une telle production n'est pas exclue), mais par la constance du rapport entre ses parties, par le maintien de sa forme par-delà ses variations, par la permanence d'une union distinctive de corps. C'est pourquoi, même s'il y a une dynamique propre à l'individu – dynamique interne de pression réciproque des parties et dynamique externe d'échanges avec le milieu – c'est la stabilité du rapport entre ses mouvements qui fait l'individu. La singularité en revanche relève en sa définition même de la dynamique : c'est le concours des individus coproduisant un même effet qui les définit, tous ensemble, comme une

1. E, II, déf. 7.

chose singulière[1]. La constance du rapport (statisme), tout comme la communauté d'action (dynamisme), est donc unificatrice : la première est individualisante, et la seconde singularisante.

Prenons l'exemple d'un organisme humain : en tant qu'il persévère dans l'existence, tous ses membres concourent à une même action (la conservation de soi). Chaque membre de cet individu est lui-même un corps complexe et uni (un individu donc), et tous ces individus, en même temps qu'ils composent l'individualité de l'organisme, forment une chose singulière puisqu'ils sont cause d'un même effet. Imaginons que cet organisme soit déterminé à courir. La course requiert alors la coordination de plusieurs mouvements et repos relatifs : ceux des jambes qui se tendent et se plient, ceux des bras qui se balancent, ceux du cœur qui bat, ceux du nez et de la bouche qui inspirent et expirent, ceux du buste qui reste droit… Ces parties du corps (jambes, bras, cœur, nez, bouche, buste…) sont des individus qui concourent à une même action, celle de courir, et peuvent donc être considérés tous ensemble comme une même chose singulière. Se conserver est un premier niveau d'action qui, lorsque toutes les parties y concourent, composent un premier niveau de singularité ; mais courir est un second niveau d'action (qui implique le premier : un individu détruit ne peut pas courir), auquel toutes les parties peuvent concourir un certain temps, moins long que le temps de la conservation. Ce second niveau de singularité (singularité de l'individu en tant que coureur), requiert une certaine union de parties, qui sont traversées par la même propriété du corps : la propriété par laquelle le corps tout entier est dit courir. Tous les membres ont alors cette propriété en commun, par laquelle il produise cet effet commun : ils font cause commune pour produire un même effet ou une même action (courir).

Mais admettons que ce coureur soit, comme on dit, « désuni » dans sa course, au point bientôt de ne plus pouvoir courir. Les mouvements de ses membres ne sont plus alors coordonnés : une jambe est occupée par une douleur, le cou se raidit, le buste se plie. Le corps désuni est un corps dont certaines parties se singularisent dans leur action, et partant ne concourent plus toutes ensemble à l'action globale (c'est par exemple « le point de côté », qui dit bien cette focalisation du tout sur l'une de ses parties). En tant qu'organisme, le coureur n'est pas pour autant démembré : il demeure un individu, puisque son individualité ne se définit pas prioritairement par la

1. *Concurrant*, dit le latin : ce concours peut être entendu comme une coopération désirée, lorsque des individus s'unissent volontairement pour produire une fin recherchée ; il peut aussi être compris comme une concurrence, lorsque les individus, même opposés, coproduisent (souvent à leurs dépens) quelque effet commun.

dynamique de l'action produite par ses membres, mais par la statique du rapport de mouvement et de repos entre eux ; et c'est seulement en tant que tous ses membres concourent à la conservation de l'existence de l'individu qu'ils peuvent être considérés comme une même chose singulière. Mais eu égard à la course, les membres de ce coureur désuni, qui est bien toujours un même individu, ne peuvent plus être considérés comme une même chose singulière, puisqu'ils ne concourent plus tous ensemble à cette action, c'est-à-dire à la conservation de la course.

Cette distinction entre union individuelle statique, par contact ou pression réciproque, et union singulière dynamique, par collaboration ou coproduction, a bien évidemment des conséquences d'un point de vue politique. Comment considérer une association d'individus humains ? Peut-on parler de l'État comme d'un véritable individu [1] ? Le problème a souvent été posé à partir de l'opposition entre naturalisme et artificialisme : ne faut-il pas l'artifice des lois, voire d'un pacte fondamental, pour penser l'association politique ? D'abord, remarquons qu'il n'est pas certain qu'une telle opposition soit pertinente chez Spinoza : toute chose étant produite par la Nature, l'artifice institutionnel lui-même ne déroge pas à cette nécessité – l'artifice est donc tout aussi naturel que les hommes qui le produisent. Mais surtout, et nous verrons ce point plus en détail dans notre dernière partie, les institutions par lesquelles les individus tiennent ensemble ont un fondement passionnel, c'est-à-dire encore une fois naturel, puisque ce qui constitue en premier lieu la nature des hommes, ce sont les logiques affectives auxquelles ils obéissent. Par conséquent un groupe, avec ses passions propres, notamment avec ses craintes et ses espoirs, et même un État, avec ses institutions propres et ses relations de pouvoir, peuvent être compris à chaque fois comme une « chose singulière » : en tant que plusieurs individus sont unis par une passion commune, ou par une institution commune, ils concourent tous ensemble à la production de mêmes effets ou de mêmes actions. Mais si l'union de ces individus forme une seule et même chose singulière, peut-elle être considérée aussi comme constituant un individu plus grand, plus puissant que les individus pris séparément ?

Le *Traité théologico-politique* affirme :

> La nature ne crée pas de nations : elle crée des individus qui ne se distinguent en nations que par la différence des langues, des lois et des mœurs reçues ; seules ces deux dernières, les lois et les mœurs, peuvent

1. Sur ce problème (qui fait l'objet d'une controverse entre interprétations de l'œuvre de Spinoza), voir P.-F. Moreau, *L'expérience et l'éternité*, *op. cit.*, chapitre « L'État comme individu », p. 441-459.

> faire que chaque nation ait une complexion particulière, une situation particulière et enfin des préjugés particuliers [*singulare habeat ingenium, singularem conditionem et denique singularia præjudicia*] [1].

Ce propos intervient à un moment où Spinoza examine pourquoi les Hébreux, dont il fait un modèle d'étude dans le chapitre XVII pour penser les rapports entre peuple et souverain, ont été tant de fois insoumis, au point que leur État fut finalement détruit. Et il réfute toute réponse fataliste et tautologique du genre : ils sont « faits comme ça », ils ont cela « dans le sang » ; autrement dit, « c'est dans leur nature ». Mais la réponse : « c'est dans leur culture » serait également insuffisante. Car il s'agit pour Spinoza d'expliquer ce qui a fait leur culture, quel est son passé, et pourquoi il engendre tel présent et tel avenir. Spinoza s'intéresse donc à ce qui fait la « complexion » singulière d'une nation, et même sa « situation » singulière, et ses « préjugés » singuliers : cette complexion qui est un réseau d'affects particuliers, cette situation qui se définit par leur religion et leur système politique, ces préjugés qui caractérisent leur manière de se représenter à eux-mêmes leur situation, renvoient en vérité à une histoire. Ici, la nature n'est pas tant opposée à l'artifice qu'à l'histoire : l'explication de leur insoumission présente est à chercher dans l'histoire vécue par la nation hébreu, et particulièrement dans les lois qu'elle a reçues – qu'elle se représente avoir reçues de Dieu – et dans les mœurs contractées – notamment durant la période d'esclavage en Égypte.

Mais en même temps, cette histoire du peuple hébreu est ce qui fait leur nature singulière. Lorsque donc Spinoza affirme que la nature ne crée pas de nations, mais seulement des individus, il distingue le processus d'*individuation* et celui de *singularisation collective*. L'individuation est d'abord physique, et même physiologique dans le cas des organismes humains ; elle est aussi sociale, puisqu'elle dépend des usages, collectivement réglés, des corps. La complexion singulière d'un individu s'explique donc par son aptitude, d'abord physiologiquement déterminée, ensuite socialement modifiée, à être affecté et à affecter, par les affects dont il est capable en vertu de sa nature ainsi constituée. La singularisation collective relève quant à elle, sur fond de cette individuation naturelle (qui est en même temps une socialisation) des lois et des mœurs collectivement reçues, c'est-à-dire de l'histoire du groupe comprise dans ses relations avec d'autres groupes.

« Individu » est ainsi, avant tout, une notion physique : même si l'individualité a une dimension psychique, puisque tout individu est, en

1. TTP, XVII, 26.

quelque degré, animé[1], l'individualité doit être comprise avant tout à partir de son ancrage corporel, comme « union de corps ». À propos d'un collectif d'individus humains, telle une nation, tel un État, on parlera donc plus volontiers de processus de singularisation, c'est-à-dire d'union par coproduction de mêmes effets, que d'individuation, c'est-à-dire d'union par contact de corps. Mais tout dépend au fond du regard porté sur ce collectif : ou bien on veut insister sur la permanence de son identité, sur la constance des rapports entre ses parties, sur son *statisme*, et alors on pourra parler d'individualité collective – d'*individu* comme union stable de corps ; ou bien on veut souligner son activité commune, sa production collaborative ou concurrentielle d'effets, son *dynamisme*, et alors on parlera de singularité collective – de *chose singulière* comme communauté d'action d'individus différents. On remarquera d'ailleurs la répétition de l'adjectif « *singulare* » dans la citation que nous avons donnée du *Traité théologico-politique* : la nature produit directement des individus, qui ensuite ne se distinguent collectivement d'autres groupes que par un processus, historique, de singularisation, dont les paramètres principaux sont les lois et les mœurs reçues.

Il y a donc *un possible devenir singulier des individus ensemble*, ou bien lorsqu'ils produisent, au sein d'un même individu, un même effet, ou bien lorsqu'ils participent, collectivement, à une même action. Dans la mesure où la politique est pensée à travers le prisme de l'histoire, l'idée de « chose singulière », impliquant la dynamique d'un processus commun, plutôt que celle d'« individu », impliquant la statique d'un rapport interne, convient mieux à qualifier la constitution de collectifs par des individus humains. Les collectifs sociaux composent de véritables choses singulières, plus ou moins stables, sous le rapport de la communauté d'action des individus. Ainsi, la partie d'un stade de football qui vibre à l'unisson pour son équipe, transportée par le même affect, qui entonne le même hymne (ou le siffle en cœur) peut être considérée non pas comme un individu véritablement, mais comme une chose singulière définie par le fait que tous les individus concourent à la même action. De même, une nation, ou une confédération de nations, peut être considérée comme une chose singulière, plutôt qu'un individu, en tant qu'elle est composée d'individus qui, traversés par des passions communes, visent ensemble des buts identiques. En revanche, si est considéré plutôt l'effort d'un État pour se conserver, c'est-à-dire, par la

1. La proposition 21 de la deuxième partie de l'*Éthique* affirme ainsi : « L'esprit et le corps, c'est un seul et même individu que l'on conçoit tantôt sous l'attribut de la pensée, tantôt sous celui de l'étendue ».

rationalité de ses institutions, pour se renforcer en tant qu'État, pour se *stabiliser* le plus possible, il n'est pas impossible de parler alors de processus collectif d'individualisation.

Il est même un cas où une collectivité d'individus humains peut être tellement unie qu'il est possible de parler pour elle de la constitution d'un nouvel individu. Ce cas est envisagé dans le scolie de la proposition 18 de la partie IV de l'*Éthique*. Spinoza fonde son propos d'abord sur l'un des postulats qui clôt la petite physique de la partie II :

> Le corps humain a, pour se conserver, besoin [*indiget*] d'un très grand nombre d'autres corps, qui pour ainsi dire le régénèrent continuellement [1].

L'individu humain, nous l'avons dit, est à la fois un être qui possède une consistance propre (fondée sur sa loi d'organisation interne), et qui est en relation constante avec des corps extérieurs. Ces relations relèvent à la fois d'une nécessité hasardeuse (les rencontres que, pour le meilleur ou pour le pire, il sera immanquablement déterminé à faire), mais aussi d'une nécessité de besoin : l'individu humain ne peut pas subsister seul. Son autonomie relative n'est pas autarcie : l'individu est un être de besoin. Comme nous l'avions remarqué, cette nécessité peut être mise au compte, c'est ce que fait le *Court Traité*, d'une humaine faiblesse. Elle peut être vue aussi – et c'est la perspective de l'*Éthique* – comme l'occasion de rencontres joyeuses, qui fortifient ou augmentent la puissance de notre être : qui le « régénèrent », selon le mot de Spinoza. Cette dimension du besoin ne doit donc pas être négligée lorsqu'on étudie l'individu humain, à la fois dans sa dimension physiologique mais aussi sociale. C'est le besoin encore, et partant l'élaboration de techniques susceptibles de le satisfaire, qui expliquent l'union des forces individuelles[2].

De ce besoin, nous dit le scolie de la proposition 18 d'*Éthique* IV, naît la nécessité dans laquelle nous sommes de faire commerce avec les choses extérieures, et de le faire avec celles qui nous sont le plus utiles :

> Et parmi elles, on ne peut en imaginer de meilleures que celles qui conviennent entièrement avec notre nature. Si en effet deux individus, par exemple, ayant exactement la même nature, se joignent l'un à l'autre, ils composent un individu deux fois plus puissant que chacun pris séparément.

Comment parvenir à cette entière convenance ? Comment pour un individu humain obtenir cette nature « exactement » identique à celle d'un

1. Postulat 4, avant E, II, 14.
2. Voir TP, V, 7.

autre, qui lui permette de composer sa puissance à tel point que leur union devient véritablement un nouvel individu ?

Par la raison, répond Spinoza. Ainsi, par la passion commune se constituent des collectifs « singuliers », qui lient des individus ayant des objectifs communs et produisant des actions communes. Mais par la raison, la singularité d'une composition de puissances individuelles peut être telle qu'elle acquiert la consistance forte d'un individu. Il nous faut donc désormais examiner par quelles voies se conquiert l'activité rationnelle de l'esprit, et l'activité conjointe du corps, conditions des unions véritables, des unions singularisantes *et individualisantes*.

CHAPITRE III

L'UNION PAR CONVENANCE (PASSIVITÉ ET ACTIVITÉ)

L'*Éthique* est une entreprise de compréhension de la puissance de l'esprit humain. Pour obtenir la béatitude, il nous faut saisir ce que peut notre esprit dans la lutte contre les affects qui nous asservissent. En un sens, il s'agit donc de prendre véritablement possession des forces que nous avons, en détruisant l'affectivité qui nous sépare de nous-même. Telle est d'ailleurs la présentation ordinaire de la philosophie spinoziste : une entreprise de conquête de ce dont nous sommes capables, et donc de destruction de ce qui nous aliène. Mais cette version du spinozisme est bien générale, et même contestable : car par rapport à nous-mêmes nous ne sommes jamais étrangers; nous sommes toujours aussi parfaits que nous le pouvons, puisque nous sommes de part en part une expression précisément déterminée de la pleine positivité divine.

Nous ne sommes donc jamais séparés ou désunis de la puissance que nous sommes; mais nous le sommes bien évidemment de celle que nous pouvons devenir. Or comprendre sa propre puissance revient justement à se percevoir mieux, et plus clairement, c'est-à-dire à augmenter l'étendue de sa propre pensée, le champ de sa propre conscience. En somme, comprendre sa puissance n'est pas la laisser intacte : en la comprenant nous la modifions; nous l'accroissons. Voilà pourquoi, après coup, il est tentant de dire : l'esprit, en se saisissant lui-même, devient ce qu'il est; il se défait de ce qui le dépossède en actualisant sa propre puissance; il s'unit enfin à lui-même. Mais une telle représentation de soi tombe dans une illusion rétrospective, qui consiste à percevoir ce qui était à partir de ce qui est devenu. La démarche de Spinoza n'est pas celle-là : il ne saurait être question de disjoindre l'essence de l'existence, la puissance que nous sommes essentiellement de celle que nous vivons existentiellement.

Certes, en tant que modes, notre état d'existence n'est pas posé par notre essence : nous ne sommes pas *causa sui*, le fait que nous existions ou non ne se déduit pas de notre seule essence. Mais ce que nous pouvons appeler notre « acte d'exister », en revanche, dépend bel et bien de notre essence : notre puissance ou force d'exister est notre essence même; et dans notre existence, nous ne sommes jamais, de cette essence, désunis.

Que signifie donc comprendre notre puissance ? Certes, nous ne savons pas (Spinoza le dit explicitement à propos du corps) ce que nous pouvons; mais en le sachant peu à peu, nous aurons augmenté notre puissance, et pourrons effectivement accomplir ce que nous savons pouvoir. Or, puisque la saisie de la force d'un esprit passe par celle de la force du corps auquel il est uni, puisqu'il n'est de psychologie rationnelle qui ne se fonde sur une physique rationnelle, il faut donc examiner ce qui fait la puissance d'un corps – quand bien même nous ne saurions pas tout ce qu'il peut par ses propres lois. Le scolie de cette proposition 13 propose deux critères généraux de distinction et de hiérarchisation des corps entre eux – celui de la multiplicité et celui de l'autonomie :

> Plus un corps a davantage d'aptitudes que les autres à faire passivement ou activement plusieurs choses à la fois [*aptius est ad plura simul agendum vel patiendum*], plus son esprit a davantage d'aptitudes que les autres à percevoir plusieurs choses à la fois [*aptior est ad plura simul percipiendum*]; et plus les actions d'un même corps dépendent de lui seul, et moins d'autres corps concourent avec lui dans son activité [*cum eodem in agendo concurrunt*], plus son esprit est apte à comprendre distinctement. Et par cela nous pouvons connaître la supériorité d'un esprit par rapport aux autres; et ensuite voir aussi la cause pour laquelle nous n'avons pas de connaissance de notre corps, si ce n'est confuse seulement.

Le premier critère est donc celui de la multiplicité simultanée, de l'aptitude au multiple simultané. Il s'agit à la fois – c'est le versant passif de cette aptitude au multiple simultané – de la réceptivité du corps aux actions des autres corps; mais aussi – c'est le versant actif de cette aptitude – de la productivité des actions du corps sur les autres corps. Plus le corps est apte à recevoir les effets des autres corps, et à produire des effets sur les autres corps, plus haut est son degré de puissance, plus grande est la puissance de l'esprit à penser simultanément un certain nombre d'objets. Le second critère de la supériorité d'un corps sur les autres est celui de l'autonomie dans l'action, ou encore de la singularité : on retrouve en effet ici l'idée du concours (*concurrunt*) qui sert à définir la chose singulière; puisque le concours de plusieurs individus dans la production d'une action permet de les définir tous ensemble comme une même chose singulière, notre individualité corporelle se singularise donc d'autant plus que ses effets ne dépendent pas du concours d'autres individus. Ainsi, moins les autres corps se confondent avec le nôtre dans ce que nous faisons, et plus notre esprit peut percevoir nettement la puissance engagée dans cette activité.

En somme, l'aptitude de l'esprit à percevoir plusieurs choses en même temps dépend elle-même de l'aptitude du corps à subir ou produire plusieurs choses en même temps; l'aptitude de l'esprit à percevoir distinctement dépend du corps à se distinguer dans son action. Quantité et qualité de la pensée relèvent donc de celles du corps: l'amplitude de la focale mentale, et sa mise au point, ressortissent toutes deux de la sensibilité et de l'autonomie corporelles.

Néanmoins, on ne cachera pas que ces deux critères posent de multiples problèmes: d'abord, n'est-il pas étonnant, d'après le premier critère, que l'aptitude d'un corps à *pâtir* puisse définir la supériorité de ce corps par rapport à d'autres? Un corps qui pâtit beaucoup ne serait-il pas ballotté par les corps extérieurs, assujetti à eux, et partant *impuissant*? Ensuite, le second critère aussi pose problème: ne revient-il pas à dire que l'activité supérieure d'un corps est une activité solitaire? L'autonomie corporelle serait-elle donc une forme d'autarcie? Se conquiert-elle contre le concours des autres, dans une solitude voire un repli sur soi? Enfin, et peut-être surtout, fait difficulté la compatibilité entre ces deux critères. En effet, un corps pâtit beaucoup lorsqu'il y a, semble-t-il, beaucoup de corps extérieurs qui le font pâtir, et qui donc concourent aux actions qu'il ne produit qu'en faible partie: le critère de la multiplicité dans la passivité, qui pourtant constitue un critère de supériorité d'un corps par rapport à d'autres, ne vient-il donc pas contredire celui de la singularité dans l'action?

DE LA CONQUÊTE DE L'AUTONOMIE DANS LA CONTRAINTE

Bien lire l'*Éthique* exige que nous comprenions les propositions de chacune de ses parties à partir de leurs démonstrations, et que nous suivions ainsi la voie déductive signalée par son sous-titre: *ordine geometrico demonstrata* (démontrée selon l'ordre géométrique). Mais cette exigence a une autre signification: celle de ne pas tomber dans un excès de systématicité, en comprenant par exemple une notion apparaissant dans une partie selon la définition qui en sera donnée seulement dans une partie ultérieure. Être attentif à l'ordre géométrique de l'*Éthique* signifie donc aussi être sensible à la progressivité de son propos.

Ainsi, concernant la notion d'aptitude à pâtir ou à agir dans le scolie de la proposition 13, il faut se garder de l'illusion rétrospective qui consiste à projeter sur cette formule les définitions de la passivité et de l'activité qu'on trouve au début de la partie III. Dans ce scolie, l'aptitude corporelle à agir ou à pâtir de plusieurs choses à la fois (*ad plura simul agendum vel patiendum*) doit être comprise comme aptitude à affecter ou à être affecté de plusieurs choses à la fois : être « apte à agir ou à pâtir » est d'ailleurs un hapax dans l'*Éthique*, qui sera supplanté par la formule « être apte à être affecté et à affecter ». Pourquoi ? L'examen de la définition du pâtir et de l'agir va nous l'apprendre :

> Je dis que nous agissons lorsque se fait en nous ou en dehors de nous quelque chose dont nous sommes cause adéquate, c'est-à-dire (selon la définition précédente) lorsque suit de notre nature, en nous ou en dehors de nous, quelque chose qui peut être compris clairement et distinctement à travers elle seule. Et je dis qu'au contraire nous pâtissons lorsque se fait en nous quelque chose, ou lorsque suit de notre nature quelque chose, dont nous ne sommes la cause que partielle [1].

Cette définition spinoziste de l'agir et du pâtir se démarque, dans une certaine mesure, de la définition traditionnelle de la passivité et de l'activité, qui appréhende la passivité comme le fait de subir une cause extérieure, c'est-à-dire de recevoir de sa part un effet, et qui interprète l'activité comme le fait de produire cet effet[2]. Ainsi pour Descartes, il y a identité ontologique entre l'action et la passion, et distinction de points de vue entre elles : l'action est cette dynamique, une et unique, du point de vue de celui qui la fait être (l'agent qui la produit); la passion est cette même dynamique, mais du point de vue de celui auquel elle aboutit (le patient qui la reçoit)[3]. Pour Spinoza en revanche, si toute passion se conçoit nécessairement sur le fond d'une action, en laquelle est considérée une négation[4], l'action quant à elle se conçoit tout à fait bien sans la passion : penser une passion, c'est penser un effet sans sa cause, ou du moins, sans la totalité de l'action de sa cause. Mais du coup, être passif, ce n'est pas seulement subir l'effet d'une action qui procède d'un autre; c'est aussi produire un acte relevant encore d'une certaine forme d'*efficience* : pâtir signifie d'abord produire soi-même, quoique de manière imparfaite, un certain effet.

De cette idée, nous devons tirer une conséquence essentielle pour la compréhension de l'éthique spinoziste : le concept de passivité ne saurait

1. E, III, déf. 2.

2. Pour une analyse plus complète de cette définition, dont nous reprenons ici certains des éléments, nous nous permettons de renvoyer à notre ouvrage, *Le devenir actif chez Spinoza*, Paris, Honoré Champion, 2005, p. 68 *sq.*

3. Voir par exemple la Lettre à Régius de décembre 1641.

4. Voir E, III, 3, sc.

être identifié, purement et simplement, au concept de contrainte. La contrainte consiste dans le fait d'être déterminé par autre chose, *ab alio*[1]. Or, puisque Dieu est la seule chose qui ne peut être déterminée par autre chose, la contrainte, donc, définit la condition même des modes, notamment des modes finis. Ainsi, tous les esprits humains, en tant qu'ils sont des modes, sont des choses contraintes : et si nous appliquons à l'esprit humain la fameuse proposition 28 de la partie I (concernant le déterminisme entre choses finies), nous pouvons dire que l'esprit est une chose singulière, une idée finie, qui ne peut exister et être déterminée à opérer, c'est-à-dire ici à penser, à moins de l'être par une autre chose, elle-même finie (ici une idée), qui sera à son tour déterminée par une autre chose finie, et cela à l'infini[2].

Or, si nous en venions à réduire la contrainte à la passivité (et donc l'acte d'opérer à celui de pâtir), nous ne comprendrions plus comment l'activité serait possible : et nous *ne* pourrions soutenir qu'il y a en tout esprit comme une possibilité d'activité *que* si nous réintroduisions en lui du libre arbitre, c'est-à-dire une faculté non déterminée. Quant au devenir actif du corps, jamais il ne serait véritablement pensable par lui-même : il faudrait dès lors renoncer à l'égale dignité ontologique de l'esprit et du corps, et de nouveau faire sienne la traditionnelle hiérarchie psychophysique, qui place bien évidemment l'esprit au-dessus du corps.

En vérité, du point de vue spinoziste, pour penser le devenir actif de l'esprit, comme celui du corps, il faut considérer deux choses : la première est que l'activité de l'esprit et du corps, pas moins que leur passivité, ne peut être comprise qu'à l'intérieur de la contrainte, c'est-à-dire de l'inter-déterminisme modal ; la seconde est qu'inscrire l'esprit et le corps dans le déterminisme ne signifie pas les appréhender comme de purs effets ponctuels et inertes de causes extérieures, mentales ou corporelles. L'esprit, en tant justement qu'il est un mode exprimant de façon précise l'action infinie de Dieu sous l'attribut de la Pensée, est lui-même par essence une certaine manière d'agir, c'est-à-dire d'être actif : il est une partie de l'action pensante de Dieu. Il en va de même pour le corps, qui appartient à un attribut ayant une dignité ontologique aussi grande que la pensée. Ainsi, l'esprit et le corps, considérés en soi, sont des réalités pleinement actives qui, chacune à sa manière, expriment l'activité absolue de Dieu.

1. Voir E, I, déf. 7.

2. E, I, 28 use du verbe « opérer » pour désigner la production d'effets chez les modes qui tous sont nécessairement soumis à la contrainte (c'est-à-dire à l'altérité d'une cause, soit finie, soit infinie) : à partir de la troisième partie, cette opération sera caractérisée soit comme passion soit comme action, selon que la causalité de l'opération (qui est toujours soumise à la contrainte) est inadéquate ou adéquate.

Spinoza est ici au plus loin de la thèse, toute cartésienne, qu'il soutenait encore dans le *Court Traité* : celle de la passivité de l'esprit. Dans le *Court Traité*, nous l'avons vu plus haut, la perception d'un objet est à comprendre comme un effet non de la puissance de penser de l'esprit, mais de l'objet pensé dans cet esprit : « ce n'est jamais nous qui affirmons ou nions quelque chose de la chose, mais la chose elle-même qui affirme ou nie quelque chose d'elle-même en nous »[1]. Par conséquent, une idée sera dite vraie ou fausse selon que l'objet aura plus ou moins affecté l'esprit : selon que l'esprit a reçu plus ou moins la forme de cet objet. Une idée vraie n'est donc pas une idée dont l'esprit est cause adéquate ou totale, mais une idée dont l'objet est cause par la totalité de son être. Une idée vraie, dans la perspective du *Court Traité*, est une idée par laquelle l'entendement, passif, reçoit son objet en totalité. Ainsi comprise, la passivité de l'entendement doit être assimilée à sa réceptivité, et partant plus l'esprit est passif ou réceptif, plus il accède à une connaissance vraie de son objet : la connaissance est pure passivité[2].

La définition de l'idée dans l'*Éthique* rompt radicalement avec cette assimilation de la connaissance à la passivité :

> Par idée, j'entends un concept de l'esprit, que l'esprit forme pour ce qu'il est une chose pensante.
> *Explication* :
> Je dis concept plutôt que perception, parce que le nom de perception semble indiquer que l'esprit pâtit d'un objet. Alors que le concept semble exprimer une action de l'esprit[3].

Former une idée est une action mentale : considérée en soi, en son essence formelle, toute idée est un concept ou une conception de l'esprit qui exige un minimum d'activité de sa part. Est-ce à dire pour autant que, dans l'*Éthique*, la connaissance soit devenue pure activité, et comment dès lors comprendre que l'esprit puisse être dit passif lorsqu'il ne forme que des idées inadéquates ? Selon le lemme 2 de la petite physique, « tous les corps conviennent en certaines choses », dans la mesure où ils expriment la puissance infinie de Dieu compris sous l'attribut de l'étendue. En ce sens, tous les corps enveloppent un noyau d'activité, par lequel ils produisent leurs effets, c'est-à-dire leurs mouvements : ce noyau est ce qu'ils ont tous de commun. À travers cette communauté agissante (constituée par l'attribut et

1. CT, II, 16/5.

2. La perspective du *Court Traité* est ici au plus près de celle de Descartes. Voir par exemple l'article 17 des *Passions de l'âme*.

3. E, II, déf. 3 et expl.

ce qui en découle immédiatement : le mouvement et le repos), tous les corps conviennent. Il en est de même pour les esprits : ils ont tous en commun d'exprimer, chacun à sa manière, la puissance absolue de la pensée, attribut divin; c'est pourquoi le moindre de leurs effets – n'importe quelle idée, même la plus inadéquate – est, considéré en son essence formelle, une action de l'esprit. En aucun cas, une idée ne saurait être produite passivement par l'objet qu'elle pense.

Toutefois, l'esprit n'est véritablement actif, au sens précis que lui donne la définition 2 de la partie III, que lorsqu'il est cause adéquate de ses propres idées. Pour penser l'activité de l'esprit au sens technique, il ne faut donc plus considérer les idées qu'il produit simplement comme des modes du penser en général : il faut considérer ces idées relativement à la causalité – totale ou non – qui est celle de l'esprit lorsqu'il a telle ou telle pensée. Comment est-il dès lors possible, pour un esprit comme pour un corps, de devenir actif ? Comment une chose finie peut-elle être à la fois contrainte et active ? Ce ne peut être que parce que *la causalité de la cause extérieure par laquelle cette chose est contrainte n'est pas différente de la causalité par laquelle cette chose même produit activement son effet* : certes, la cause extérieure existe bel et bien, et détermine la chose finie à opérer, c'est-à-dire ici à agir (c'est là la leçon de la proposition 28 d'*Éthique* I); mais l'effet qu'est déterminée à produire cette chose finie n'en demeure pas moins compréhensible par les lois de sa seule nature, et c'est pourquoi elle est active (ce sont là les définitions 1 et 2 de la partie III). La définition de l'agir dit bien, se fondant sur celle de la causalité adéquate : est active une chose dont l'effet « peut être compris clairement et distinctement par elle seule ». Ce qui signifie non pas qu'un tel effet ne puisse pas être compris *aussi* par une cause extérieure (dont la causalité serait commune avec celle de la chose active), mais qu'il *suffit* de prendre en considération la seule nature de la chose productive pour avoir la causalité totale de l'effet produit. C'est pourquoi un esprit fini jamais ne s'autodétermine seul à former une idée, au sens où il n'y serait déterminé par rien d'autre; mais s'il est déterminé à produire son idée par une autre idée, suivant une causalité qui ne se distingue pas des lois de sa propre nature, suivant une causalité commune à sa nature et à celle de sa cause extérieure, en somme suivant une *propriété commune*, alors son effet peut s'expliquer par lui seul : en ce sens, il est extérieurement déterminé à s'autodéterminer.

De l'ancrage des connaissances dans les aptitudes corporelles

Mais alors, si l'activité n'échappe pas au déterminisme entre les choses finies, si au contraire il n'est possible de devenir actif qu'en étant déterminé par un autre selon une causalité commune, l'enjeu éthique devient celui de la découverte, ou de l'invention, de cette communauté. Comment faire, puisqu'on est toujours déterminé par un autre, pour être déterminé par lui à travers ce que l'on a de commun avec lui ? Autrement dit, puisque la convenance désigne l'acte de la communauté qui circule entre les corps ou entre les esprits, comment convenir avec autrui ? Comment faire cause commune avec les autres, pour être, avec eux et par eux, actif ? Bref, comment s'unir activement aux autres ?

Le scolie de la proposition 13 d'*Éthique* II l'affirmait : l'excellence d'un esprit dépend de l'excellence de son corps, qui est faite de sa haute plasticité, de sa forte sensibilité, entendue comme haute aptitude à disposer ou à être disposé d'une multiplicité de façons à la fois. Le critère de la multiplicité simultanée équivaut donc à la capacité de faire communauté avec les autres corps : dans la mesure où mon corps, à travers le réseau des propriétés communes qu'il a avec les autres corps, convient avec eux, mon esprit a la puissance de former des idées de ces convenances, et de comprendre ainsi les relations à travers lesquelles ils se conviennent, s'opposent ou se différencient. Et le critère de l'autonomie corporelle ne vient pas s'ajouter au premier, mais l'exprime d'une autre manière : plus les actions de mon corps dépendent de lui seul, c'est-à-dire s'expliquent par sa propre nature sans qu'il soit besoin de prendre en compte le concours des autres corps, plus mon esprit a la capacité de comprendre distinctement ces actions. L'activité intellectuelle de l'esprit trouve donc bel et bien un ancrage dans l'activité d'un corps susceptible d'être affecté par les autres selon une causalité commune, et partant d'agir de façon singulière et autonome.

Les propositions 38 et 39 de la partie II de l'*Éthique*, et leurs corollaires, exposent ainsi, à partir de cette communauté agissante entre notre corps et les corps extérieurs, quels sont les fondements de notre connaissance rationnelle, et comment il est possible d'accéder à une perception adéquate de plus en plus riche. Or, la voie royale du développement de la connaissance rationnelle est l'enrichissement de notre individualité corporelle : plus notre corps a de communauté avec les autres corps, plus il convient avec eux, et plus l'esprit peut comprendre certaines choses. Se faire un corps qui, par sa sensibilité, partage de plus en plus de choses en commun avec les autres corps est donc une exigence éthique.

Ce n'est donc point dans la séparation, mais bel et bien dans l'union avec les autres que se construit le réseau de mes idées adéquates. La contrainte, entendue comme détermination par un autre, bien loin de jouer le rôle d'un blocage ou d'un enfermement dans la passivité, est ici le lieu même où se conquiert l'activité, c'est-à-dire, du point de vue mental, la raison. Rappelons ce que, de façon très significative, le scolie de la proposition 29 de la partie II stipule :

> Je dis expressément que l'esprit n'a ni de lui-même, ni de son propre corps, ni des corps extérieurs une connaissance adéquate, mais seulement une connaissance confuse et mutilée, chaque fois qu'il perçoit les choses à partir de l'ordre commun de la nature, c'est-à-dire chaque fois qu'il est déterminé extérieurement, à savoir à partir de la rencontre fortuite des choses, à contempler ceci ou bien cela, et non chaque fois qu'il est déterminé intérieurement, à savoir par le fait qu'il contemple plusieurs choses en même temps, à comprendre leurs propres *convenances, différences et oppositions*; chaque fois en effet qu'il est disposé intérieurement de telle ou telle manière, alors il contemple les choses clairement et distinctement, comme je le montrerai plus bas.

D'un certain point de vue, ce scolie, pourrait-on penser, au lieu de confirmer nos analyses, vient plutôt les infléchir : si la perception adéquate relève d'une détermination « intérieure », comment alors soutenir que l'activité mentale implique la contrainte ? Et si cette détermination interne s'oppose à une détermination externe, alors seule la perception inadéquate relève de la contrainte – celle qu'exerce, objectivement, *l'ordre commun de la nature*, ou bien, plus subjectivement, une rencontre contingente. Soyons cependant attentifs à la lettre même de notre scolie : il est construit autour d'une opposition. D'un côté, il y a la position de l'esprit déterminé à percevoir inadéquatement. Comment est-il déterminé ? Du dehors, extérieurement, à partir de la rencontre fortuite des choses. À quoi cet esprit est-il déterminé ? À contempler ceci *ou* cela, c'est-à-dire à percevoir simplement une chose singulière à la fois. De l'autre côté, il y a la position de l'esprit déterminé à percevoir adéquatement. Comment est-il déterminé ? Du dedans, intérieurement, mais, ajoute le scolie, *à partir du fait qu'il contemple plusieurs choses simultanément*. Par conséquent, être déterminé du dedans signifie non pas être affranchi du déterminisme des causes extérieures, mais être déterminé, extérieurement, de telle sorte que n'est pas contemplée une seule chose, de manière disjonctive – celle-ci à l'exclusion de celle-là – mais une pluralité de choses en même temps. Or, à quoi est déterminé un esprit qui contemple plusieurs choses à la fois ? À comprendre les convenances, différences et oppositions entre ces choses[1]. Autrement dit, la contemplation simultanée d'une pluralité de choses n'a pas, contrairement à la contemplation d'une unique chose, sa fin en elle-même, en tant que pure contemplation; elle aboutit à une intellection.

Ce scolie, pourtant construit autour d'une opposition entre déterminations externe et interne, n'exclut pas, même dans le cas de l'activité, la présence de la contrainte: pour que l'esprit comprenne quelque chose *à partir de la contemplation de plusieurs choses en même temps*, il faut bel et bien que l'esprit soit affecté simultanément par les idées de plusieurs choses. Et cette pluralité simultanée d'affections mentales, bien loin de signifier une très grande passivité de l'esprit, est la condition nécessaire pour que cet esprit forme une idée adéquate : une idée ayant pour objet les rapports qui constituent les choses et expliquent en quoi elles peuvent s'accorder, se distinguer, ou encore s'exclure. Or un tel esprit n'est autre que l'idée d'un corps susceptible d'être affecté par une multiplicité de corps en même temps, et partant de produire une action qui dépende de lui seul : l'esprit qui pense beaucoup et parvient à comprendre quelque chose est l'idée d'un corps qui est beaucoup affecté, et autonome dans son activité. En un mot, l'esprit qui contemple une pluralité de choses en même temps est déterminé à comprendre les propriétés communes que son corps partage avec les autres.

Genre de connaissance et connaissance du genre

Des aptitudes du corps dépendent donc les manières de connaître de l'esprit. Le *Traité de la réforme de l'entendement*, le *Court Traité*, l'*Éthique* et même le *Traité théologico-politique* ont tous proposé une typologie des manières de connaître[2]. À chaque fois, on retrouve une distinction entre une façon de percevoir les choses qui peut être trompeuse (la croyance seule, ou opinion, ou imagination, fondée sur le ouï-dire ou l'expérience faite au hasard), et une façon de percevoir qui ne peut l'être (connaissance adéquate du général ou connaissance adéquate du singulier). Mais seule l'*Éthique* lie à ce point la puissance de perception de l'esprit à la

1. Voir également TRE, § 25.

2. Il y a des recoupements et des différences entre ces typologies, qu'il n'est pas utile ici de développer en détail. Pour une confrontation entre les quatre modes de perception du TRE, et les trois genres de connaissance de l'*Éthique*, voir A. Matheron, « Les modes de connaissance du *Traité de la Réforme de l'Entendement* et les genres de connaissance de l'*Éthique* », dans *Spinoza, science et religion*, Paris, Vrin, 1988, p. 97-108. Pour le *Traité théologico-politique*, voir notamment le § 14 du chapitre v, sur la différence entre connaissance par expérience et connaissance par raison seule.

puissance d'affectabilité du corps. Or, en nouant ainsi les deux puissances, apparaît à la fois la continuité et la distinction entre ces différents genres de connaissance.

Continuité, car la puissance de penser d'un esprit se comprend toujours en fonction de l'aptitude du corps à produire certains mouvements, en l'occurrence à être affecté de certaines images, et à pouvoir les enchaîner de différentes manières. L'esprit pense plus ou moins selon la capacité de son corps à former plus ou moins d'images.

Distinction, car c'est la plus ou moins haute capacité à être affecté distinctement par plusieurs images à la fois, et à les ordonner selon certaines logiques, qui permet de distinguer notamment entre pensée inadéquate et pensée adéquate.

En somme, il y a en l'esprit une seule et unique puissance de penser, comme il y a une seule et unique puissance d'agir dans le corps; et les genres de pensée que nous pouvons distinguer se construisent à partir de cette unique puissance psychique, et sont eux-mêmes des idées générales qui catégorisent des manières de connaître à chaque fois singulières, c'est-à-dire des modifications d'une même puissance de connaître. C'est pourquoi on ne confondra pas ces genres de connaissance avec des facultés de l'esprit : l'esprit n'est pas doté de facultés « en puissance », qui s'actualiseraient en telle ou telle pensée singulière; l'esprit est une puissance en acte, qui agit pleinement à travers telle ou telle de ses idées[1]. L'imagination, ou premier genre de connaissance, comme la raison et la science intuitive (deuxième et troisième genres de connaissance) sont constituées d'idées à chaque fois singulières, d'actes singuliers de l'esprit : des imaginations dans le cas de la pensée inadéquate, des intellections dans le cas de la pensée adéquate. Ceci étant bien compris, il est légitime de concevoir des genres d'idées, car la notion même de « genre » peut être bien formée : elle relève en ce cas de « notions universelles » issues de la raison elle-même[2]. Autrement dit, à partir des notions de ce qu'il y a de commun à notre corps et aux corps extérieurs, nous pouvons former les notions de ce qu'il y a de commun à notre esprit et aux autres esprits, et construire ainsi, de façon rigoureuse, les idées de genres de connaissance : cette typologie est en somme issue d'une réflexion rationnelle sur ce que signifie penser.

Mais les notions universelles que nous formons ne sont pas toutes rationnelles, loin s'en faut : la plupart naissent non pas d'une compréhension des propriétés qu'ont en commun des idées bien distinguées; elles

1. Voir E, I, 31, sc. Sur la critique de l'idée de faculté mentale, voir E, II, 48, sc.

2. Voir E, II, 40, sc. 2 : nous formons des notions universelles « III : de ce que nous avons des notions communes ».

ne naissent pas d'une aptitude corporelle déliée, formant des images distinctes, parce que sensible aux convenances, différences et oppositions entre les corps qui nous affectent. Bien des notions universelles en notre esprit relèvent au contraire d'« images communes », produites par la confusion d'une multiplicité d'images en un corps insensible à leur singularité respective.

Spinoza distingue deux sortes d'idées générales formées inadéquatement, signes de notre impuissance corporelle[1] : les termes les plus généraux, dits « trancendantaux », tels que « être, chose, quelque chose », qui viennent de ce que notre corps, limité dans ses aptitudes, confond entre elles toutes les images qu'il forme simultanément : l'esprit alors n'en distinguera aucune, et les « embrassera » (*comprehendet* et non *intelliget*) toutes sous une même catégorie. Moins confuses sont les notions universelles proprement dites, « comme homme, cheval, chien etc. », qui viennent de ce que l'aptitude corporelle à être affecté n'est pas totalement dépassée, mais suffisamment pour que « l'esprit ne puisse imaginer les petites différences entre les êtres singuliers (à savoir la couleur, la grandeur, etc., de chacun) ni leur nombre déterminé, et n'imagine distinctement que ce en quoi tous, en tant qu'ils affectent le corps, conviennent ». On demandera ici : mais quelle différence entre ces notions universelles de l'imagination, et celles de la raison, nées des idées des propriétés communes des corps à travers lesquelles justement ils se conviennent ? On retrouve ici la continuité entre les genres de connaissance : il peut être difficile de distinguer entre deux notions universelles (nous dirons plutôt : « générales »), l'une relevant de l'imagination, l'autre de la raison. Dans les deux cas, si on ne regarde qu'au résultat, est pensée la convenance entre les corps ; il faut donc se tourner vers le processus de production, la genèse de ces notions pour pouvoir les distinguer. Les premières procèdent de la rétention d'une caractéristique remarquable entre corps similaires, c'est-à-dire de ce que l'on a le « plus souvent contemplé avec admiration ». L'admiration étant une imagination en laquelle l'esprit demeure fixé, incapable de la connecter avec d'autres[2], les généralités de notre imaginaire sont donc des catégories certes plus précises que les termes transcendantaux, mais qui persistent à indiquer bien plutôt la manière dont notre corps a été affecté que la nature réelle des corps qui l'affectent. Ce sont des catégories générales sous lesquelles sont rangées toute perception nouvelle d'un corps qui nous frappe par sa ressemblance avec la caractéristique remarquable que nous

1. Voir E, II, 40, sc. 1.
2. Voir E, III, déf. aff., 4.

avons retenue : ainsi en est-il, dit Spinoza, de la définition générale de l'homme soit comme animal de stature droite ou comme bipède sans plume (si nous sommes particulièrement sensibles à l'un de ces traits physiques), soit comme animal rationnel (si nous admirons, par la perception de certains comportements, cette qualité d'esprit).

En revanche, les notions générales de la raison naissent d'une aptitude corporelle au multiple *simultané* et *distinct* : comprendre rationnellement ce que sont les hommes, par exemple, signifie donc à la fois imaginer distinctement, avec leurs différences singulières, les individus qui peuvent relever de l'humanité, tout en saisissant les propriétés, biologiques et psychologiques, à travers lesquels ils sont à même de convenir. L'intellection de l'humanité signifie donc saisir à la fois les différences et les convenances des individus dits humains – et aussi en quoi ils peuvent bien des fois s'opposer. Or un tel exercice est sans doute délicat, puisque, les commentateurs l'ont souvent remarqué, même l'*Éthique* ne donne pas de définition claire et nette de l'homme en général. C'est que toute définition hâtive risque de relever davantage d'un imaginaire (celui de Spinoza, celui d'une époque) que de la raison, et d'impliquer une fermeture là où justement la question de l'appartenance à l'humanité demeure un problème ouvert[1]. Former rationnellement une notion universelle de l'homme constitue, comme le montre notamment la préface d'*Éthique* IV, un enjeu éthique fort : il ne s'agit rien moins que de construire un modèle de la nature humaine, qui puisse nous faire à la fois comprendre notre perfection et désirer nous perfectionner.

Quoi qu'il en soit, l'élaboration des notions générales, et notamment des genres de connaissance, s'ente sur les aptitudes de notre corps, et partant sur une pratique des corps extérieurs : de quelle manière notre corps se rapporte-t-il à eux ? Comment leur convient-il, c'est-à-dire selon quelle perspective s'unit-il à eux ? Qu'en retient-il et qu'en néglige-t-il ? Il y a comme une forme d'empirisme à la base de notre imaginaire et de notre raison : non que nos idées soient des affections corporelles moins vives, en voie d'effacement, mais parce qu'il n'est pas d'idée en notre esprit qui ne soit celle d'une certaine expérience de notre corps.

Connexion mémorielle et connexion intellectuelle

La psychologie de l'activité mentale implique ainsi bel et bien une physique des aptitudes corporelles : comment expliquer qu'un esprit puisse

1. Pour une réflexion très éclairante sur cette question, voir l'ouvrage de J. Busse, *Le problème de l'essence de l'homme chez Spinoza*, Paris, Publications de la Sorbonne, 2009.

contempler plusieurs choses à la fois, et en saisisse les relations nécessaires ? Cela tient au fait qu'il est l'idée d'un corps lui-même apte à être affecté par plusieurs corps en même temps. La puissance de l'esprit à percevoir diverses choses simultanément et à en comprendre les rapports n'est compréhensible qu'indexée à la puissance du corps de produire en lui-même une multiplicité d'images [1].

Nous insistons ici sur cette contemporanéité de l'activité de l'esprit et de l'activité du corps, car certains textes de Spinoza prêtent, sur ce point, sinon à confusion, du moins à discussion. Prenons à titre d'exemple deux textes : d'une part, dans la partie II, le scolie de la proposition 18 ; d'autre part, dans la partie V, la première proposition.

Le premier texte explique la formation de la mémoire :

> Ce n'est rien d'autre qu'un certain enchaînement d'idées qui enveloppent la nature des choses qui sont à l'extérieur du corps humain, enchaînement qui se fait en l'esprit suivant l'ordre et l'enchaînement des affections du corps.

Et Spinoza d'expliquer plus loin :

> Je dis que cet enchaînement se fait suivant l'ordre et l'enchaînement des affections du corps humain, pour le distinguer de l'enchaînement des idées qui se fait suivant l'ordre de l'intellect, grâce auquel l'esprit perçoit les choses par leurs premières causes, et qui est le même chez tous les hommes.

Ce qui est frappant dans ce texte, c'est que Spinoza semble expliquer la mémoire, c'est-à-dire un certain enchaînement de pensées imaginatives, par ce qui a lieu dans le corps, lui-même soumis aux causes extérieures. Se souvenir signifierait ainsi obéir principalement à une dynamique corporelle, à une logique du corps qui est celle de la trace : se souvenir, c'est tomber d'une idée dans une autre, selon les liaisons corporelles tissées entre différentes traces des objets extérieurs. Le corps humain a l'aptitude d'être marqué, tracé, c'est-à-dire de retenir ses affections. Telle est la vertu de sa « mollesse » : trop dur, il ne saurait être tracé ; trop fluide, il ne saurait retenir longtemps la trace. Ainsi, écrire ou parler exige une aptitude mnésique du corps, qui associe telle affection corporelle (un mot) à telle autre (une image) – cette association n'obéissant à d'autre nécessité que celle de l'habitude :

> De la pensée du mot *pomum* un Romain tombera aussitôt dans la pensée d'un fruit qui n'a aucune ressemblance avec ce son articulé, ni rien de

1. Voir notamment la série des postulats qui conclut la petite physique.

> commun avec lui sinon que cet homme a souvent entendu le mot *pomum* alors qu'il voyait ce fruit, et c'est ainsi que chacun, d'une pensée, tombera dans une autre, suivant l'ordre que l'habitude a, pour chacun, mis dans son corps entre les images des choses.

La mémoire linguistique est une association d'idées qui suit la logique de l'habitude du corps : une logique différente selon l'*ingenium* de chacun. L'ordre social explique la mémoire du corps : jouant sur l'idée de trace, Spinoza prend aussi l'exemple du cavalier qui associe la pensée d'une trace de cheval dans le sable à celle de la guerre, alors que le paysan la relie à celle du labour ; c'est dire que le soldat et le paysan, dans la perception de la trace de cheval, ne voient pas la même chose : l'un y voit un cheval de course, et l'autre un cheval de trait. Une trace dans le corps affectant (dans le sable) renvoie ainsi dans le corps affecté (le corps humain) à un réseau de traces à chaque fois particulier. L'arbitraire du signe, qu'il soit de nature linguistique ou autre, est néanmoins toujours fondé sur une nécessité, celle d'une habitude ayant organisé des liaisons corporelles[1]. La mémoire apparaît donc en son fond comme principalement corporelle : l'aptitude corporelle à être affecté et à affecter est aptitude à être tracé et à tracer, et à produire un ordre des traces qui commande l'ordre des souvenirs[2]. Ainsi, dans l'imagination, l'ordre psychique paraît bel et bien inféodé à l'ordre physique.

Cependant, dès lors qu'il s'agit de penser la relation entre ces deux ordres dans la production d'idées adéquates, le rapport de domination semble renversé. Aussi lit-on dans la première proposition de la cinquième partie, consacrée à la conquête de la liberté :

> Selon que les pensées, et les idées des choses, s'ordonnent et s'enchaînent dans l'esprit, de même les affections du corps, autrement dit les images des choses, s'ordonnent et s'enchaînent exactement dans le corps.

Affirmation qui sera utilisée dans la proposition 10 de cette même partie, pour poser que, sous certaines conditions, nous pouvons enchaîner les affections de notre corps selon un ordre pour l'intellect. Il y aurait ici un pouvoir intellectuel d'enchaînement des idées qui commanderait le pouvoir corporel de liaison des images. De la confrontation de ces textes, il faudrait donc tirer la conclusion suivante : certes il y a bien un parallélisme

1. L. Bove voit dans l'*habitus*, avant même l'habitude acquise passivement au cours de nos rencontres, une véritable puissance du corps : une capacité de liaison des affections reçues. Voir *La stratégie du* conatus, *op. cit.*, chap. 1.

2. Sur la trace, le signe, les notions de mollesse, dureté et fluidité, voir L. Vinciguerra, *Spinoza et le signe. La genèse de l'imagination*, Paris, Vrin, 2005.

entre les attributs de la Pensée et de l'Étendue, mais ces deux parallèles n'auraient pas un rôle équivalent; lorsqu'il s'agit de penser la passivité du corps et de l'esprit, c'est l'attribut de l'étendue qui serait mis en avant; lorsqu'il s'agit de penser le devenir actif de l'esprit et du corps, c'est l'attribut de la pensée qui serait premier. En résumé, dans la passivité, la parallèle du corps est motrice, dans l'activité, la parallèle de l'esprit.

En vérité, même pour expliquer l'activité mentale, Spinoza se réfère à l'activité corporelle. En effet, pour que l'esprit conçoive une chose de manière adéquate, il lui faut être l'idée d'un corps suffisamment puissant: un esprit comprend quelque chose lorsque sa puissance de penser est augmentée à un point tel que cette augmentation s'explique par sa propre nature, c'est-à-dire par une détermination interne [1]. Ce n'est donc pas parce que Spinoza *expose* la passivité de l'esprit (dans le cas de la mémoire) à partir de la passivité du corps, qu'il faut en conclure que celle-ci est la *cause* de celle-là: corps et esprit pâtissent ensemble; corps et esprit agissent ensemble – et cela sans interaction d'aucune sorte. Il faut toujours bien entendre cette *union* psychophysique pour ne jamais mésinterpréter l'explication de la passivité et de l'activité, qu'elles soient corporelles ou mentales. Notamment, on ne confondra pas, dans la philosophie spinoziste, *être affecté* et *pâtir*: être apte à être beaucoup affecté est la condition, pour le corps, de son activité; plus il a la puissance d'être affecté, plus il a la puissance d'affecter. Spinoza d'ailleurs utilise le plus souvent un unique syntagme « *l'aptitude à être affecté et à affecter* », sans dissocier l'activité d'être affecté de l'activité d'affecter. Et, s'il est vrai qu'il réserve cette expression surtout à la puissance du corps lui-même, nous trouvons néanmoins l'équivalent de cette expression du point de vue mental [2] : l'esprit, de ce qu'il contemple une pluralité de choses à la fois – ce qui correspond à l'aptitude à *être affecté* du corps – forme une idée adéquate des rapports entre ces choses – ce qui correspond à l'aptitude corporelle à *affecter*, c'est-à-dire à produire une action. La partie V tirera les ultimes conséquences de cette activité simultanée du corps et de l'esprit :

> Qui a un corps apte à un très grand nombre de choses, a un esprit dont la plus grande part est éternelle [3].

C'est dire que le salut de l'esprit, qui consiste dans la jouissance de la béatitude, ne se fait ni contre le corps, ni même sans lui. L'union de l'esprit et du corps est telle qu'on ne saurait penser, chez Spinoza, un salut de

1. Voir sur ce point la très intéressante démonstration de E, IV, 59.
2. Voir E, II, 29, sc.
3. E, V, 39.

l'esprit sans une activité du corps : l'union salutaire avec les autres, dans la causalité commune, explique le salut de l'esprit *uni* au corps – uni éternellement à lui[1]…

DE LA PUISSANCE DE NOS IDÉES

Regarder un esprit

La condition native de l'esprit humain est donc celle-ci : un îlot d'activité, constitué de notions communes et de quelques idées adéquates qui s'en déduisent ; et un océan d'idées inadéquates, qui sont les idées des affections de notre corps. Mais paradoxalement, nous sommes passifs non pas tant parce que nous avons beaucoup de ces idées, mais parce qu'elles manquent de distinction et ne nous offrent pas le matériau précieux de la perception des rapports nécessaires entre les choses. Car il n'est pas d'autre voie pour connaître son corps, et les relations qui le lient à son milieu, que de percevoir ce qui lui arrive. Il y a même en ces idées, à ne les considérer qu'en elles-mêmes, une pleine positivité :

> Et ici, pour commencer à indiquer ce qu'est l'erreur, je voudrais que vous notiez que les imaginations de l'esprit, considérées en soi, ne contiennent pas d'erreur, autrement dit, que l'esprit, s'il se trompe, ce n'est pas parce qu'il imagine ; mais c'est seulement en tant qu'*on le considère* manquer d'une idée qui exclue l'existence de ces choses qu'il imagine avoir en sa présence[2].

Comprenons bien : que mon esprit ait l'idée d'une affection de mon corps ne signifie pas que mon esprit comprend ou connaît adéquatement cette affection corporelle, et a fortiori qu'il perçoit de façon adéquate ce qu'est mon corps. Car mon esprit ne pense pas à mon corps lorsqu'il a l'idée d'une affection corporelle : il pense à ce à quoi renvoie cette affection lorsqu'elle est l'image d'un corps extérieur. Aussi Spinoza peut-il affirmer à la fois que les idées des affections corporelles ne sont pas claires et distinctes (elles ne nous font pas comprendre par elles-mêmes ce qu'elles pensent) et en même temps que la fausseté de ces idées ne s'explique pas par quelque chose de positif en elles : la fausseté n'est qu'une privation de

1. Nous traiterons, à la fin de notre troisième partie, cette union psychophysique lorsqu'elle n'est plus considérée dans le temps, mais dans l'éternité.

2. E, II, 17, sc. (nous soulignons).

connaissance qu'enveloppent les idées inadéquates[1]; et cette privation n'existe qu'à travers une considération extérieure sur l'esprit qui a de telles idées. On juge qu'un esprit est dans l'erreur parce qu'on le *considère*, de l'extérieur, manquer d'une idée vraie[2]. Percevoir un esprit comme étant dans l'erreur, ce n'est jamais que le comparer avec un autre esprit qui ne le serait pas; mais si on pouvait «regarder» cet esprit de l'intérieur, assurément on verrait qu'il ne se trompe pas[3].

Mais accéder à ce qu'on pourrait appeler ce «regard intérieur», par lequel je percevrai que l'idée d'une affection corporelle, dans mon esprit ou dans celui d'un autre, n'est que l'idée de cette affection (et non pas l'idée adéquate du corps extérieur représenté), revient à accéder à l'idée que Dieu a de cette idée d'affection corporelle que possède cet esprit: pour comprendre qu'une idée en un esprit n'est qu'une partie d'une idée plus complète, qu'elle est comme une conséquence coupée de ses prémisses[4], il faut avoir l'idée qu'en a Dieu, en tant qu'il a les idées qui expliqueraient entièrement, adéquatement, l'idée qu'en a l'esprit. Toute idée, rapportée à Dieu, est nécessairement vraie, c'est-à-dire parfaite, complète, adéquate; elle ne peut être inadéquate que si on la rapporte à un esprit qui perçoit partiellement les choses. C'est pourquoi, dans la continuité du *Traité de la réforme de l'entendement* qui concevait la fausseté comme décalage entre une affirmation verbale et une affirmation mentale[5], l'*Éthique* signale que « la plupart des erreurs consistent seulement en ceci que nous n'appliquons pas correctement les noms aux choses »[6]. Pour éviter les désunions entre les hommes, nées de leurs controverses, prenons donc le temps de bien expliquer ce que nous avons dans l'esprit, ou de bien interpréter ce que les autres ont dans le leur. Et commençons par faire ce travail pour nous-mêmes : car la mésinterprétation peut concerner ce que nous pensons nous-mêmes. Il est possible ainsi d'avoir une connaissance adéquate de quelque chose, et

1. Voir E, II, 28, 33, 35.

2. Sur la privation comme pur être de raison (et sur ce qui la distingue de la négation), voir Lettre 21 à Blyenbergh et Lettre 36 à Hudde.

3. E, II, 47, sc. : « C'est pourquoi si tu regardes leurs esprits, assurément ils ne se trompent pas ».

4. E, II, 20, dém.

5. TRE, § 73 : « lorsque nous *affirmons* d'une chose quelque chose qui n'est pas contenu dans le concept que nous en formons, cela indique un manque en notre perception, c'est-à-dire que nous avons des pensées ou idées en quelque sorte mutilées et tronquées » (nous soulignons). L'affirmation dont il s'agit ici, qui excède notre pensée, est nécessairement une affirmation verbale et non mentale, puisqu'elle se distingue justement de l'affirmation mentale contenue dans le concept que nous avons.

6. E, II, 47, sc.

de ne pas lui donner le nom qui convient. Par exemple, nous concevons de façon nécessairement adéquate ce qui est universellement commun à tous les corps. Quels que soient les corps que nous percevons, nous ne pouvons pas ne pas percevoir adéquatement ce qui est leur commun, ce qui en constitue l'étoffe ou la chair commune : à savoir l'étendue. Cependant, notre esprit ne saura pas immédiatement que cette étendue, qu'il conçoit parfaitement, totalement, sans reste, est un attribut constitutif de la nature de Dieu, puisqu'il est très probable qu'il imaginera inadéquatement Dieu, ou plutôt ce qu'il nomme « Dieu »[1]. Aussi l'esprit humain a-t-il beau avoir « la connaissance adéquate de l'essence éternelle et infinie de Dieu »[2], il ne nommera pas « Dieu » ce que pourtant il perçoit adéquatement de lui : il n'attribuera pas l'étendue à « Dieu », terme qui désigne d'abord, dans notre imaginaire, un pur esprit. Il faut se débarrasser des préjugés qui s'attachent au nom de Dieu pour connecter à ce vocable l'idée adéquate que nous avons de son essence – ce à quoi s'attelle toute la première partie de l'*Éthique*, qui se clôt sur le fameux appendice en lutte contre les préjugés empêchant de percevoir clairement ce que l'on comprend pourtant de Dieu.

Conscience et réflexion : l'union des idées

Il est cependant un autre préjugé qu'il faut absolument lever si on désire parvenir à progresser dans le vrai. C'est celui qui concerne la nature de l'idée elle-même : tant qu'on ne l'aura pas comprise comme une dynamique s'expliquant par l'activité même de la pensée dont notre esprit est une modalité, on aura toujours des doutes sur la possibilité de détenir une quelconque vérité. Tel est le cœur de l'entreprise du *Traité de la réforme de l'entendement*, dont le prologue a dessiné la finalité : connaître l'union de notre esprit avec la nature tout entière, et pour ce faire, perfectionner notre intellect, en comprenant… sa puissance même de comprendre. Aussi nous faut-il commencer par *réfléchir* à ce qu'est une connaissance parfaite : à cette enquête intellectuelle nous convie toute la suite du Traité. Mais quelle méthode suivre pour mener cette investigation du vrai ? Cette méthode n'est rien d'autre qu'un retour à l'idée vraie – ou, mieux, elle est un retour à l'expérience de l'auto-réflexivité de l'idée vraie[3]. La méthode réflexive n'est autre en effet que l'idée vraie consciente d'elle-même : face au préjugé sur la nature de l'idée, qui me fait douter de ma certitude (préjugé qui

1. En toute rigueur, « nous pouvons en effet concevoir Dieu par l'entendement, non l'imaginer » (Lettre 56 à Boxel).

2. E, II, 47.

3. Voir TRE, § 34 et 38.

me fait croire que l'idée est « quelque chose de muet comme une peinture sur un tableau »[1]), seul un retour à l'idée vraie, c'est-à-dire à cette certitude première, peut m'amener à la certitude d'être certain. Mais la méthode réflexive, si elle est impossible sans idée vraie, c'est-à-dire sans idée se sachant vraie, est en même temps comme la continuation, c'est-à-dire la déduction de toutes les conséquences de l'idée vraie : elle est une manière d'aller jusqu'au bout de la conscience de la connaissance parfaite, en faisant comprendre ce que c'est que comprendre[2]. La méthode réflexive n'est donc pas ce qui doit précéder la recherche du vrai : elle est cette investigation du vrai par le vrai lui-même. Autrement dit, il n'est pas nécessaire d'avoir une idée vraie de ce qu'est une idée vraie pour avoir une idée vraie ; c'est le contraire qui est nécessaire : seule une idée vraie me donne une idée vraie d'idée vraie, et me permet de la distinguer de ce qui n'est pas elle. La vérité est donc norme d'elle-même et du faux[3].

L'esprit qui a une idée vraie, non seulement sent adéquatement son objet, mais se sent vraiment sentir son objet. Il n'y a que le sceptique, qui refuse toute idée vraie (et donc toute certitude), qui peut affirmer ne pas se sentir penser. Mais c'est qu'alors ou bien il parle contre sa conscience : en vérité, il sent, et en sentant, il se sent sentir ; en ayant une idée, il a une idée d'idée, il en a conscience – mais il ne l'avoue pas, il ment, et contredit donc sa conscience. Ou bien il est véritablement aveugle à sa propre pensée[4] : il ne se sent véritablement pas penser (il n'a pas conscience de penser), mais c'est qu'alors il ne pense véritablement pas. Aussi doit-il être considéré comme dépourvu de conscience, c'est-à-dire tout simplement de pensée : il est comme un automate totalement dépourvu d'esprit, c'est-à-dire d'idée et d'idée d'idée[5].

A contrario, celui qui comprend et en même temps se comprend comprendre est automate spirituel : automate, parce que sa pensée obéit comme une machine à des lois précises (aux seules lois de sa propre nature psychique, puisqu'il pense adéquatement) ; spirituel, parce qu'il se sent penser en pensant, et est certain de comprendre en comprenant[6]. Ce qui fait la vérité d'une idée (ce qui fait qu'elle possède la propriété extrinsèque de

1. E, II, 43, sc.

2. TRE, § 37. L'essentiel de la première partie de la méthode (§ 30-90) est consacré à la distinction entre l'idée vraie et les idées non vraies, que sont l'idée fictive (§ 52-65), l'idée fausse (§ 66-76) et l'idée douteuse (§ 77-80).

3. Voir TRE, § 34 et E, II, 43, sc.

4. *Cf.* TRE, § 47.

5. Sur le refus du scepticisme, voir CT, II, 8 (9), la fin de l'appendice d'*Éthique* I et TTP, XV, 1. Sur l'automate dépourvu de pensée, voir également TTP, XIII, 6.

6. Voir TRE, § 35.

convenir avec son objet), c'est donc son adéquation, c'est-à-dire sa propriété intrinsèque de s'expliquer entièrement par la nature de l'esprit qui la pense, ou encore : la vérité d'une idée tient au fait que l'esprit peut par lui-même totalement ou adéquatement s'expliquer ce qu'il pense, et partant en être certain[1].

Ce qui donne la certitude qu'une idée est vraie n'est donc jamais un critère extérieur à l'idée elle-même : un signe extérieur jamais ne fait la certitude du vrai. Telle est la distinction entre certitude prophétique et certitude intellectuelle : le *Traité théologico-politique* explique en effet que les prophètes étaient certains de l'origine divine de la révélation dont ils se faisaient les porte-parole grâce à un signe extérieur, propre à leurs opinions particulières, et surtout « parce qu'ils avaient une âme inclinée vers le juste et le bon seulement »[2]. La certitude prophétique est donc seulement morale, et non universalisable : elle ne peut convaincre que ceux auxquels le signe et le style de la prophétie sont adaptés. La communauté de la certitude morale est donc une communauté de passion : une telle certitude se communique par transmission ou partage d'un imaginaire particulier. La certitude intellectuelle en revanche est en droit universelle : elle est commune au sens où les enchaînements d'idées rationnelles sont les mêmes d'un esprit à un autre; les images attachées à ce qui est logiquement compris peuvent différer, mais les logiques qui sont comprises sont quant à elles les mêmes. La certitude intellectuelle se communique donc, si l'on peut dire, de l'intérieur, produite ou reproduite par chacun : elle est le sentiment éclairé du vrai, éclairé par la vérité de l'idée elle-même. Non un sentiment qui de l'extérieur s'attache à un objet, mais un sentiment qui de l'intérieur en naît.

Sur la question de la « certitude », et malgré la grande proximité de leurs conclusions, le *Traité de la réforme de l'entendement* et l'*Éthique* proposent une différence de perspective. Le traité de jeunesse de Spinoza se fonde sur une « idée vraie donnée », et réfléchit à ses propriétés intrinsèques afin de pouvoir la distinguer de l'idée non-vraie (fausse, fictive ou douteuse) : il analyse donc cette idée vraie de l'extérieur, en « se penchant » sur elle, si on veut, en la prenant comme objet de son attention. L'idée vraie, dans le *Traité de la réforme de l'entendement*, est considérée en son essence formelle (comme une chose compréhensible), faisant l'objet d'une « autre » idée, qui en devient dès lors l'essence objective[3]. Or cette démarche réflexive est à distinguer de la perspective de l'*Éthique*, qui montre comment cette réflexivité est en vérité « incorporée » dans l'idée :

1. Voir E, I, ax. 6; E, II, déf. 6 et Lettre 60 à Tschirnhaus.
2. TTP, II, 5.
3. Voir TRE, § 33.

ce qui reste de « surplomb » dans la méthode d'investigation du vrai déployée par le *Traité de la réforme de l'entendement* est rapporté au dynamisme interne de l'idée adéquate dans l'*Éthique*. En somme, l'idée de l'idée, c'est-à-dire la réflexivité de l'idée, née d'une réflexion sur elle dans le *Traité de la réforme de l'entendement*, devient une réflexivité sans réflexion, une réflexivité réflexe dans l'*Éthique*, ce que Spinoza nomme : une « conscience ».

Mais comment comprendre cette réflexivité réflexe de l'idée ? Est-ce à dire que l'idée a la propriété de produire par elle-même une autre idée (une idée d'elle-même), qui elle-même produit une idée d'elle-même, et ce jusqu'à l'infini ? Chaque idée produit-elle ainsi une infinité d'idées d'idées ? Y a-t-il donc une infinité de doublures idéelles dans l'attribut pensée, dont il n'y a pas l'équivalent dans l'attribut étendue ? La proposition 21 d'*Éthique* II explique, à propos de l'idée de cette idée qu'est l'esprit, qu'elle « est unie à l'esprit de la même manière que l'esprit est lui-même uni au corps » ; et le scolie d'expliciter : l'esprit et le corps, qui forment un seul et même individu, ne se distinguent que par l'attribut selon lequel cet individu est considéré ; or, il en va de même pour l'idée de l'esprit et l'esprit, elles sont une seule et même chose, considérée sous un seul et même attribut. C'est donc, si l'on peut dire, encore plus strictement la même chose, puisque tous deux ne se distinguent même pas du point de vue de l'attribut. Pourquoi alors les distinguer ? Et surtout : comment le faire ? Qu'est-ce que cette idée de l'esprit, cette idée qui prend pour objet une idée, si elle n'est pas une idée différente de cette idée même ?

Pour que toutes deux soient strictement la même chose (pour qu'il n'y ait donc qu'une distinction de raison entre les deux), il faut que l'une sans l'autre ne puisse être clairement conçue. Que l'idée d'idée ne puisse être comprise adéquatement sans l'idée, cela va de soi, puisqu'il en est ici comme du rapport entre l'esprit et le corps : on ne saurait comprendre une essence objective sans comprendre l'essence formelle qui en est l'objet. Mais pourquoi, inversement, une idée considérée en soi (en son être formel) ne saurait être comprise sans son essence objective, sans l'idée dont elle est l'objet ?

Reprenons l'analogie entre les deux unions dont parle la proposition 21, associant d'une part idée de l'esprit et esprit, et d'autre part esprit et corps. L'union psychophysique est l'union de deux choses qui se distinguent modalement parce que le corps n'a pas pour propriété de se penser : c'est l'esprit qui sent le corps, et ce n'est pas le corps qui se sent lui-même. Le corps n'a donc pas besoin de la prise en considération de l'esprit qui en est l'idée pour être clairement conçu en sa forme. Mais l'idée a, quant à elle, pour propriété intrinsèque et automatique de se penser en même temps qu'elle pense quelque chose : elle a donc besoin de la considération de l'idée de l'idée pour être comprise en sa forme. C'est pourquoi le scolie de la proposition 21 affirme :

> En vérité l'idée de l'esprit, c'est-à-dire l'idée de l'idée, n'est rien d'autre que la forme de l'idée, en tant que celle-ci est considérée comme mode de la pensée, sans relation à l'objet.

En vérité, donc, l'idée qui a pour objet l'esprit, c'est-à-dire l'idée qui est l'essence objective de l'esprit, s'identifie à l'essence formelle de l'esprit. Alors qu'il serait absolument impossible de dire que l'esprit est la forme du corps (il en est son essence objective, et non pas formelle, puisque la forme du corps est une modification de l'étendue, et non de la pensée), il est possible d'identifier l'essence objective de l'esprit avec l'esprit considéré en son essence formelle : l'idée de l'esprit (l'essence objective de l'esprit) est identique à l'idée qu'est l'esprit, c'est-à-dire à l'esprit entendu non comme essence objective du corps, mais comme pur mode de la pensée. Que l'idée d'une idée soit la forme de cette idée signifie donc que l'idée d'idée n'est pas un mode autre que l'idée elle-même. Avoir une idée, c'est avoir identiquement une idée d'idée ; et avoir une idée d'idée, ce n'est pas autre chose qu'avoir l'idée elle-même. Différencier l'idée d'idée de l'idée relève donc seulement de l'abstraction, de la distinction conceptuelle : elle relève de la distinction de raison, et en aucun cas d'une distinction modale, par laquelle pourraient être conçus deux modes différents.

Sur le « parallélisme » (notion dont il faut décidément bien dire, au vu de son équivocité, combien il faut se méfier), nous pouvons dès lors établir les distinctions suivantes : d'abord, le parallélisme désigne un rapport entre les attributs, dont la distinction est réelle ; ensuite, le parallélisme désigne une relation entre un esprit et un corps auquel il est uni (parallélisme extra-cogitatif qui relève d'une distinction modale) ; enfin, le parallélisme désigne un rapport entre idée d'idée et idée (parallélisme intra-cogitatif qui relève quant à lui d'une distinction de raison)[1]. La notion de parallélisme est donc confuse, puisqu'elle s'adosse à des distinctions qui ne sont pas de même nature. Les parallélismes inter-attributif, extra-cogitatif et intra-cogitatif mettent en parallèle des entités qui en vérité ne se distinguent pas du tout de la même manière. Le parallélisme intra-cogitatif donne même l'image de deux modes qui se font face, alors qu'en vérité idée et idée d'idée désignent de manière différente une seule et même réalité, une seule

1. Parallélismes intra-cogitatif et extra-cogitatif sont des expressions de M. Gueroult (*Spinoza op. cit.*, II, p. 67 *sq.*), qu'il applique à des enchaînements d'idées (il distingue deux espèces de parallélisme intra-cogitatif).

et même modalité de la pensée. Plutôt que d'user du terme de parallélisme, il serait d'ailleurs plus exact de reprendre le vocabulaire même de Spinoza lorsqu'il traite du rapport entre l'idée de l'esprit et l'esprit d'une part, et du rapport entre l'esprit et le corps d'autre part : à savoir celui d'*union*. Il est plus exact dans la mesure où il ne renvoie pas à la représentation de deux réalités se regardant en chiens de faïence, mais à la représentation d'une différence au sein d'une identité : différence modale entre l'esprit et le corps, au sein d'une identité individuelle ; différence de raison entre l'idée de l'esprit et l'esprit, au sein d'une identité modale.

Résumons donc ce que sont l'idée de l'esprit et l'esprit. Tous deux constituent une seule et même idée, qui peut être considérée de deux points de vue différents :

– ou bien dans son rapport à son objet (le corps) : on considère alors l'esprit comme essence objective, comme idée du corps ;

– ou bien sans relation à l'objet, dans sa forme même (c'est-à-dire comme mode de la pensée) : on considère alors ce qu'on pourrait appeler « l'idéel de l'idée », la dimension idéelle de l'esprit.

L'idée de l'esprit, c'est donc l'idée qu'est l'esprit considérée en elle-même, comme mode idéel, et non pas comme sentiment du corps. Fondamentalement, dire que l'idée de l'esprit n'est autre que l'idéel de l'esprit signifie que lorsque mon esprit sent mon corps, mon esprit se sent lui-même sentir mon corps. Bien plus : Spinoza ne veut pas seulement dire qu'il y a simultanément idée de l'esprit lorsqu'il y a esprit, ou qu'il y a simultanément conscience lorsqu'il y a idée dans l'esprit ; il veut dire que c'est *par la même idée* qu'il y a esprit et idée de l'esprit, idée dans l'esprit et conscience de cette idée. Mon esprit a donc la propriété de s'auto-sentir ; et il a cette propriété en vertu de l'idée même par laquelle il sent mon corps, puisque toute idée dans mon esprit d'une affection dans mon corps s'auto-sent en même temps qu'elle sent l'affection corporelle. Par exemple, si mon esprit sent un plaisir qu'éprouve mon corps (ce sentiment de l'esprit étant lui-même un plaisir qui ne se distingue que modalement du plaisir corporel), il sent en même temps qu'il le sent : mais il ne le sent pas à travers une autre idée (ou un autre sentiment) que le sentiment même de ce plaisir. Sentir, c'est se sentir sentir. Si d'ailleurs on me demandait si j'ai senti ce plaisir, je répondrais que j'ai bien senti que j'ai senti, que j'ai même senti que j'ai senti que j'ai senti, et ainsi à l'infini – mais il s'agit toujours du même sentiment.

Cependant, dans la mesure où le sentiment que j'éprouve est la plupart du temps confus, cette conscience du sentiment, qui ne se distingue que conceptuellement du sentiment lui-même, est tout aussi confuse. La conscience n'a donc aucun privilège particulier par rapport à la vie ordinaire de nos idées : sa confusion ou sa clarté est à la mesure de celles des idées dont elle n'est que la réflexivité réflexe. Ainsi, lorsque mon esprit se sent sentir, la plupart du temps, il ne se sent pas clairement sentir : mon esprit, lorsqu'il se sent sentir, est absorbé par ce qu'il sent (le plaisir par exemple), et partant il ne se sent pas distinctement être distinct du corps qu'il sent. Son sentiment de lui-même est le plus souvent un sentiment confus, qui ne saurait être assimilé à une certitude positive. Le sentiment de l'esprit comme modalité distincte du corps est faible, et peut être aisément combattu par d'autres idées, affirmant par exemple que c'est le corps qui sent, ou le cerveau qui pense. En revanche, lorsque mon esprit se sait clairement savoir, il se sait en même temps être une idée distincte de l'objet qu'il sait : et l'affect de ce savoir se nomme certitude.

On distinguera donc la *réflexion* de la *conscience* qui accompagne nécessairement toute idée. Dans l'*Éthique*, l'idée de l'idée n'est que l'autre nom de la propriété auto-réflexive de l'idée : réflexivité qui relève du réflexe plutôt que de la réflexion, de la conscience automatique plutôt que de la prise de conscience. L'idée et la conscience sont deux manières de concevoir le même mode : ou bien dans son être matériel, c'est-à-dire dans son contenu objectif, comme idée indiquant un état du corps et représentant un corps extérieur; ou bien dans son être formel, c'est-à-dire dans sa réalité idéelle, comme idée ayant la propriété de se percevoir elle-même, idée d'elle-même, sentiment de soi. Or, qu'elle soit imaginative ou intellectuelle, la conscience de soi n'est jamais aussi vive que lorsqu'elle revêt la forme de l'affect : de la plus confuse conscience d'une affection corporelle, à la plus haute certitude intellectuelle, se déploie toute l'intensité de la vie affective – toute l'intensité d'une vie singulière susceptible, à travers cette affectivité, de s'unir ou non aux autres.

TROISIÈME PARTIE

UNIONS ET DÉSUNIONS AFFECTIVES (ÉTHIQUE, RELIGION ET POLITIQUE)

L'union des attributs en Dieu explique la singulière union psycho-physique : corps et esprit s'expriment à égalité, dans la passivité comme dans l'activité, sans jamais s'entredéterminer. Aussi l'union ontologique des attributs divins avec leurs modes respectifs peut-elle se dire : « expression » du divin dans la modalité, si l'on part de l'attribut pour penser le mode ; ou encore « enveloppement » de l'attribut dans le mode, si on part du mode pour en comprendre son principe. Ce que résume fort bien le début de la démonstration de la proposition 4 d'*Éthique* IV :

> La puissance par laquelle les choses singulières, et par conséquent l'homme conserve son être, est la puissance même de Dieu ou de la Nature (selon le corollaire de la proposition 24 de la partie I), non en tant qu'elle est infinie, mais en tant qu'elle peut être expliquée à travers l'essence humaine actuelle (selon la proposition 7 de la partie III). C'est pourquoi la puissance de l'homme en tant qu'elle est expliquée à travers son essence actuelle est une partie de l'infinie puissance de Dieu, ou de la Nature, c'est-à-dire (selon la proposition 34 de la partie I) de son essence.

En ce passage où figure, après celle de la préface d'*Éthique* IV, une occurrence (double) du *Deus sive Natura*, est explicitée l'union entre Dieu et l'homme : la puissance de l'homme n'est pas une autre puissance que celle de Dieu, elle n'est pas une puissance extérieure ou étrangère à elle, une puissance dégradée, indigne d'elle; elle en est une partie ou un effet immanent. Mais la puissance humaine n'est pas non plus identique à la puissance divine, puisque celle-ci est absolument infinie : elle est la puissance même de Dieu *en tant que* (*quatenus*) : en tant qu'elle en est une modification, en tant qu'elle en est une expression, ou une *explication. L'union ontologique est en effet explicative* : explication en un sens double, puisque si la puissance de l'homme se comprend, ontologiquement et logiquement, par la puissance de Dieu, elle est aussi cette même puissance divine en tant qu'elle est déployée, dépliée ou expliquée dans l'essence humaine. La puissance divine, logiquement première, produit la puissance humaine en s'exprimant en elle, elle l'explique en s'enroulant en elle ; mais la puissance humaine est en même temps une manière pour la puissance divine de s'expliquer, de se déplier, de se dérouler en elle : l'explication par Dieu de la puissance humaine, partie de la puissance divine, est en même temps une explication de son tout, une expression précise et déterminée de la puissance divine. *L'union est bel et bien une explication réciproque.*

Cependant, qualifier l'homme de « partie de Dieu », ou plus volontiers de « partie de la Nature », ne signifie pas seulement affirmer l'union explicative d'une modalité avec son principe, leur enroulement immanent; il s'agit d'abord et avant tout de souligner une autre forme d'union : celle qui lie l'homme aux autres parties de la Nature. Cette union ne se comprend elle-même que sur le fond de la première : parce que toutes les parties sont unies à leur principe commun (Dieu), chacune est, à travers ce lien universel, en connexion avec toutes les autres.

Certes, si cette partie est une chose singulière, elle doit être considérée comme une partie *finie* de Dieu; mais cette considération, qui ne peut se déduire directement de l'infinité absolue de Dieu, ne saurait néanmoins effacer la liaison qui perdure, parce qu'elle est éternelle, entre la cause et son effet. Car pour être fini, il faut commencer par être, et il n'y a d'être que par Dieu : l'être fini n'est pas fini par Dieu, c'est l'être *du* fini qui est par Dieu; et par lui, tous les êtres finis sont unis.

Cependant, une telle union implique que la puissance humaine soit doublement déterminée : non seulement en un sens *positif*, puisqu'elle est déterminée intrinsèquement par Dieu (en tant que l'union des parties entre elles repose sur l'union de chaque partie avec Dieu) et extrinsèquement par toutes les autres parties (en tant que chaque partie est en connexion avec toutes les autres); mais surtout en un sens *négatif*, puisqu'une puissance partielle de la Nature est nécessairement une puissance limitée par les autres parties finies de la Nature : elle subit leur puissance plus qu'elle ne la maîtrise. Ainsi « être une partie de la nature », ou ne pas « être un empire dans un empire », selon la célèbre formule de la préface d'*Éthique* III, veut avant tout dire, de manière restrictive : ne pas avoir un pouvoir absolu sur soi-même, être dans un commerce avec d'autres modalités naturelles signant une impuissance certaine. Une fois encore, il faut prendre en compte la faiblesse de l'homme pour saisir les enjeux de son union nécessaire avec le reste de la Nature.

Mais alors ici se pose un nouveau problème concernant l'union : nous avons déjà mis en valeur la tension entre l'union effective de chaque mode avec Dieu (union éternelle, participative et explicative, qui est indestructible), et l'union à effectuer qui est l'enjeu même du parcours éthique : s'unir davantage à Dieu, participer davantage de sa puissance, s'expliquer davantage par lui, et du coup l'expliquer ou l'exprimer davantage, tel est le sens de la conquête du salut. La tension entre union effective et union à effectuer est donc une tension à même l'union, une et unique, de chaque homme avec Dieu : comment l'approfondir ? Si une désunion radicale avec Dieu est impossible pour le mode, une union plus ou moins lâche est quant à elle bel et bien réelle, qui justifie pour Spinoza la mise en œuvre d'une éthique, visant à fortifier notre lien avec Dieu, et à nous le faire davantage aimer. L'union de l'homme avec Dieu est une union soumise à des degrés de variation : en son principe indestructible parce qu'éternelle, elle est en ses conséquences plus ou moins étroite. Autrement dit, si l'homme ne peut pas ne pas participer de la puissance divine, sa participation peut néanmoins être plus ou moins grande.

Or, puisque de cette union ontologique avec Dieu dépend l'union anthropologique de l'homme avec les autres parties de la nature, celle-ci aussi est soumise à variation : dans les degrés plus ou moins grands d'alliance des parties entre elles se glissent les limitations et les oppositions de puissance des modes entre eux. Un risque de désunion, bien plus visible que le relâchement de l'union avec Dieu, se fait jour désormais : un risque de désunion avec les autres parties de la nature, et notamment avec les autres hommes. Certes, la nécessité de l'union modale avec Dieu rejaillit sur l'union des modes entre eux : nous ne pouvons pas ne pas avoir quelque chose de commun avec les autres modalités de la nature, et principalement avec les autres hommes. Mais plus que l'union ontologique, qui ne peut véritablement se renverser en son contraire, l'union anthropologique, qui lie l'homme aux autres parties de la nature, et notamment aux autres hommes, peut être tellement faible qu'on n'y verra plus que rivalités et contrariétés, et qu'on parlera de désunion bien plus que d'union. Le rapport entre parties expressives de la puissance de Dieu, qui pourtant minimalement les unit entre elles, peut être tellement ténu qu'on n'y lit qu'un rapport de délimitation, de domination ou de destruction : de la nécessité ontologique de l'union des hommes entre eux, au titre de parties de la

Nature, ne se déduit donc pas la nécessité éthique et politique d'une union toujours harmonieuse – loin s'en faut !

Examinons donc ces unions et désunions entre les hommes, dont l'expérience éthique, pour chacun, est celle des affects, et dont les effets politiques et religieux, pour tous, sont la constitution de communautés de vie luttant contre, mais peut-être aussi reposant sur, des dissensus, des divisions, des exclusions.

CHAPITRE PREMIER

L'AFFECTIVITÉ : SA GENÈSE ET SES EFFETS

LE *CONATUS* : QUEL EFFORT ?

De la force à l'effort

Qu'est-ce qu'au juste un affect ?

> Par affect, j'entends les affections du corps qui augmentent ou diminuent, aident ou contrarient la puissance d'agir de ce corps, et en même temps les idées de ces affections [1].

L'affect désigne donc une dynamique, psychophysique, de la puissance d'agir. Or cette puissance est identifiée à un concept fondamental de l'anthropologie spinoziste, celui de *conatus* :

> la puissance d'une chose quelconque, autrement dit l'effort par lequel, seule ou avec d'autres, elle fait ou s'efforce de faire quelque chose, c'est-à-dire (par la prop. 6 de cette p.) la puissance ou l'effort [*potentia sive conatus*] par lequel elle s'efforce de persévérer dans son être, n'est rien à part l'essence donnée, autrement dit actuelle, de cette chose [2].

On a souvent quelques scrupules à traduire le terme latin que vient expliciter l'essence actuelle de chaque chose : le *conatus*. À tel point qu'en

1. E, III, déf. 3. Suit alors la précision suivante : « Si donc nous pouvons être cause adéquate d'une de ces affections, alors par affect j'entends une action, sinon une passion ». Cette distinction entre actions et passions vaut principalement pour l'*Éthique* : elle est absente du *Traité théologico-politique*, qui oppose, de façon plus traditionnelle, la raison à l'appétit, ainsi que du *Traité politique*, qui, bien que mentionnant cette distinction (TP, 2/5), ne s'intéresse qu'aux affects les plus répandus dans la multitude, les affects passionnels. C'est pourquoi ces deux traités parlent de façon générale des « affects », entendant par là les « passions ». Il arrive également à l'*Éthique*, dans certains contextes, d'assimiler les affects aux seules passions.

2. E, III, 7, dém.

parlant de Spinoza on parle du *conatus* comme d'une notion bien connue, comme d'un principe évident de son anthropologie. Et peut-être se réfugie-t-on derrière ce vocable un peu énigmatique pour n'avoir pas à user des notions de subjectivité, de personne ou même de « moi », sachant qu'on a affaire à une philosophie qui refuse le statut de substance à l'homme. Quoi qu'il en soit, la persistance du latin dans le français est l'indice de la persistance d'une difficulté : comment traduire ce terme, autrement dit quelle interprétation, la moins mauvaise possible, lui donner ? Le terme « effort », traduction naturelle de *conatus*, peut ne pas convaincre tout à fait : il convoque l'idée d'une mobilisation de forces en vue de l'obtention d'un but ; il accréditerait dès lors la thèse du *conatus* entendu comme actualisation finalisée d'une force de réserve. L'« effort » a également contre lui un parfum de « dépense d'énergie », de « pénibilité du travail », qui donnerait à l'existence humaine une tonalité affective bien particulière : la lutte contre un certain mal serait-elle donc au principe de la vie de chacun ? L'affect existentiel fondamental de l'anthropologie spinoziste serait-il donc, finalement, la tristesse, à laquelle tout notre être aurait à résister ? L'explication de l'apparition du *conatus*, au début de la partie III, pourrait accréditer cette idée : le *conatus* y est en effet caractérisé, d'abord, comme une force d'opposition, puisqu'une chose, n'ayant par définition rien en elle qui la supprime, « s'oppose au contraire à tout ce qui peut supprimer son existence »[1]. Doit-on en conclure qu'il faut qu'il y ait tristesse pour qu'il y ait persévérance en soi ? Une telle idée aurait bien du mal à s'accorder avec celle d'un *gaudium* singulier, propre à tout individu – ce qui signifie qu'un des enjeux fondamentaux du spinozisme est peut-être de nous faire comprendre qu'il est des efforts purement joyeux.

Rendre *conatus* par « effort » n'est en vérité possible (car c'est là la moins mauvaise traduction) qu'à une double condition : 1) de refuser d'en faire une tendance à actualiser une puissance seulement en puissance, et de le considérer comme l'expression pleine et entière d'une force déterminée ; 2) de le comprendre comme la propriété commune de tous nos affects, qu'ils soient de joie, de tristesse ou de désir, en tant qu'ils sont des passages, des transitions de perfection enveloppant une certaine durée.

1) Le *conatus* en effet n'est pas une puissance qui, tout en poussant la chose à continuer d'exister, demeurerait partiellement en retrait de notre existence. Si l'essence formelle de chaque chose n'est pas une « essence virtuelle » (expression absente du lexique spinoziste), c'est qu'elle est tout à fait actuelle ; et si l'essence actuelle n'est pas l'actualisation de l'essence

1. E, III, 6, dém.

formelle, c'est qu'elle est l'acte, plein et entier, de cette puissance dans la durée : exister en acte dans la durée, et partant être déterminé de façon spatio-temporelle, ne signifie pas déchoir par rapport à l'éternité, mais être considéré autrement que dans sa simple union avec l'éternité divine. Penser le *conatus* d'une chose signifie, à bon droit, penser son *effort* de persévérance, au sens où cette chose nécessairement existe au milieu d'autres choses, selon une multiplicité de rapports contribuant ou bien à sa conservation, ou bien à sa destruction. Une chose est certes toujours aussi parfaite ou puissante qu'elle peut l'être, que son essence formelle soit conçue comme contenue seulement dans un attribut divin, ou qu'elle soit conçue aussi comme actuelle, dans la durée. Mais dès lors qu'elle est conçue comme existante actuellement dans la durée, cette chose fait tout pour perdurer, pour persévérer, et donc pour se conserver. Par conséquent, le *conatus* est certes un effort, non pas l'effort d'actualiser une puissance encore potentielle, mais l'effort d'affirmer une puissance toujours actuelle : mieux, l'effort de *s*'affirmer comme puissance toujours actuelle. Le *conatus* se comprend dès lors à partir d'une force fondamentale qui tout entière, sans reste, s'investit en lui :

> Quoique chacune d'elles [chacune des choses singulières] soit déterminée par une autre chose singulière à exister de manière précise [il s'agit là du rappel de E, I, 28], il reste que la force [*vis*] par laquelle chacune persévère dans l'acte d'exister suit de l'éternelle nécessité de Dieu [1].

Une chose existant en acte dans la durée est donc déterminée à la fois de façon spatio-temporelle, en extériorité, par d'autres choses finies, et de façon éternelle, en intériorité, par une force de persévérance. La conjugaison, dans la durée, de l'actualité spatio-temporelle de la détermination externe, et de l'actualité éternelle de la détermination interne, explique la modification de cette force en effort de persévérance. C'est pourquoi Spinoza peut affirmer à la fois que nous ne pouvons avoir aucune connaissance adéquate de la durée de notre corps, et que pourtant nous pouvons savoir que le temps mesurant cette durée est, rapporté au seul *conatus*, non pas fini mais indéfini [2] : c'est que tout, dans notre essence actuelle, pose notre existence, les limites de cette existence dépendant seulement de notre commerce avec les choses extérieures, c'est-à-dire, en fin de compte, de l'état du monde. Nous ne pourrons être détruits que par une cause extérieure, plus puissante que nous, et opposée à nous [3] ; tant que nous ne la rencontrons

1. E, II, 45, sc.
2. Voir E, II, 30 et dém. ainsi que E, III, 8.
3. Voir E, III, 4 et 8.

pas, déterminés toujours par cette force intérieure née de notre union participative à Dieu, nous continuons indéfiniment d'exister : nous durons.

2) Cet effort de conservation de soi est donc une puissance d'action qui, en relation avec d'autres puissances d'action, se trouve modifiée. L'effort, c'est donc l'essence de chaque chose en tant qu'elle se trouve modifiée par d'autres choses : l'effort, c'est la force modifiée. Or l'une des premières modifications de la force essentielle de chaque chose est le désir.

Vis, *conatus*, *cupiditas* : force, effort, désir. Ces trois concepts renvoient à la même réalité, celle d'une puissance de vie qui fait « tout son possible » (sans reste) pour conserver son être. La force (*vis*) est cette puissance en tant qu'elle est comprise à partir de la puissance éternelle de Dieu. L'effort (*conatus*) est cette puissance en tant qu'elle est considérée comme impliquée dans une existence en commerce avec d'autres existences. Le désir (*cupiditas*) est encore cette même puissance, en tant qu'elle est déterminée, par une quelconque affection, à faire quelque chose de particulier. Le désir est ainsi défini : « l'appétit avec la conscience de l'appétit »[1]. D'où vient que le désir humain soit conscient de l'effort qu'il accomplit? Du fait justement qu'il est « l'essence même de l'homme, en tant qu'on la conçoit comme déterminée, *par suite d'une quelconque affection d'elle-même*, à faire quelque chose »[2]. L'affection corporelle (innée ou acquise) est corrélativement une affection mentale, c'est-à-dire une idée réflexive, une idée simultanément idée d'elle-même : une conscience[3].

Les trois concepts mis en relation – force, effort, désir – permettent donc de penser de façon de plus en plus précise l'essence humaine et ses propriétés : pas de désir sans un effort de persévérance en soi ; pas d'effort sans une force essentielle exprimant précisément la puissance de Dieu. La force d'une chose, existant avec d'autres, est effort de persévérance, c'est-à-dire, dans le cas des hommes, désir conscient de soi de faire ce qui est utile à soi. En un sens, donc, l'anthropologie du désir se fonde sur une ontologie de la force, via une physique (psychique et somatique) de l'effort. Pour autant, doit-on faire du « désir » le plus primaire des affects primaires, dans

1. Voir E, III, 9, sc. : lorsque le *conatus* est rapporté au seul esprit, il se nomme volonté ; lorsqu'il est rapporté à la fois au corps et à l'esprit, il se nomme appétit. Dans l'explication de la définition du désir à la fin de la partie III (première des définitions des affects), Spinoza semble nommer « impulsion » l'effort en tant qu'il est rapporté au seul corps.

2. E, III, déf. aff., 1 (nous soulignons).

3. Voir E, II, 21, sc. ; E, II, 22 et 23 : l'esprit humain a conscience de son corps et de lui-même, c'est-à-dire des efforts de son corps et de ses propres efforts (des impulsions de son corps et de ses propres volontés), à travers les idées des affections de son corps, et les idées des idées de ces affections – une conscience qui peut être tout aussi confuse que les idées qui lui donnent naissance.

la mesure où il exprimerait, mieux que la joie ou la tristesse, l'effort de vie qui nous définit? Doit-on affirmer qu'il n'est ni de joie ni de tristesse sans désir? D'une certaine manière, cette formule n'est pas fausse, puisque, s'il y a joie ou tristesse, il y a nécessairement affection de l'essence la déterminant à produire quelque effet: qui est joyeux ou triste est nécessairement déterminé à désirer quelque chose. Aussi la démonstration de la proposition 57 d'*Éthique* III peut-elle affirmer :

> Joie et tristesse sont le désir lui-même, ou appétit, en tant qu'il est augmenté ou diminué, aidé ou contrarié par des causes extérieures, c'est-à-dire [...] sont la nature même de chacun.

Du désir, mais aussi de la joie et de la tristesse

Toutefois, on ne saurait réduire les affects primaires de la joie et de la tristesse au seul désir. Si joie et tristesse peuvent être considérées comme des expressions du désir, le désir lui-même peut être considéré comme une expression de la joie ou de la tristesse: d'une joie ou d'une tristesse peuvent naître des désirs (désir de conserver la chose aimée, c'est-à-dire la chose que nous imaginons être cause de notre joie, ou désir de détruire la chose haïe, c'est-à-dire la chose que nous imaginons être cause de notre tristesse[1]); et de désirs peuvent naître des joies ou des tristesses (qui a un désir satisfait est joyeux; qui l'a frustré est triste). Joie, tristesse et désir demeurent trois logiques affectives fondamentales *et* différentes, même si elles peuvent être parfaitement corrélées: de ces trois affects distincts logiquement, sans l'être nécessairement chronologiquement, sont alors dérivables tous les affects possibles[2].

Or, à travers la distinction de ces trois logiques, on voit que l'essence humaine ne saurait être caractérisée en elle-même ni par le manque, ni (*a contrario*) par la tendance à l'accroissement de sa puissance.

D'une part, en effet, l'essence humaine se distingue du manque, en ce qu'elle ne saurait être creusée par le non-être, par l'absence des choses qui pourraient l'emplir. Certes, le corps est un être de besoin, mais ce besoin s'explique en vérité par son effort pour affirmer la vie dont il est une modalité : le besoin se conçoit à partir de l'effort de persévérance, et non l'inverse. Certes, l'expérience du désir (*cupiditas*) est souvent une expérience du manque (*desiderium*), mais ce manque doit être compris davantage à partir de la tristesse que du désir lui-même : le manque est rapporté plutôt au désir

1. Voir E, III, 13, sc.

2. Dont on passera beaucoup sous silence, car ils n'ont pas de nom et qu'il suffit, « pour l'usage de la vie », de les connaître dans leur généralité (voir fin de E, III, déf. aff., 48, expl.).

qu'à la tristesse en vertu de son nom, précise Spinoza ; mais il s'explique en vérité par la présence en soi d'imaginations qui se contrarient : celle d'une chose conçue comme réjouissante (le souvenir d'un bien), et celle d'une chose conçue comme attristante, parce qu'excluant l'existence de cette chose désirée (le souvenir d'un obstacle à ce bien). Le manque est donc un désir à la fois entretenu par une joie, et contrarié par une tristesse : en lui-même, il n'est pas non-être, mais complexe d'affections pleinement positives[1]. En ce sens, le désir, qui est une modification de la puissance, n'est pas essentiellement une tristesse.

D'autre part, le désir ne saurait être non plus essentiellement aspiration à la joie : il n'est pas *en lui-même* désir d'accumulation de puissance, désir de toujours plus, ou de toujours mieux. Certes, il se trouve que nous désirons bien souvent plus de puissance que nous n'en avons (toujours de nouveaux plaisirs, toujours plus d'argent, toujours davantage d'honneurs et de pouvoir) ; mais c'est que le désir s'efforce de conserver son être à travers la joie, ou à travers les choses qu'il imagine lui procurer de la joie : il s'efforce de conserver ses joies, ses augmentations de puissance, puisque ce sont elles (du moins l'imagine-t-il) qui le conservent le mieux. Si donc l'homme désire bien souvent renforcer son être, et ses joies, c'est qu'une telle amélioration est encore le meilleur moyen pour lui de se conserver.

Le *conatus* n'est donc ni un effort procédant du manque, ni un effort attiré par l'excès ; mais il n'est pas non plus l'effort de persévérer simplement dans son *état*. Le *Traité théologico-politique* caractérisait l'essence humaine comme principe de maintien de soi dans le *statu quo*[2]. Mais une telle définition, qui ferait de l'essence humaine une conservation statique, ne convient plus au dynamisme de l'ontologie déployée dans l'*Éthique* : la chose est une puissance indéfinie de production d'effets, qui cherche à conserver son être, c'est-à-dire cette puissance même de production d'effets. L'essence actuelle d'une chose singulière est un dynamisme, et du même mouvement, un effort de conservation de ce dynamisme : l'essence actuelle est effort de persévérance, affirmation de soi envers et contre tout, et conséquemment effort de conservation de cette persévérance en soi. C'est pourquoi, si l'état de la chose qui persévère est un état qui amoindrit son être – si c'est un état de tristesse – cette chose ne fera rien moins que conserver cet état ; au contraire, la chose produira tous les efforts possibles, en persévérant dans son *être*, pour changer d'*état*, c'est-à-dire pour en acquérir un nouveau, qui soit joyeux. En somme, le *conatus* d'une chose est

1. Voir, E, III, déf. aff., 32 et expl. Voir aussi les scolies de E, III, 36 et 39. B. Pautrat traduit *desiderium* par « regret ».

2. Voir TTP, XVI, 2.

un effort de conservation de son *état*, si et seulement si cet état aide à la conservation de l'*être* de cette chose – c'est-à-dire, fondamentalement, à l'affirmation de sa puissance d'agir.

Toute notre vie affective, qui la plupart du temps est une vie passionnelle, naît de ces trois logiques du désir, de la joie et de la tristesse, dont il faut distinctement étudier les rapports (de convenance, de différence et d'opposition). C'est là l'objet, en grande partie, de l'*Éthique* III. Nous pouvons ainsi être affectés de tristesse, de joie ou de désir, simplement par accident, parce que deux affects nous ont une fois traversés simultanément, et que, éprouvant de nouveau l'un, nous sommes déterminés à éprouver également l'autre[1] ; ou bien encore est-ce parce que la chose a (selon notre imagination) quelque ressemblance avec une autre pour laquelle nous éprouvons déjà un affect[2]. De là naissent toutes sortes de flottements d'âme (*fluctuationes animi*), qui sont à l'affectivité ce que le doute est à la connaissance : nous balançons entre deux sentiments opposés, comme nous balançons entre deux affirmations idéelles contraires[3]. Par exemple, nulle crainte n'est éprouvée sans espoir, et nul espoir sans crainte (espoir que n'advienne point ce qui est craint, et crainte que n'advienne point ce qui est espéré). D'autres affects passionnels naissent encore de nos amours et de nos haines ordinaires à l'égard des choses : nous sommes joyeux ou tristes d'imaginer joyeuse ou triste la chose que nous aimons, ou d'imaginer triste ou joyeuse la chose que nous haïssons ; nous aimons ou haïssons qui affecte de joie ou de tristesse la chose que nous aimons, et qui affecte de tristesse ou de joie la chose que nous haïssons[4].

À partir de la proposition 27 de la partie III est même mise au jour une loi décisive du comportement humain : l'imitation des affects d'autrui. Il nous suffit d'imaginer une chose, à l'égard de laquelle nous n'éprouvons aucun affect, à la fois comme semblable à nous (il peut s'agir d'un homme, mais aussi de n'importe quel autre être), et comme éprouvant un certain affect, pour éprouver ce même affect. De l'imitation des affects naissent ainsi la pitié (imitation de la tristesse d'autrui) ou l'émulation (imitation de son désir)[5] : cette propriété commune à tous les hommes, qui explique la contagion des affects, fait déjà sentir en quoi la socialisation des hommes

1. Voir E, III, 14 et 15.

2. Voir E, III, 16 et 17.

3. Dans la mesure où nos idées ont elles-mêmes une force d'affirmation plus ou moins grande, nous passons souvent du doute à la fluctuation : voir E, III, 17, sc.

4. Voir E, III, 19-26.

5. Voir E, III, 27, ses corollaires et ses scolies ; voir également E, III, 29-32, qui reposent sur le principe de l'imitation des affects.

est avant tout une socialisation affective, nourrie par les passions communes; ou mieux : nourrie par le devenir commun des passions.

Les affects, de cette manière, se multiplient, se diversifient, se composent ou s'opposent, en vertu de leur propre logique, comprise en relation avec l'effort que fait chacun pour persévérer dans son être. Chaque affection elle-même dispose d'un *conatus*, qui convient ou disconvient avec le nôtre, et l'on comprend ainsi que notre affectivité, en tant qu'elle est passionnelle, fait de notre corps et de notre esprit de véritables champs de bataille, dont nous avons la plupart du temps une perception bien confuse, mais qui pourtant obéissent à des lois tout à fait nécessaires et compréhensibles. Nous avons beau vivre dans l'agitation des plus vives émotions ou dans la tristesse de la plus profonde mélancolie, le chaos de nos vies affectives obéit à des logiques tout à fait intelligibles :

> Rien ne se fait dans la nature que l'on puisse attribuer à un vice de celle-ci; car la nature est toujours la même, et a partout une seule et même vertu et puissance d'agir; c'est-à-dire les lois et règles de la nature, selon lesquelles tout se fait et passe d'une forme dans une autre, sont partout et toujours les mêmes, et par suite il ne doit y avoir également qu'une seule et même façon de comprendre la nature des choses, quelles qu'elles soient, à savoir par les lois et règles universelles de la nature. Et donc les affects de haine, de colère, d'envie etc., considérés en soi, suivent les uns des autres par la même nécessité et vertu de la nature que les autres choses singulières; et partant, ils reconnaissent des causes précises, par lesquelles ils se comprennent, et ont des propriétés précises, aussi dignes de notre connaissance que les propriétés de n'importe quelle autre chose qui nous charme par sa seule contemplation [1].

Est énoncé en cette préface le programme qu'entreprend de réaliser la troisième partie de l'*Éthique*: connaître les propriétés des affects, comme on connaît les propriétés de figures géométriques. Tel est en effet l'objet privilégié de la raison, qui est enchaînement d'idées adéquates, c'est-à-dire connexion d'idées des propriétés communes à notre corps et aux corps par lesquels nous sommes habituellement affectés. Connaître ces propriétés signifie donc penser ensemble, simultanément, l'interaction des corps humains (et partant des esprits) à partir du principe du *conatus*, afin de déterminer comment ils se conviennent, diffèrent et s'opposent [2]. La connaissance des lois de la nature est, dans sa finalité éthique, connaissance des lois de la nature humaine, c'est-à-dire connaissance des propriétés des affects qui structurent les rapports interhumains.

1. E, III, préf.
2. Nous reprenons et adaptons ici le propos de E, II, 29, sc.

Si nous désirons vivre mieux, l'intelligence de notre vie affective, qui est tout à fait possible, est donc absolument nécessaire : il n'est d'union, avec soi ou avec autrui, qui ne passe par la compréhension de nos sentiments, et la production d'affects salutaires. La philosophie spinoziste est donc une éthique au sens où elle conjoint nécessairement l'engagement théorique et l'expérimentation pratique : la connaissance rationnelle de notre vie affective vaut avant tout par ses effets affectifs et pratiques eux-mêmes. Mieux : « connaître » un affect, pour Spinoza, est à entendre dans tous les sens du terme « connaissance » – c'est à la fois le comprendre intellectuellement et l'éprouver corps et âme (c'est ainsi, par exemple, que l'on connaît l'amour). Toutefois, puisqu'il ne saurait y avoir de connaissance désintéressée des affects, puisque cette connaissance doit nous aider (si elle en a la puissance !) à vivre mieux, encore faut-il qu'elle nous donne les moyens de juger quels affects sont utiles, quels affects sont nuisibles : encore faut-il qu'elle nous donne une norme du bon et du mauvais, un critère du bien et du mal. Mais alors, comment tirer une détermination prescriptive d'une connaissance explicative ? Comment articuler la neutralité axiologique du réel (rien en soi n'est ni bon ni mauvais) et l'exigence éthique de perfectionnement (la recherche d'un bien qui soit souverain) ?

PAR-DELÀ BIEN ET MAL ? ÉTHIQUE ET MORALE

À lire la proposition 48 de la partie IV, on peut se demander si ce n'est pas rabaisser quelque peu les exigences de la raison que d'inscrire l'éthique dans un horizon axiologique, et d'ajouter à sa dimension explicative une dimension prescriptive, proprement morale :

> Si les hommes naissaient libres, ils ne formeraient aucun concept du bien et du mal, aussi longtemps qu'ils seraient libres.
> DÉMONSTRATION : J'ai dit qu'est libre celui qui est conduit par la raison seule ; qui donc naît libre et demeure libre n'a que des idées adéquates, et par suite n'a aucun concept du mal (par le corollaire de la proposition 64 de cette partie), et par conséquent (puisque bien et mal sont corrélés) aucun concept du bien non plus.

Doit-on en déduire que la philosophie spinoziste est une éthique par delà bien et mal ? Éthique de la connaissance rationnelle et non morale du devoir, éthique de la joie intellectuelle et non morale de l'obéissance, en finit-elle avec tous les instruments de la morale ordinaire – jugements de valeur, obligations de la volonté, impératifs de conduite ?

La proposition 48 est d'emblée relativisée par son scolie : l'hypothèse qu'elle formule (« si les hommes naissaient libres »), précise-t-il, est « fausse » ; elle constitue en fait une idée partielle, qui prend l'homme abstraitement et ne le considère pas dans ses relations avec l'extériorité, par laquelle il est nécessairement déterminé à pâtir [1] ; elle s'attache « à la seule essence humaine, ou plutôt à Dieu non en tant qu'infini, mais en tant qu'il est seulement la cause pour laquelle l'homme existe ». C'est donc à travers la seule considération de cet étrange *Deus quatenus* (Dieu en tant que cause de l'existence humaine) que peut être envisagée une éthique par delà bien et mal.

Il est en fait deux manières de considérer la « naissance » de l'homme : ou bien dans le temps, à partir d'autres modes finis, qui le détermineront à pâtir ; ou bien dans l'éternité, à partir de Dieu, grâce auquel il ne peut qu'agir. L'hypothèse d'hommes naissant unis seulement à Dieu n'est donc fausse ou partielle que du point de vue d'une connaissance du deuxième genre, les comprenant selon la loi ou propriété commune de leur inter-détermination temporelle : ne pouvant se concevoir seuls, sans les autres, ces hommes, durant leur existence, ne peuvent échapper à la passivité [2]. Mais cette hypothèse devient vraie dès lors qu'ils sont considérés à travers un autre genre de connaissance, supérieur, les appréhendant non plus selon leurs unions et désunions spatio-temporelles, mais selon leur union éternelle avec Dieu : l'hypothèse d'une « naissance éternelle » (logique et non chronologique) des hommes libres, qui partant demeureraient tels sous cette considération, a un sens pour la science intuitive, elle qui « procède de l'idée adéquate de l'essence formelle de certains attributs de Dieu vers la connaissance adéquate de l'essence des choses » [3].

Le paradoxe est donc là : une hypothèse fausse du point de vue de la raison devient vraie du point de vue de la science intuitive. L'éthique spinoziste n'est une éthique par delà bien et mal qu'à travers un certain genre de connaissance : celui qui saisit, comme « d'un seul coup d'œil », l'union ontologique de l'essence humaine avec l'essence divine.

La considération de l'homme comme libre, comme guidé seulement par la raison, est donc une considération qui dépasse la raison elle-même, entendue comme deuxième genre de connaissance : seul le troisième genre

1. Voir E, IV, 4.

2. Précisons que, comme tout ce que conçoit la raison, cette loi enveloppe une « certaine éternité » (*quadam æternam*) ; autrement dit, elle est une vérité éternelle, même si elle s'applique à des choses qui, quant à elles, sont considérées dans le temps.

3. E, II, 40, sc. 2.

de connaissance est amoral; le deuxième, lui, doit faire avec les notions imaginaires du bien et du mal. C'est pourquoi l'éthique, qui s'ente sur le déploiement de la raison, ne saurait se passer des valeurs morales. L'éveil de la conscience à la rationalité est simultanément un éveil de la conscience à sa propre servitude qui, dans l'ordre du temps, est et demeure notre condition : la conscience rationnelle est donc aussi, en quelque manière, une conscience malheureuse. Conscience des efforts à accomplir, conscience de la force de nos passions, conscience de notre impuissance, la conscience rationnelle voit le meilleur, l'approuve, mais nous contemple bien souvent transportés vers le pire. Transport d'autant plus douloureux qu'il est justement conscient : il n'est de véritable servitude, consciente et ressentie comme telle, qu'à la lumière de la raison. C'est en ce sens que le philosophe du gai savoir, de cette joie si précieuse en laquelle consiste l'augmentation de notre puissance de penser, peut dire avec l'*Ecclésiaste* : « Qui accroît son savoir accroît sa douleur » [1].

Avec la raison, et partant avec la morale, nous pénétrons donc plus avant dans l'espace du manque, de l'insatisfaction, de la frustration : dans l'aire du *desiderium*, du désir frustré, inhibé, impuissant à jouir de ce à quoi il tend. Du coup nous comprenons mieux pourquoi la partie III pouvait définir ainsi bien et mal :

> Par bien j'entends ici tout genre de joie, et de plus tout ce qui y conduit, et surtout ce qui satisfait le désir [*desiderium*], quel qu'il soit. Et par mal tout genre de tristesse, et surtout ce qui frustre le désir [2].

Désir d'être maître d'une chose (le souverain bien) qu'alimente le souvenir de cette chose, mais que contrarie le souvenir de ce qui en exclut l'existence (c'est là le rappel lancinant de nos impuissances), la morale se vit à travers le *desiderium* [3], tiraillé entre la mémoire joyeuse de notre bien et la mémoire triste des maux qui nous en privent : le déploiement de la raison ne peut dès lors se faire que dans un contexte imaginatif de tristesse, celui de l'absence de ce que nous aimons et désirons. En somme, si nous n'avions pas conscience, moralement, de ce que nous devions faire, nous ne serions pas affligés de n'y point parvenir. Mais aussitôt, et dans le même mouvement (qui est proprement le mouvement spinoziste), nous devons ajouter : si nous n'avions pas conscience, moralement, de ce que nous devions faire, nous n'aurions aucune chance, et aucune force, d'y parvenir.

1. Voir E, IV, 17, sc.
2. E, III, 39, sc.
3. Voir sa définition en E, III, déf. aff., 32.

Seule une activité née de la science intuitive est sans envers : elle est pure activité intellectuelle, sans passion; mais pour la goûter, il faut commencer par réchauffer le cœur de notre activité rationnelle, qui ne saurait battre que dans, et contre, notre ordinaire passivité. En somme, pour comprendre la genèse, l'utilité et le dépassement des valeurs morales, il nous faut explorer l'articulation entre trois types d'affectivité qui dépendent de chaque genre de connaissance : la servitude, ou affectivité passionnelle; la fortitude, ou affectivité rationnelle; la béatitude, ou affectivité intellectuelle. Si la béatitude, à laquelle nous fait parvenir la science intuitive, nous détourne par sa force de toute considération de notre servitude, en revanche la fortitude, qui accompagne le développement de la raison, fait exister pleinement la servitude (et partant la morale) en la comprenant, en lui résistant, en la transformant. Portons pour commencer notre attention sur les deux premiers types d'affectivité : la servitude et la fortitude, dans leur rapport à la connaissance du bien et du mal; nous achèverons alors l'analyse avec l'horizon que dessine la béatitude, affectivité d'une éthique qui dépasse la morale, mais conserve l'idée d'un bien suprême.

La morale affective : genèse des jugements de valeur (Servitude)

L'éthique spinoziste n'entretient pas un simple rapport d'opposition avec la morale, mais plutôt un rapport d'inclusion et de dépassement. Pour reprendre des notions hégéliennes, elle conserve quelque chose de la morale, même si en même temps elle la nie et va au-delà. Il y a dans le spinozisme, en bien des points, comme un mouvement dialectique; mais à la différence de la pensée hégélienne, un tel mouvement n'a pas son principe dans un « travail du négatif »[1]. S'il y a un dépassement de la morale par l'éthique, il s'appuie sur la positivité de différentes affirmations, qui chacune « relèvent » la précédente en l'intégrant : affirmation imaginaire de la morale à partir des affects de joie et de tristesse (servitude); affirmation rationnelle de l'utilité de la morale par compréhension de l'imaginaire du bien et du mal (fortitude); affirmation intellectuelle de l'éthique par jouissance d'un bien qui arrache à la morale (béatitude). Jetons les linéaments du premier moment de ce processus, l'imaginaire du bien et du mal.

L'appendice de la première partie de l'*Éthique* propose une genèse de cet imaginaire à partir du préjugé finaliste : croyant que les choses sont

1. Sur le rapport entre pensée spinoziste et pensée hégelienne, on ne saurait que renvoyer à l'ouvrage de P. Macherey, *Hegel ou Spinoza*, Paris, La découverte, 1990.

faites en vue d'eux-mêmes, croyant donc qu'il existe un ou plusieurs dieux veillant à leur utilité, les hommes ont appelé « *bien* tout ce qui contribue à la santé et au culte de Dieu, et *mal* ce qui leur est contraire ». Un double critère paraît ici déterminer les valeurs morales : un critère biologique de « santé » du corps et un critère social de « salut » de l'âme. L'idée selon laquelle est bon ce qui contribue au culte de Dieu est elliptique : faut-il la comprendre en rapport avec le premier critère – ce qui réjouirait le corps (tel aliment par exemple) serait ainsi conçu comme plaisant à Dieu, chaque communauté concevant le tempérament de sa divinité par projection de la sienne propre ? Il y aurait ainsi un enracinement biologique des pratiques cultuelles. On peut néanmoins interpréter les deux critères autrement, en les découplant : le premier se rapporterait à ce que le corps expérimente comme bon ou mauvais ; le second à ce qui est supposé être plaisant ou déplaisant à un pur esprit (ou à de purs esprits, si les dieux sont imaginés ainsi). Dans tous les cas, est un « bien » ce qui est reconnu comme utile à la conservation du corps (ici-bas) et à celle de l'âme (au-delà).

Bien et mal sont ainsi définis par rapport au désir humain : ils ne constituent pas des valeurs qui par elles-mêmes le meuvent ; c'est lui au contraire qui valorise ou non les choses, selon la manière dont il est affecté. Tel est le fameux renversement spinoziste du schéma aristotélicien : ce n'est pas parce qu'une chose est jugée bonne que je la désire, mais c'est parce que je la désire que je la juge bonne[1]. À l'absoluité des valeurs existant par soi, Spinoza substitue la relativité des notions de bon et de mauvais existant pour soi, c'est-à-dire en fonction de l'appétit singulier de chaque homme. Mais on objectera : d'abord, pourquoi le désir détermine-t-il le jugement ? Ensuite, si le désir est déterminé vers telle chose, n'est-ce pas parce qu'il l'a expérimentée comme bonne : le bon ne préexiste-t-il donc pas au désir ? À la première question on répondra : le désir, c'est-à-dire l'effort, l'appétit conscient de lui-même, se nomme « volonté » lorsqu'il est considéré du point de vue de l'esprit[2]. Désirer, c'est donc s'efforcer mentalement d'affirmer quelque chose : c'est juger. Si je juge bon quelque chose que je désire obtenir, c'est que désirer signifie mentalement juger. Le jugement ne succède donc pas nécessairement au désir, mais il est porté par sa dynamique. Reste la seconde question : n'est-ce pas parce qu'une chose est bonne que mon désir, et donc mon jugement, est déterminé à l'affirmer comme telle ?

1. C'est ce que déclare en substance le scolie de la proposition 9 d'*Éthique* III.

2. *Ibid.*

La préface de la quatrième partie répond :

> En ce qui concerne le bien et le mal, ils ne désignent [...] rien de positif dans les choses, j'entends considérées en soi, et ils ne sont rien d'autre que des manières de penser, ou notions, que nous formons de ce que nous comparons les choses entre elles. Car une seule et même chose peut être en même temps bonne et mauvaise, et également indifférente. Par ex., une musique est bonne pour le mélancolique, mauvaise pour l'endeuillé; et pour le sourd, ni bonne ni mauvaise.

Avec sans doute une pointe d'humour, Spinoza soutient que bien et mal dépendent de l'aptitude de chacun à être affecté : à celui qui ne peut être affecté par des images sonores, la musique n'est ni bonne, ni mauvaise; à celui qui est rongé d'un affect de tristesse mélancolique, la musique est bonne. Pourquoi? La réponse est dans l'importante, et provocante, proposition 8 de cette quatrième partie :

> La connaissance du bien et du mal n'est rien d'autre que l'affect de joie ou de tristesse, en tant que nous en sommes conscients.

La musique est bonne pour le mélancolique parce qu'elle le réjouit, et qu'il sent cette joie. Pourquoi combat-elle la tristesse du seul mélancolique, et non celle de l'endeuillé? Spinoza ne le dit pas – peut-être d'ailleurs ne parle-t-il que d'un type particulier de musique et non de la musique en général. Quoi qu'il en soit, il n'y a pour Spinoza de morale que du sentiment : toute valeur se fonde sur un affect, et cet affect dépend lui-même d'un certain imaginaire, de certaines dispositions innées ou acquises. Selon que j'ai telle ou telle croyance (attaché à un culte particulier par exemple), selon que je suis dans tel ou tel état affectif (mélancolie, deuil), je ne suis pas affecté de la même manière par une même chose : mes jugements de valeur relèvent ainsi de la singularité de mon organisme comme de la particularité de mon histoire, eux-mêmes dépendant à la fois de mon essence et des rapports que j'entretiens avec mon milieu, biologique et social.

Mais à bien la lire, cette proposition 8 d'*Éthique* IV a de quoi heurter, et sa dimension provocatrice tient au « rien d'autre que ». En effet, que la connaissance ou l'expérience d'un bien nous réjouisse, que celle d'un mal nous attriste, nous le concédons volontiers[1]. Toutefois, que toute notre connaissance du bien et du mal se réduise à des sentiments, qu'il n'y ait dans les choses mêmes, notamment dans les actes humains, rien qui

1. Spinoza le rappelle lui-même en E, III, déf. aff., 27, expl., à propos des actes qu'on appelle « vicieux » ou « corrects ».

soit bon ou mauvais, cela, spontanément, nous avons un peu de mal à l'admettre. Bien et mal n'auraient-ils donc pas plus d'objectivité et de stabilité que n'en ont nos sentiments? Un meurtre est un meurtre, protestons-nous; la connaissance de ce mal est certes une tristesse; mais si elle n'est rien d'autre, alors le meurtre n'est pas un mal pour qui ne s'en attriste pas. Or, c'est exactement ce que soutient Spinoza.

Pour ce faire, il est amené, dans la démonstration de la proposition 8 d'*Éthique* IV, à opérer une double réduction : d'abord, la réduction de la perception d'une chose nous affectant à la perception du seul affect; ensuite, la réduction de la perception de l'affect à l'affect lui-même. Pour comprendre comment est attribuée une valeur positive ou négative aux choses, il faut donc descendre dans les profondeurs du corps propre. Cette descente s'effectue par une série d'identifications des objets de nos idées : nos jugements de valeur sont des perceptions ayant pour objet des choses qui nous affectent; ces représentations de choses sont des perceptions conscientes d'affects qui nous traversent; cette conscience affective est assimilable aux affects que nous éprouvons, c'est-à-dire aux idées nous indiquant ce qui se passe dans notre corps. Par cette identification des jugements de valeur à la conscience affective, et donc par cette réduction de la morale spontanée aux variations de notre puissance d'agir, Spinoza inscrit la morale dans le corps : non pas seulement comme ce qui discipline le corps dans ses conduites, mais comme ce qui s'origine dans le corps à travers ses multiples transitions de perfection.

La réévaluation des valeurs : Spinoza moraliste (Fortitude)

Or, cet imaginaire moral du bien et du mal, Spinoza en use d'un point de vue rationnel : il entreprend en effet de le réhabiliter dans la progression éthique.

> Car, étant donné que nous désirons former une idée de l'homme à titre de modèle de la nature humaine que nous puissions avoir en vue, il nous sera utile de conserver ces mêmes vocables [ceux de perfection et d'imperfection; de bien et de mal] dans le sens que j'ai dit. Et donc, par bien, j'entendrai dans la suite ce que nous savons avec certitude être un moyen d'approcher toujours plus du modèle de la nature que nous nous proposons. Et, par mal, ce que nous savons avec certitude être un obstacle à ce que nous reproduisions ce même modèle.

Les valeurs morales sont redéfinies à partir d'un modèle de la nature humaine [*naturæ humanæ exemplar*], qui leur donne sens. Arrêtons-nous quelques instants sur ce modèle : d'où vient-il? Que nous donne-t-il à voir, mieux : à imiter, puisqu'il s'agit de s'en approcher le plus possible ? Si la préface de la partie IV propose toute une genèse de la notion de modèle, à partir de nos idées universelles servant de normes pour juger moralement des individus (nous formons donc tous nécessairement des idéaux d'un homme accompli), elle ne dit en revanche pas grand-chose sur le contenu même de ce modèle de la nature humaine : il faudra attendre la fin de la partie IV pour voir se dessiner les contours de la figure de l'homme libre, *exemplaire* dans ses pensées et dans son comportement. On apprend ainsi que l'homme libre ne pense à rien moins qu'à la mort, que sa vertu est aussi grande à fuir le danger qu'à l'affronter, que sa reconnaissance va d'abord aux hommes libres et non aux ignorants, qu'il n'agit pas de mauvaise foi, et est plus libre en obéissant aux décisions communes qu'à lui seul[1].

Mais ce qui importe avant tout, ce n'est peut-être pas tant le contenu du modèle que sa forme même : en se donnant un modèle qui est une représentation de ce que *doit* être la nature de l'homme, de ce vers quoi nous *devons* tendre, l'esprit s'adresse à lui-même sous la modalité du devoir-être. Apparaît donc avec éclat la difficulté de cette préface d'*Éthique* IV, qui semble réhabiliter, en même temps que les notions de bien et de mal, la finalité (la valeur du modèle détermine mon désir de l'imiter) et peut-être même la liberté du vouloir (puisque, pour imiter le modèle, il faut se déterminer par soi-même à obéir à certaines prescriptions). Surgit ainsi, à maintes reprises dans la partie IV, l'expression *dictamina rationis* pour désigner les devoirs rationnels, les directives de la raison, les préceptes auxquels obéit celui qui désire se rapprocher du modèle de la nature humaine. N'y a-t-il pas là, dans cette préface d'*Éthique* IV, comme une régression par rapport aux acquis ontologiques et anthropologiques des trois premières parties ?

Il faut ici prendre acte de ce qu'on pourrait appeler *un moment moral de l'éthique spinoziste*. Le concept du modèle de la nature humaine nous permet de considérer une dimension de la raison qui ne doit pas être minorée : sa dimension prescriptive. Ce moment moral associe raison et imagination : la raison est présente, dans la mesure où le contenu du modèle est rationnel ; mais l'imagination l'est également, puisque le modèle, en tant qu'il est visé comme une fin permettant de donner sens aux concepts de bien et de mal, relève d'une pensée imaginative. Le modèle s'adresse à l'esprit « en extériorité », en lui donnant à contempler l'image d'une nature parfaite. Certes, la morale spinoziste ne rejette pas la critique rationnelle des notions de bien et de mal, mais elle s'appuie sur elle pour en

1. Voir E, IV, 67-73.

faire les instruments – imaginatifs – d'un progrès – qui lui est rationnel. Cet imaginaire est nécessaire parce que même le lecteur de l'*Éthique*, qui pourtant est déjà engagé dans la voie géométrique, continue à penser sa vie en termes de bien et de mal, à se comparer avec les autres et à user de modèles. Cette façon imaginative d'appréhender la vie (la sienne comme celle des autres) est parfaitement naturelle, et ne contient en elle-même aucun vice. C'est pourquoi la raison peut user de la puissance de cet imaginaire : elle pourra ainsi d'autant mieux combattre la servitude qu'elle se sert des armes mêmes de l'adversaire. Rappelons la leçon du scolie de la proposition 17 d'*Éthique* II : si nous savions qu'est en vérité absent ce qu'une imagination nous représente comme présent, alors nous estimerions cette imagination à sa juste mesure, à savoir comme parfaitement vertueuse. C'est de cette vertu de l'imagination – vertu représentative, ou volontairement fictionnelle – qu'use la raison dès lors qu'elle entreprend de subvertir la morale ordinaire de l'intérieur, avec ses propres armes.

En effet, « l'imaginaire » de la morale spinoziste (cet imaginaire qui consiste à parler encore en termes de bien et de mal, d'imperfection et de perfection, et de présenter les choses à travers une certaine forme de finalité) est un imaginaire qui demeure de part en part fondé en raison : le modèle de la nature humaine nous donne à voir (procédé imaginatif) des propriétés réellement universelles de l'homme libre (contenu rationnel). Le modèle demeure une pensée imaginative, dans la mesure où il est proposé et visé comme une fin extérieure ; mais cette pensée imaginative est en lien étroit avec la raison, dans la mesure où ce qui est représenté par l'imagination est ce qui peu à peu doit être compris par la raison. Il reste cependant que même si cette imagination de ce que doit être notre vie est instruite par la raison, elle vient d'une certaine manière rompre avec l'immanence stricte du projet éthique. Mais elle rompt avec cette immanence en introduisant non pas une transcendance à l'intérieur même de l'essence, une transcendance interne, mais en introduisant une transcendance externe. Spinoza n'invalide donc pas l'idée que chacun, considéré en soi, est aussi parfait qu'il peut l'être. Il n'est d'imperfection que par rapport à un *dehors*, qui est ici clairement posé comme tel, dans le *modèle* de perfection. Paradoxalement, faire de la norme, au regard de laquelle nous pouvons être dit imparfaits, une norme immanente reviendrait à introduire la possibilité d'une béance en l'homme, d'une séparation en sa puissance, d'une scission entre son existence et son essence : autrement dit, à introduire la transcendance et la finalité à l'intérieur même de l'homme.

En vérité, la seule manière pour l'éthique spinoziste de maintenir ensemble deux exigences apparemment contradictoires – d'une part affirmer que chaque chose est en soi pleine et entière perfection ; d'autre part, affirmer qu'un perfectionnement de soi-même est possible et désirable – est d'inclure en elle-même la possibilité d'une finalité non pas interne, mais externe. La philosophie de Spinoza en effet montre qu'il n'y a d'écart pour l'homme que par rapport à une altérité extérieure à soi, qui en même temps est un modèle de perfection pour soi ; il n'est de finalité réelle qu'externe, quand bien même cette finalité inviterait à un perfectionnement interne. Le modèle de la nature humaine n'est pas la représentation en extérieur (l'extériorisation) d'une altération ou d'une aliénation intérieure ; ce modèle est tout à la fois ce qui pose une essence idéale et ce qui produit du coup le sentiment d'une désunion avec soi-même. Il faut donc le développement de la raison, et de son affectivité propre – la fortitude – pour ressentir la servitude, et comprendre du même geste les moyens de la combattre.

C'est pourquoi cette morale de l'éthique spinoziste trouve sa place dans une partie – la partie IV – qui a pour nom *De servitute humanæ* : de la servitude humaine. Puisque chaque chose est ontologiquement aussi parfaite qu'elle peut l'être, en vertu des causes qui la déterminent à être ce qu'elle est, aucune chose ne peut être dite objectivement aliénée : aucune n'est étrangère à son essence propre ; aucune n'est en elle-même dans la servitude. Encore une fois, il n'y a pas de mal absolu ou radical : il n'y a de mal que par rapport à un bien extérieur, il n'y a de mauvaises manières de vivre que par comparaison avec un modèle de vie vertueuse. Il faut donc soi-même se représenter et désirer ce modèle d'activité pour qu'il soit possible de parler de servitude, pour qu'il soit possible de se vivre dans la servitude. À la limite, on pourrait dire que la morale de Spinoza est une morale d'esclaves : en même temps qu'elle révèle aux hommes leur esclavage, elle se révèle aussi comme le moyen d'en sortir.

Spinoza donc ne construit pas seulement une éthique qui serait une pure machine de guerre contre la morale ; il fait œuvre, lui-même, de moraliste, mais en se distinguant des autres moralistes, qu'il distribue en deux grandes catégories. Il faut se reporter à la préface de la partie III pour découvrir cette typologie des moralistes, par rapport auxquels Spinoza lui-même se positionne.

En premier lieu, selon cette préface, il y a les moralistes qui conçoivent l'homme comme un être en dehors de la nature, comme « un empire dans un empire ». Selon ces moralistes, que Spinoza qualifie souvent de théologiens, l'homme d'une part aurait « une puissance absolue sur ses actions », et échapperait ainsi aux causes extérieures ; et d'autre part, il serait pécheur à cause d'un vice de sa nature, ce qui le rendrait digne de reproches, de rires, de mépris ou de détestation. Ces moralistes, superstitieux ou mélancoliques, appréhendent donc l'homme comme un être doué du libre arbitre et voué au défaut de sa nature particulière; ils considèrent donc l'homme comme un être affranchi des lois communes : l'homme serait un être hors de la *puissance commune de la nature* tant par l'absoluité de sa volonté (qui le rendrait apte au bien) que par l'absoluité du vice de sa nature (qui expliquerait sa propension naturelle au mal).

En second lieu toutefois, Spinoza reconnaît qu'il y a eu des hommes éminents qui ont écrit non pour maudire les hommes, mais pour leur donner de bons conseils, « pleins de prudence » dit-il. Qui sont-ils, ces moralistes à la sagesse pratique, qui ont écrit sur la droite manière de vivre? On peut penser à Descartes et aux Stoïciens, mais aussi aux auteurs classiques romains qui nourrissent la pensée de Spinoza. Celui-ci avoue d'ailleurs leur devoir beaucoup: en matière de morale, comme en matière de politique, son intention, aime-t-il à répéter, n'est pas de dire quelque chose de nouveau, qui sorte du commun et soit, à la lettre, admirable.

Cependant, Spinoza ne peut s'en tenir à la position de cette seconde catégorie de moralistes : certes, ils se distinguent des premiers en ce qu'ils sont préoccupés non par les vices humains, mais par le moyen de les corriger; cependant, les conseils raisonnables qu'ils prodiguent à l'envi ne se soutiennent pas d'une explication rationnelle des affects. En vérité, dans la perspective d'une morale rationnelle, pour que la prescription soit efficace, elle doit être fondée sur l'explication. Ce que les théologiens appellent les vices et les inepties des hommes – c'est-à-dire, dans le langage de la partie IV, les mauvaises passions et les actes qui en découlent – n'échappe pas à la nécessité de la nature: ce qui n'est pas *raisonnable* du point de vue de la morale, c'est-à-dire du point de vue d'une raison prescriptive, est *logique* du point de vue de l'éthique, c'est-à-dire du point de vue de la raison démonstrative. Or seul ce discours de la démonstration rationnelle peut contrarier le discours de la fascination du " vice " humain. Comprendre pour Spinoza signifie donc avant tout cela: à savoir lutter contre le fond d'« admiration » qui fait le lit des moralistes théologiens. Seule cette lutte peut asseoir les bons conseils, qui sont, sans elle, impuissants à affecter le commun des mortels : car les conseils de prudence, c'est-à-dire le discours de la prescription du raisonnable, se trouvera toujours en butte au discours qui vilipende l'impuissance irréductible de l'homme.

L'alternative dans la philosophie de Spinoza n'est pas entre la raison explicative – c'est-à-dire l'éthique de la connaissance adéquate – et la raison prescriptive – c'est-à-dire la morale rationnelle de l'obéissance : car la connaissance ne vient pas d'un seul coup se substituer à la prescription. L'alternative est plutôt entre la raison – comme prescription fondée en démonstration – et l'admiration : telle est, fondamentalement, la distinction entre la morale de Spinoza et la morale des Théologiens.

« Un rat ne peut pas être une espèce d'ange », ou comment bien penser le mal (vers la Béatitude)

L'un des grands problèmes de la philosophie spinoziste dès lors, l'un de ses grands problèmes moraux, est de savoir comment il est encore possible de penser le mal, et de parler de l'impuissance et de l'imperfection des hommes[1]. Sur le mal, ne doit-on rien dire (ce dont on ne peut pas parler, il faudrait le taire), ou bien, si on en parle, ne risque-t-on pas de tomber dans les ornières du jugement moral, de la réification du négatif et de sa condamnation désespérée – autrement dit, dans le mal lui-même ?

Comment en effet énoncer rationnellement quelque chose sur le mal, si nécessairement « la connaissance du mal est une connaissance inadéquate »[2] ? Il serait possible d'expliquer rationnellement pourquoi le mal n'est pas compréhensible ; mais il ne serait pas possible d'expliquer rationnellement ce mal en tant que tel, c'est-à-dire en tant que mal pur et simple. Cependant, bien qu'il n'y ait pas de connaissance adéquate du mal, bien que tout discours sur le mal soit nécessairement un discours de l'ignorance – c'est pourquoi les moralistes théologiens, selon Spinoza, ne savent pas de quoi ils parlent – la pensée spinoziste néanmoins propose une réflexion sur le mal. En attestent notamment la correspondance avec Blyenbergh, appelée couramment « lettres sur le mal », ainsi que les propositions 14 à 17 de la quatrième partie de l'*Éthique*, portant sur « la connaissance vraie du bien et du mal ».

1) La correspondance avec Blyenbergh est un échange sur le mal qui se termine… mal : Spinoza, après l'enthousiasme de départ, se montre à la fois très réservé sur le prosélytisme religieux de son correspondant, ainsi que sur sa manière de raisonner, et pourtant fortement intéressé par la pertinence des problèmes qui lui sont posés[3]. Le scandale moral, pour Blyenbergh, consiste à nier le libre arbitre, et partant (selon lui) la responsabilité morale devant le mal. Tout n'est-il pas permis si tout est déterminé, et que nul n'a le pouvoir de mériter le châtiment ou la récompense de Dieu ?

1. Voir déjà le début de la première partie du présent ouvrage.

2. E, IV, 64.

3. Bien qu'il réponde d'abord avec précision aux questions et objections de Blyenbergh, et le reçoive même chez lui, il finit toutefois par interrompre un échange très intéressant. Sur cette riche correspondance, voir G. Deleuze, *Spinoza. Philosophie pratique*, Paris, Minuit, 1981, chap. III.

En d'autres textes, Spinoza affirmera que si tout est déterminé, alors nous sommes déterminés à mettre hors d'état de nuire celui qui est déterminé à avoir un comportement nuisible: «Qui devient enragé par la morsure d'un chien doit être excusé à la vérité et cependant on a le droit de l'étrangler»[1]. Socialement, nous sommes déterminés, pour prévenir les comportements nuisibles, à produire un imaginaire de la responsabilité morale, entendue comme croyance au libre arbitre et souci des conséquences de nos actes, en cultivant collectivement certains affects de crainte qui contribuent à l'obéissance aux règles communes. La production d'un tel imaginaire, en ce qu'elle modère les affects les plus violents, est une propédeutique sociale à la vie rationnelle[2].

Mais à Blyenbergh, la réponse de Spinoza ne varie pas : puisque nous sommes déterminés, tout n'est pas permis, mais il est nécessaire que le vertueux, en aimant Dieu, soit *de facto*, à travers la joie de cet amour, récompensé de sa vertu. Chacun est récompensé ou puni par ses propres œuvres. Elles ont beau en effet dépendre toutes de Dieu, elles n'en contiennent pas pour autant toutes la même perfection, et le même pouvoir de nous procurer contentement et paix intérieure. Car ces œuvres relèvent elles-mêmes d'affects qui nous distinguent, et signent ou bien notre impuissance, ou bien notre puissance : « bien qu'en effet un rat aussi bien qu'un ange, la tristesse comme la joie, dépendent de Dieu, un rat ne peut cependant pas être une espèce d'ange non plus que la tristesse une espèce de joie »[3]. Dieu détermine donc la perfection du rat comme de l'ange, du criminel comme du vertueux, au sens où tous deux sont Dieu en tant qu'il s'explique par leur essence; mais Dieu ne détermine pas à chaque fois la même perfection[4]. Blyenbergh a du mal à l'entendre (non sans raison): pourquoi Dieu ne donne-t-il pas au criminel la puissance de mieux faire? Perplexité formulée en ces termes: « Suivant votre opinion, en effet, Dieu ne demande aux impies rien de plus que ce qu'ils donnent; sans quoi il aurait dû leur conférer plus d'essence, mais, comme on le voit par leurs actes, il ne leur a pas donné plus d'essence. Il ne leur demande donc rien de plus ». Blyenbergh a ici bien compris: Dieu effectivement n'attend rien de personne, car l'essence en aucune manière n'est une tension, une exigence, une demande; elle est l'affirmation pleine et entière de la chose, en même temps qu'elle est pleinement et entièrement affirmée par la chose; en

1. Lettre 78 (A, p. 347).

2. Voir E, 54, sc. Engendrer et fortifier cet imaginaire de la responsabilité morale est plus généralement la voie qu'emprunte la religion, attentive au salut des ignorants.

3. Lettre 23 (A, p. 220).

4. Voir ce que dit, à sa manière, Salomon dans l'Ancien Testament, selon TTP, II, 16.

somme, elle n'est aucunement *finalisée* par un devoir-être, qui nous requerrait ou nous convoquerait pour un au-delà de nous-mêmes. Nous faisons toujours tout ce que nous pouvons, effectivement, faire: qu'il s'agisse du rat, de l'ange, de Néron ou du sage.

Mais allons encore plus loin: admettons que l'action d'un criminel contienne autant de perfection que celle d'un homme juste; admettons, si cela pouvait être quantifié, que le premier ait mis autant d'intelligence, d'ingéniosité, d'efforts dans la production de son crime que le second dans les actes de sa vertu; admettons même que le criminel tire une satisfaction intense de son œuvre. Nous devrons alors admettre également que sous le rapport de la perfection intrinsèque du crime, il n'y a aucun mal : car le mal lui-même n'a aucune essence ou perfection[1]. Comment se fait-il alors que le matricide de Néron paraisse si odieux, et qu'il soit jugé pire que celui d'Oreste?

> Le matricide de Néron, par exemple, en tant qu'il contient quelque chose de positif n'était pas un crime; Oreste a pu accomplir un acte qui extérieurement est le même et avoir en même temps l'intention de tuer sa mère, sans mériter la même accusation que Néron. Quel est donc le crime de Néron? Il consiste uniquement en ce que, dans son acte, Néron s'est montré ingrat, impitoyable et insoumis. Aucun de ces caractères n'exprime quoi que ce soit d'une essence et, par suite, Dieu n'en est pas cause, bien qu'il le soit de l'acte et de l'intention de Néron[2].

Ces mots de Spinoza sont cruciaux : le matricide de Néron comme celui d'Oreste sont en eux-mêmes, considérés en tant qu'acte et intention, absolument parfaits; ils sont même peut-être d'égale perfection : perfection physique du geste (de l'acte); perfection psychique de l'idée et de l'affect qui en dépend (de l'intention). Si donc l'un est pire que l'autre, ce ne peut être en tant qu'il est considéré en soi, comme perfection du processus de destruction d'Agrippine ou de Clytemnestre; mais seulement en tant qu'il est considéré à travers l'effet ou l'impression qu'il fait. Il n'est de mal que subi : il n'est de mal que par ses conséquences. Expliquons : le mal est avant tout l'objet d'un jugement de valeur – celui des contemporains de Néron, celui des historiens peut-être, celui que nous formulons encore aujourd'hui (et peut-être celui de Néron lui-même, si jamais il le ressent comme tel). Le mal réside dans l'affect de tristesse, c'est-à-dire de destruction de perfection, qu'il produit chez ceux qui s'en affligent (Agrippine la première, qui eut le temps de se voir mourir); et dans la privation à travers laquelle est lu

1. Voir Lettre 19 (A, p. 182) et Lettre 23 (A, p. 219).
2. Lettre 33 (A, p. 119).

ce meurtre : « Néron s'est montré ingrat, impitoyable et insoumis ». Ces termes négatifs n'ont rien d'inexact en tant qu'ils désignent, justement, des « négations » : en effet, sont niés de l'essence de Néron, au moment où il fait tuer sa mère, la gratitude (c'est elle qui lui a donné la vie, c'est elle qui lui a permis d'accéder au trône), la pitié (l'imagination de la souffrance de sa mère ne l'arrête pas), la soumission (il craint davantage sa mère en vie que la mort de sa mère). Mais en tant qu'ils indiquent, en ceux qui jugent, la perception d'une privation (Néron n'est pas celui qu'il devrait être), ces jugements de valeur donnent consistance à un mal qui n'existe que sous la forme d'un être de raison, et non d'un être réel[1].

Comme l'indique l'*Éthique*, au moins à propos de l'ingratitude et de la cruauté, ces notions ne renvoient à rien de réel – si ce n'est à l'effet imaginatif que produit, en un autre, le spectacle d'un certain comportement : ces notions ne renvoient donc pas à des affects effectivement éprouvés par l'ingrat ou le cruel, mais à des jugements de valeur nés d'un regard extérieur[2]. Qu'est-ce donc que le mal ? S'il n'est pas une tristesse pour celui qui tue, il n'est alors que notre indignation devant son geste, notre perception de ses limites comme étant des défauts, de ses négations comme étant des privations. Le mal, c'est donc une perception intrinsèquement réelle, mais fausse – la fausseté n'étant elle-même qu'une privation, au regard d'une idée adéquate…

2) Est-ce à dire pour autant que tout discours sur le bien et le mal est un discours inadéquat, et que nous avons donc nécessairement « tort » de juger Néron inhumain ? L'*Éthique* en vérité propose une réflexion sur « la connaissance vraie du bien et du mal », n'ayant de sens qu'à l'aune du modèle de la nature humaine qui présente ce qui est bon pour nous. Dès lors, savoir avec certitude que quelque chose nous permet d'accéder à un tel modèle du bien (est tel, en premier lieu, ce qui nous permet simplement d'y penser) signifie avoir une connaissance vraie du bien; et savoir avec certitude que quelque chose nous en empêche, avoir une connaissance vraie du mal[3]. Ou plutôt, puisqu'il n'y a pas, en soi, de connaissance vraie du mal, c'est avoir une connaissance vraie du mal comme ce qui nous empêche de jouir du bien dont nous avons une idée vraie : il n'y a de connaissance vraie du mal que comme connaissance vraie *du bien et du mal* – les deux étant inséparables. Une maladie par exemple, en tant qu'elle est perçue

1. Sur cette distinction, voir PM, I, chap. 1.

2. Voir E, IV, 71, sc. pour l'ingratitude ; ainsi que E, III, 41, cor. et sc., et E, IV, déf. aff., 38 pour la cruauté.

3. Voir E, IV, déf. 1 et 2.

comme un mal, ne peut faire l'objet d'une connaissance vraie : il faut ici distinguer d'une part la connaissance biologique ou médicale ayant pour objet les lois de certains processus physiologiques (le bon médecin connaît adéquatement le processus physiologique par lequel tel ou tel symptôme peut être produit par telle ou telle cause); et d'autre part la connaissance affective du malade (qui souffre) ou du médecin (qui peut être triste de ne pouvoir guérir), qui est une connaissance inadéquate. Il en va ici d'ailleurs de la maladie comme des passions criminelles (au premier rang desquelles la haine), que Spinoza ne cesse, dans sa correspondance avec Blyenbergh, de comparer à l'action d'un poison : comprendre les effets physiologiques du poison, comme les effets affectifs de la haine, ce n'est pas comprendre un mal en soi – c'est comprendre la nature et les propriétés d'une modalité du réel. Il reste toutefois que si nous comprenons qu'une certaine disposition (organique ou psychique) fait obstacle à ce que, par ailleurs, nous savons avec certitude être un bien, nous pouvons alors parler de connaissance vraie *du bien et du mal* : il faut de toute façon penser le modèle du bien – celui de la santé du corps et du salut de l'âme – pour avoir une connaissance vraie du mal, qui dès lors est une connaissance du mal *en rapport* avec le bien.

Certes, Spinoza souligne le caractère souvent inefficace de cette connaissance vraie du bien et mal : elle est impuissante non en elle-même (ce qui n'aurait pas de sens), mais relativement aux idées qui motivent nos désirs habituels. Ainsi, savoir rationnellement que fumer est nécessairement un poison, et qu'à ce titre « fumer tue », constitue une connaissance vraie d'un mal qui, en toute certitude, empêche un bien (la santé). Mais un tel savoir est très général, il concerne le futur, et relativement à notre existence singulière présente, il porte sur une conséquence contingente (il est certain que fumer tue, mais il n'est pas certain que fumer me tuera). Nous risquons dès lors de posséder un savoir qui ne fera que rendre plus sensible notre propre servitude : emportés par des désirs pour des choses présentement agréables, nous accomplirons, en toute connaissance de cause, ce que nous savons pourtant nous être nuisibles[1].

Malgré tout, apparaît ici une nouvelle dimension de la morale de Spinoza : non seulement l'*Éthique* réhabilite les notions de bien et de mal, non seulement elle montre qu'un discours de vérité peut être tenu sur les valeurs morales, mais surtout elle affirme qu'il existe un bien, un bien désirable pour lui-même. En effet, on ne saurait dire qu'une pensée, un

1. Voir notamment les propositions 15-18 d'*Éthique* IV, ainsi que le scolie de la proposition 62.

sentiment, une action, ou quoi que ce soit d'autre, est un mal, qu'à la condition qu'on sache avec certitude que ce mal fait obstacle à la jouissance d'un bien : or, comment savoir avec certitude qu'une chose empêche un bien, si on ne connaît avec certitude ce qu'est ce bien ? Pour bien juger du bien, il faut avoir une norme de ce qui est vraiment, absolument bon par soi. Mais pour que la norme ne soit pas elle-même relative, il faut comprendre avec la plus haute certitude ce qui est bon : autrement dit, il faut commencer par comprendre, et ce faisant par comprendre ce que signifie comprendre. Au commencement, il n'y a donc d'autre bien que ce qui aide l'effort rationnel de comprendre ; et il n'y a rien de mieux à comprendre que ce par quoi tout peut être compris, à savoir Dieu[1]. Dans toute la correspondance avec Blyenbergh revient, telle une ritournelle, cette norme du bien et de la vertu, ce critère de distinction entre le bon et le méchant : pourquoi le vertueux est-il doté d'une plus grande perfection que le criminel ? Pourquoi, si le mal n'est rien, le bien est quant à lui véritablement quelque chose de positif ? Parce que celui qui agit bien ou vit bien le fait à partir de la connaissance de Dieu, comme principe de son effort de compréhension et d'action.

> Certes quelqu'un qui s'abstient du crime uniquement par peur du châtiment (tel n'est pas votre cas, je veux le croire) n'agit nullement par amour et ne possède pas du tout la vertu. Pour moi je m'en abstiens ou m'efforce de m'en abstenir parce que le crime répugne expressément à ma nature singulière et m'éloignerait de l'amour et de la connaissance du bien[2].

Spinoza aurait-il la chance (si c'en est une) d'être « tombé » sur une bonne nature, qui répugne au crime comme on est dégoûté par un aliment ? Quant à celui qui ne craint pas les supplices (humains ou divins) du crime, mais au contraire jouit de ses délices, n'est-il pas excusé d'être affublé d'une nature si perverse ? La réponse de Spinoza ne varie pas : le criminel est, considéré en lui-même, absolument parfait, mais de sa nature est niée la connaissance de Dieu, qui fait la vertu (*fortitudo*) et ouvre au salut (*beatitudo*). La nature du criminel est parfaite, mais l'est moins que celle du vertueux.

En vérité, il faut être ici plus précis : la connaissance de Dieu est-elle réellement niée de la nature de l'homme qui n'est pas vertueux ? Spinoza, s'adressant à Blyenbergh, l'affirme du voleur : n'ayant pas le désir d'être

1. Voir E, IV, 27 et 28.
2. Lettre 21 (A, p. 209).

juste, c'est-à-dire de donner à chacun ce qui lui revient, « il est donc nécessairement dépourvu de la connaissance de Dieu et de lui-même, c'est-à-dire de ce qui d'abord nous fait hommes »[1]. Si la connaissance de Dieu est une propriété essentielle de l'humanité, le voleur et le criminel qui, au moment de leurs actes, se préoccupent peu d'une telle connaissance, perdent-ils dès lors leur humanité ? L'*Éthique* approfondira ce point : à la question d'un objecteur qui se demanderait « et si le souverain bien de ceux qui suivent la vertu n'était pas commun à tous ? », il est répondu :

> Si le souverain bien de l'homme est commun à tous, cela naît non d'un accident, mais de la nature même de la raison, car cela se déduit de l'essence même de l'homme en tant qu'elle se définit par la raison ; et parce que l'homme ne pourrait ni être ni être conçu s'il n'avait le pouvoir de jouir de ce souverain bien. Car il appartient (par la prop. 47, p. 2) à l'essence de l'esprit humain d'avoir une connaissance adéquate de l'essence éternelle et infinie de Dieu[2].

Tel est le paradoxe : nous avons tout pour être « homme » ; nous possédons un minimum de rationalité, qui trouve son principe dans la connaissance adéquate de Dieu que chaque esprit enveloppe ; nous avons tous « le pouvoir de jouir » de cette connaissance de Dieu, qui fait notre souverain bien (la béatitude). Par ce fondement de la rationalité, par cette connaissance adéquate qui est notre bien souverain, par le pouvoir qu'elle nous confère d'en jouir, nous sommes « hommes » en principe. D'ailleurs, la connaissance adéquate de Dieu, et le pouvoir d'en jouir, pourraient définir au sens plein la nature de l'homme, *si réciproquement* (selon la leçon de la définition 2 de la partie II), une telle connaissance et un tel pouvoir ne pouvaient ni être ni être conçus sans l'homme. Est-ce le cas ? Dieu, au moins, a cette connaissance de lui-même, ainsi que le pouvoir d'en jouir. C'est pourquoi cette connaissance et ce pouvoir constituent une propriété certes commune aux hommes, mais qui ne leur est pas propre : une condition nécessaire de l'humanité, mais qui n'est sans doute pas suffisante[3]. Cette connaissance ne nous fait donc homme qu'« en principe » : pour que nous soyons homme « en effet », encore nous faut-il l'approfondir, être pleinement occupés par elle, et en tirer toute la jouissance que la

1. Lettre 23 (A, p. 221).
2. E, IV, 36, sc.
3. Sur cette question de la définition de l'homme par son pouvoir de jouir de la connaissance adéquate de Dieu, voir l'article d'A. Suhamy, « Comment définir l'homme ? », dans *Fortitude et servitude*, Ch. Jaquet, P. Sévérac et A. Suhamy (dir.), Paris, Kimé, 2003, p. 77-103.

force d'une telle idée peut nous donner – qu'elle nous donnera nécessairement dès lors qu'elle s'affirmera pleinement en notre esprit. Nul homme, pas même le pire des criminels, pas même Néron, n'est donc radicalement détaché de Dieu, et de sa connaissance : chacun y est uni par sa propre perfection intrinsèque, par son propre effort de vie. D'un point de vue psychique, cette perfection se nomme : intelligence ; et celle-ci enveloppe nécessairement, comme son fondement, la connaissance adéquate de Dieu.

Aussi un homme suffisamment pervers pour voir très « clairement » qu'il peut jouir dans le crime d'un bien ou d'une perfection très supérieur à tout autre serait-il privé de la connaissance adéquate de Dieu [1] : il relèverait d'une nature humaine contradictoire, en ce qu'elle manquerait de la condition *sine qua non* de l'humanité – d'une nature humaine à proprement parler inhumaine. Mais en même temps une telle nature serait tout à fait cohérente dans son amour du crime. En tant qu'elle est complètement désunie de Dieu, elle est certes une pure fiction – celle de la déliaison absolue [2] ; mais en tant qu'elle comprend que ne lui convient rien de mieux que le crime – qui dès lors serait pour elle « vertu » – il serait insensé qu'elle s'en abstienne. La vertu ne consiste pas à contrarier sa nature, mais à être une nature qui vit selon ses propres lois [3]. C'est pourquoi la vertu consiste à exister le plus possible, et donc à vivre le plus possible selon la raison : il serait donc absurde, si l'on *comprend* adéquatement que la meilleure façon de vivre est de vivre dans le crime, de ne point se conserver à travers une telle activité. La logique morale, la logique de la vertu, la logique de notre position dans l'existence découlent de la logique de l'être (de l'ontologie) : si je me perçois adéquatement uni à Dieu, ma vertu est de me comporter en conséquence ; si je me perçois adéquatement sans lien avec Dieu (parce que je vois adéquatement, par exemple, que Dieu n'existe pas), ma vertu est alors, toujours et encore, de me comporter en conséquence – le crime pouvant être alors un effet tout à fait rationnel de cette perception.

L'enjeu fondamental de l'éthique spinoziste est donc cette connaissance de Dieu : sans elle, on ne peut être homme, et on ne peut s'humaniser. Or l'*Éthique* établit des degrés dans cette connaissance de Dieu : à un premier niveau, tous les esprits humains enveloppent la connaissance adéquate de Dieu – ils ne sauraient d'ailleurs être dits humains sans cela : le pire des criminels comme le plus parfait des sages. Nul n'est ainsi coupé

1. Lettre 23 (A, p. 222).

2. Sur la fiction de cette double nature contradictoire, à la fois humaine et non humaine, voir *L'étrange cas du Dr Jekyll et de Mister Hide* de Stevenson, qui traite très exactement de cette question.

3. Voir E, IV, déf. 8.

radicalement de Dieu, c'est-à-dire de la communauté même du réel, à laquelle participe nécessairement chaque modalité de la nature. Nul n'est étranger à cette cause commune qui, nous unissant à elle, nous unit tous ensemble. Mais la plupart sont préoccupés par tout autre chose que par la connaissance de cette union. Bien peu développent donc une claire conscience de cette union avec Dieu, et avec tous les autres hommes : bien peu s'en soucient théoriquement, bien peu en tirent pratiquement les conséquences. Et partant, rares sont ceux qui jouissent véritablement d'une telle connaissance – rare est la béatitude.

Mais tous en jouissent *un peu* : la preuve en est ce *gaudium*, cette jouissance d'être, qui est l'idée même de notre nature singulière. Reste qu'une telle joie est à intensifier : il nous faut approfondir la connaissance de notre union avec Dieu, et partant notre union elle-même avec lui. Il faut tirer tous les effets affectifs d'une telle connaissance, et d'une telle union. « Il faut », disons-nous, car c'est là ce que nous propose finalement l'idéal de perfection développé par la partie IV de l'*Éthique* : modèle du bien qui est en même temps modèle de la nature humaine. Se donnant imaginairement comme modèle extérieur à soi, l'humanité n'est autre en réalité que la norme immanente de notre commune nature, qui se fortifie à travers son activité rationnelle. En nous unissant davantage à Dieu, en nous préoccupant de sa connaissance pour en jouir le plus possible, pour en tirer tout l'amour qui peut en naître, nous ne nous perdons donc pas dans un tout indifférencié, dans une substance qui absorberait notre identité : bien au contraire, nous conservons au mieux notre nature singulière, nous la perfectionnons en perfectionnant l'humanité que nous enveloppons, nous nous singularisons en vivant la « nature humaine » non plus de façon morale (comme modèle extérieur à nous), mais de façon éthique, comme norme intrinsèque de pensée et d'action, comme propriété de notre nature singulière. Ainsi pourrons-nous peut-être dire : si du crime, ou d'autres actions de même farine, je m'abstiens, c'est tout simplement qu'elles répugnent à ma nature singulière[1] – toute la difficulté étant de parvenir justement à cette répugnance naturelle et singulière.

***

Derrière ce qui pourrait apparaître comme un repli de Spinoza sur la « nature singulière » (je m'abstiens du crime car il répugne à ma nature),

1. Lettre 23 (A, p. 222).

se lit en vérité une manière d'affirmer sa vertu sans donner de leçon, et de poser en même temps tolérance et exigence. Tolérance, car il s'agit de laisser à chacun le soin de conduire sa vie comme il l'entend : à chaque individu, à chaque peuple correspond un *ingenium* particulier, une complexion ou un complexe d'affects et de croyances à travers lesquels il s'efforce de poursuivre, le plus souvent imaginairement, ce qu'il juge lui être utile [1]. Mais exigence en même temps, car il s'agit à la fois d'être ferme à l'égard de soi-même et généreux à l'égard d'autrui [2]. Une formule de la lettre 30 à Oldenburg dit bien ces deux dimensions de l'éthique spinoziste :

> Maintenant je laisse chacun vivre selon sa complexion et je consens que ceux qui le veulent, meurent pour leur bien, pourvu qu'il me soit permis à moi de vivre pour la vérité [3].

D'où vient cette commune tendance à mourir de la vie qu'ordinairement on mène ? De ces mêmes passions qui peuvent être sources de concordes et de discordes, qui nous unissent et nous désunissent. Prenons cette universelle propriété de la nature humaine qu'est l'imitation des affects. Cette loi du comportement humain, en sa version centrifuge, est socialisatrice, puisqu'elle nous pousse à nous intéresser à autrui. Elle suscite la pitié et la bienveillance : souffrant de la souffrance que nous imaginons en autrui, nous sommes portés à lui venir en aide [4] ; elle provoque l'émulation : désirant ce que nous imaginons que d'autres désirent, nous nous portons vers ce qu'ils jugent être honnête, utile et agréable [5] ; elle excite l'ambition : désirant la gloire, la reconnaissance du groupe, nous sommes portés à le reconnaître, nous adoptons ses valeurs et faisons ce qui lui plaît – à tel point que notre ambition peut être destructrice, pour nous-mêmes ou pour autrui : à force de vouloir plaire, nous pouvons nous perdre [6]. Mais il y a plus : l'imitation des affects est également désir que les autres imitent nos propres affects, en somme qu'ils aiment ce que nous aimons et haïssent ce que nous haïssons : la tendance centrifuge de

1. Le *Traité théologico-politique*, comme nous le verrons, développe cette tolérance sur le plan religieux : qu'il soit permis à chacun d'honorer Dieu comme il le souhaite, pourvu qu'il laisse à autrui cette même liberté.

2. Voir E, III, 59, sc. : l'affectivité rationnelle (*fortitudo*) est fermeté (*animositas*) et générosité (*generositas*).

3. Lettre 30 (A, p. 232).

4. Sur la piété et la bienveillance, voir E, III, 22, sc. ; E, III, 27, sc. et cor. ; et E, III, déf. aff., 18 et 35.

5. Sur l'émulation, voir E, III, 27, sc. et E, III, déf. aff., 33 avec son expl.

6. Sur l'ambition, voir E, III, 29, sc.

l'imitation affective se double nécessairement d'une tendance centripète; nous ouvrir à l'intérêt d'autrui, en vertu de l'effort qui nous pousse à nous conserver nous-mêmes, c'est nous intéresser aux autres (être parmi eux : *inter-esse*) pour qu'ils s'intéressent à nous. Aussi l'ambition est-elle, dans sa recherche immodérée de gloire, désir qu'autrui approuve ce que nous aimons et désapprouve ce que nous haïssons; aussi notre ambition s'oppose-t-elle à l'ambition des autres : ce désir de gloire, désir qu'a chacun que tous les autres vivent selon son propre *ingenium*, alimentant tous nos affects, engendre des haines réciproques[1]. L'émulation fait de nous des envieux, fort enclins à se réjouir du malheur des uns, et à s'attrister du bonheur des autres[2]. Même la pitié, pourtant utile socialement, et si souvent étouffée par nos désirs de vengeance, est faiblesse d'âme, puisqu'elle relève au fond de la tristesse.

« Cela, dit la préface du *Traité théologico-politique*, j'estime que nul ne l'ignore, bien que la plupart, à ce que je crois, s'ignorent eux-mêmes ». Ainsi chacun perçoit bien mieux en autrui le caractère odieux de ce qu'il ne perçoit pas en lui : l'ambition et la pitié se donnent des allures de piété, et l'indignation veut apparaître comme une espèce d'équité[3]. En ces passions coule une violence qui, lorsqu'elle n'est pas simplement celle de la haine et de son cortège de passions destructrices (envie, colère, vengeance…), pousse à vouloir faire soi-même le bien des autres : tendance universelle dont pas même l'homme libre, s'efforçant de vivre sous la conduite de la raison, n'est exempt.

Il est toutefois possible de vivre de « façon douce et humaine » la recherche de la gloire, qui en elle-même ne répugne pas à la raison, mais peut en naître : gloire de communiquer, et ainsi fortifier, ce bien commun que sont la connaissance et l'amour de Dieu. Mais il y faut beaucoup d'« art et de vigilance », prévient Spinoza[4] : il faut patiemment acquérir l'*ingenium* de l'homme libre[5], qui s'applique à faire advenir, en lui et avec les autres, toute la puissance de la nature humaine, toute la puissance d'humanité des hommes :

> La modestie, c'est-à-dire le désir de plaire aux hommes, qui est déterminé par la raison, se rapporte à la piété (comme nous l'avons dit dans le scolie 1

1. Voir E, III, 31, cor. et sc. ; E, III, déf. aff., 29, expl. et 44, expl..
2. Sur l'envie, voir les scolies de E, III, 24, 32 et 39; ainsi que E, III, déf. aff., 23 et 29, expl.
3. Sur cette hypocrisie des passions sociales, voir l'appendice d'*Éthique* IV : chap. 16 pour la pitié ; chap. 24 pour l'indignation ; chap. 25 pour l'ambition.
4. E, IV, app., chap. 13.
5. E, IV, 66, sc.

> de la prop. 37 de la partie IV). Mais, s'il naît de l'affect, c'est de l'ambition, autrement dit un désir par lequel les hommes, sous une fausse image de piété, suscitent discordes et séditions. Car qui désire aider les autres en conseil ou en acte, pour qu'ils jouissent ensemble du bien suprême, s'emploiera avant tout à se concilier leur amour; et non à les jeter dans l'admiration, pour avoir une discipline à son nom, ni à leur donner absolument aucune cause d'envie. Ensuite, dans les entretiens communs, il se gardera de faire état des vices des hommes, et il aura soin de ne parler que parcimonieusement de l'impuissance humaine: au contraire il parlera amplement de la vertu ou puissance des hommes, et par quelle voie il peut la parfaire, afin qu'ainsi les hommes, mus non par la crainte ou l'aversion, mais par le seul affect de joie, s'efforcent de vivre, autant qu'il est en eux, selon la prescription de la raison [1].

On a là un portrait saisissant de l'exigence de Spinoza dans sa pratique de philosophe. Et il n'est pas anodin que ce désir de gloire, qui engendre le plus souvent la désunion entre les hommes lorsqu'il est impulsif, soit nommé « modestie », ou encore « humanité » lorsqu'il est rationnel [2]. Une modestie qui ne s'adresse pas tant aux autres hommes (Spinoza sait bien ce qui se cache derrière les apparences de l'humilité [3]) qu'à soi-même : elle est une claire conscience de ce que peut la raison.

La démarche éthique ne consiste donc pas à déplorer une nature humaine invivable, et à inventer un homme nouveau pour une nouvelle humanité. Elle consiste à comprendre les logiques affectives de l'imaginaire commun, afin de les vivre non plus de façon passionnelle mais rationnelle : à modifier la nature humaine « par le milieu », en déployant toute la puissance de ses propriétés. Le monde social est constitué certes de normes imaginaires, mais qui ont en même temps des effets tout à fait réels. Ces normes du bien et du mal, et surtout du juste et de l'injuste, du péché et du mérite, naissent de communs accords qui n'ont d'autre base que des « consensus affectifs » : consensus bien plus passionnels que rationnels, valeurs qui n'expriment pas la puissance naturelle de l'esprit humain, mais ne sont pour lui que des « notions extrinsèques » [4]. Et pourtant, la liberté de l'homme rationnel n'est pas dans le refus du « décret commun » : ni

1. E, IV, app., 25.

2. Voir E, III, 29, sc. et E, III, déf. aff., 43.

3. E, III, déf. aff., 29, expl.

4. Voir E, IV, 37, sc. 2. Précisons la différence entre les valeurs du bien et du mal et les autres valeurs : à l'état de nature, où n'existent pas de passions communes et donc de consensus affectifs, sont impossibles les valeurs du juste et de l'injuste, du mérite et du péché… qui impliquent un rapport à l'autre et à la loi – mais sont possibles celles du bien et du mal, qui sont alors strictement individuelles, en ce que chacun juge pour lui-même ce qui lui est utile.

servitude, ni solitude, mais fortitude et, si possible, béatitude. La puissance de l'homme libre ne consiste pas, paradoxalement, à « n'obéir qu'à soi-même », mais à rechercher la puissance du commun – ce qui ne peut se faire que dans la cité [1]. La démarche éthique est donc tout autant éthico-politique. Mais il faut bien en comprendre la signification : il s'agit non pas tant de désirer « changer la société » au nom de la morale, de faire table rase des rapports de pouvoir au nom de valeurs supérieures (ce serait désirer une chimère, une autre nature humaine) ; mais de subvertir progressivement, de l'intérieur, les logiques passionnelles, en les vivant, soi-même avec les autres, autrement – plus puissamment.

Telle est la difficulté, et la rareté, de l'entreprise politique de l'éthique : tisser des liens de réelle amitié ; construire des unions intellectuelles au sein des unions imaginaires et passionnelles du monde social.

1. E, IV, 73.

CHAPITRE II

UNION IMAGINATIVE ET UNION INTELLECTUELLE

> L'indestructible est un; chaque homme l'est individuellement et en même temps il est commun à tous, d'où cet indissoluble lien entre les hommes, qui est sans exemple [1].

LES COMMUNAUTÉS AFFECTIVES

Union externe et union interne

Une lettre émouvante, adressée par Spinoza à un ami, P. Balling, pose le problème de la constitution des unions affectives en régime ou bien de passivité, ou bien d'activité. Balling a entendu en rêve et, quoique très brièvement et confusément, à son réveil, son fils gémir, avant que celui-ci plus tard ne tombe malade, ne pousse de semblables gémissements, et ne soit finalement emporté par sa maladie. Balling demande alors à Spinoza ce qu'il pense de la nature prémonitoire de son rêve. La réponse de Spinoza est pleine de sollicitude : elle évoque son « inquiétude » devant une telle épreuve, elle exhorte son ami à persévérer dans cette correspondance avec lui. Il s'agit là d'une véritable lettre d'amitié, de la démonstration en acte d'un lien amical : un ami en soutient un autre dans l'adversité, en lui disant combien il est soulagé de le voir si fort, et combien en même temps il se soucie de lui. Mais surtout, cette lettre, sur fond de souffrance partagée, envisage un seul recours : penser, réfléchir, faire de la philosophie. La

1. Kafka, *Réflexions sur le péché, la souffrance, l'espérance et le vrai chemin*, trad. fr. B. Pautrat, Paris, Rivages poche, 2001, Réflexion 70/71, p. 57.

douleur n'est pas un prétexte à lamentation ou consolation, elle n'est pas seulement occasion de recueillement ou de prière, mais devient le ressort d'une pensée qui cherche, qui théorise, qui formule des hypothèses explicatives.

Or selon Spinoza, la perception qu'a eu Balling des gémissements futurs de son fils constitue bel et bien un présage[1]. Pour étayer cette affirmation, sa lettre explicite deux points.

– D'abord, il ne s'agit pas de la perception de gémissements réels et présents, qui auraient été intégrés au rêve de Balling; mais au contraire de résidus oniriques qui persistent quelque peu lorsque Balling se réveille. Spinoza illustre cette persistance à l'état de veille d'images oniriques en racontant l'un de ses propres rêves, celui d'un Brésilien qu'il continuait à percevoir une fois réveillé, avant que l'image ne s'efface par la concentration de son esprit sur un objet précis : expérience intéressante, en ce qu'elle montre un Spinoza continuant à « rêver les yeux ouverts », un Spinoza proto-somnambule qui, vaquant à ses occupations, a la pensée comme parasitée par la persévérance d'une imagination sans rapport avec la réalité présente. De la même manière, les gémissements entendus par Balling une fois réveillé n'étaient pas réels, mais imaginaires, vestiges d'une perception auditive qui s'estompe lorsque Balling fait attention à ce qu'il entend.

– Ensuite, pour expliquer comment l'imagination peut être prémonition, sont distinguées les deux causalités qu'elle peut suivre, la causalité physique et la causalité psychique. Par exemple, fièvre ou épaisseur du sang peuvent en être des causes physiques (l'une du délire de l'imagination, l'autre d'un imaginaire de violence). Quant à la causalité psychique, Spinoza donne l'exemple suivant : elle peut avoir lieu lorsque l'imagination « enchaîne et ordonne ses images, comme l'entendement ses démonstrations, de sorte que nous ne pouvons presque rien connaître par l'entendement dont l'imagination ne forme à sa suite une image »[2]. Or, lorsqu'elle obéit à une causalité mentale, une perception imaginative (« parce que l'âme peut toujours pressentir confusément ce qui sera ») peut être une prémonition. Le cas de l'imagination suivant les traces de l'entendement n'est donc qu'un exemple pour illustrer une causalité psychique de

1. Spinoza ne rejette pas comme indignes de réflexion des phénomènes qui peuvent apparaître comme anormaux, certains diraient aujourd'hui paranormaux, en tout cas irrationnels voire fantaisistes. Il considérera également avec sérieux, quoique avec humour, la question des spectres sur laquelle l'interroge le très convaincu Boxel.

2. Spinoza dit bien : « presque », puisqu'il est justement des réalités qui ne peuvent être que comprises, et non point imaginées, comme Dieu, l'infinité ou l'éternité.

l'enchaînement d'idées imaginatives. Le pressentiment qu'a le père des gémissements de son fils est bel et bien « confus » : le père ne comprend pas ce qui va arriver au fils, son pressentiment ne dérive pas d'une déduction intellectuelle, il n'est pas une prédiction rationnelle (comme on parle de prédictibilité de certains phénomènes naturels en science). Le pressentiment se fait en régime de passivité mentale, il est confus au sens où ses causes ne sont pas distinctement perçues. Néanmoins, cette confusion ne l'empêche pas d'être vif : confusion parce qu'incompréhension ; mais vivacité en vertu de la persistance et de la prégnance de la perception[1].

Ce qui explique selon Spinoza qu'on ait affaire à un réel pressentiment dans le cas de Balling, c'est la force de l'union qui le liait à son fils. La vérité de la prémonition du père tient à l'affect d'amour qui l'unit à son fils : un amour qui pressent la souffrance et la mort du fils aimé, un amour sensible à la décomposition prochaine et véritable de l'être aimé. Par cet amour, le père et le fils « font un seul et même être », dit Spinoza. Se dessine donc l'exemple vivant de deux individus tellement unis qu'ils composent un nouvel individu. Plus précisément, il est dit du père qu'il est une « partie » du fils, et que partant « l'âme du père participe de l'essence idéale du fils, de ses affections et de leurs conséquences ».

Tentons de mieux saisir cet énigmatique propos. Que doit-on entendre, d'abord, par « essence idéale » ? Il s'agit, si on veut bien suivre les précisions ultérieures qu'en propose le *Traité politique*, de la conception adéquate de la chose indépendamment de son existence, conception qui demeure la même avant que la chose ait commencé d'exister et après que la chose a existé[2]. Ainsi, par cette participation de l'âme du père à l'essence idéale du fils, entendue comme sa définition vraie, est expliqué le caractère véridique de l'imagination paternelle, qui en fait un pressentiment

1. On trouve là les caractéristiques principales de la prophétie, analysée en détail par le *Traité théologico-politique* : contrairement au miracle, phénomène prétendument contre-nature et censé révéler la puissance de Dieu, que Spinoza rejette au nom de la compréhension rationnelle des lois naturelles, la prophétie ou révélation divine, qui dépasse « les limites de l'entendement », est acceptée comme une donnée de l'Écriture, et sur laquelle seule l'Écriture peut nous offrir quelque enseignement (sur la différence de méthode d'analyse du miracle et de la prophétie, voir notamment TTP, I, 6 et VI, 21. Les chapitres I et II sont consacrés à l'étude de la prophétie et des prophètes ; le chapitre VI à celle des miracles). Selon le *Traité théologico-politique*, il existe ainsi des révélations véritables (des paroles ou des figures réellement extérieures au prophète qui les entend ou les voit), et des révélations imaginaires, ne concernant que la fantaisie du prophète ; mais toutes ces prophéties, n'offrant aucune vérité pour la spéculation, seulement pour l'usage de la vie (pour la pratique de la charité ou de la piété), exigent de la part des prophètes non pas « d'avoir un esprit plus parfait, mais seulement une imagination plus vive » (TTP, I, 20).

2. Voir TP, 2/2.

véritable, et non une élucubration ou une simple hallucination. L'âme du père participant de l'essence idéale du fils pourrait ainsi véritablement percevoir ce qui découle logiquement de cette essence, et qui se manifestera dans un futur proche. Même si le père ne saisit que confusément quelque chose de son fils, même si son amour n'est pas entièrement intellectuel, du moins est-il sensible à une vérité du fils. Cet amour d'un père à l'égard de son fils est certes traversé par bien des mouvements passionnels, tristes ou joyeux, mais en lui quelque chose de réel ou d'éternel est expérimenté.

Néanmoins, peut-on objecter, en quoi les gémissements et la maladie du fils découlent-ils de son essence même ? Si cette essence désigne ce qu'est le fils indépendamment de son existence dans la durée, peut-on envisager que la négativité – la négativité la plus extrême même, puisqu'il s'agit de sa mort – soit en quelque manière impliquée en elle, et ce de façon éternelle ? Comment concilier alors un tel enveloppement avec le fait que l'essence est dite, dans l'*Éthique*, seulement poser la chose, et jamais la supprimer, la mort ne pouvant donc venir que d'une cause extérieure ? Certes, la lettre à Balling, qui date du 20 juillet 1664, est à compter au nombre des textes de jeunesse, qui n'ont pas encore la maturité et la cohérence de l'*Éthique* ; certes, elle propose des hypothèses qui ne seront pas forcément toutes retenues. Mais l'essentiel de ce texte n'est pas en contradiction avec les œuvres plus tardives : car ce que le père se représente et anticipe, ce n'est pas la mort même de son fils, ce sont ses gémissements face à la mort qui vient. Par son amour, le père n'est pas tant sensible à la destruction prochaine de son fils, qu'à sa puissance de résistance à cette destruction. Le gémissement indique en effet que le fils lutte contre ce qui l'envenime, et finira par l'emporter : le gémissement du fils exprime une résistance positive à la mort, de même que la douleur dans un organe blessé manifeste la positivité de sa sensibilité vivante [1]. Le père perçoit donc la puissance de vie du fils contre la maladie : il perçoit confusément cette essence à laquelle il participe, et qui est affectée d'une disposition contre laquelle tout entière elle s'efforce de lutter.

Cette lettre jette donc une lumière originale sur ce que signifie « être uni par la force d'un affect ». Certes, elle n'évoque pas explicitement l'amour du *fils* pour son *père*, et sa participation à l'essence paternelle ; mais puisque tous deux forment un seul et même être, on peut en déduire qu'ils sont unis dans l'épreuve d'un affect commun. Par leur amour, père et fils composent sinon un seul et même corps, du moins « comme une seule âme », à travers

1. Voir le scolie de E, IV, 58.

une véritable « union des cœurs », selon une expression du *Traité politique*[1]. Or, une telle union est-elle réalisable justement sur le plan politique ? Faut-il distinguer entre un modèle politique d'union fondé sur le principe de l'imitation affective, maintenant un rapport d'extériorité entre ces individus qui sont comme les « caméléons » les uns des autres, et un modèle éthique d'union fondé sur le principe de la participation essentielle, introduisant un rapport d'intériorité entre les individus ainsi unis ? Le politique est-il voué à la communauté de passion, enveloppant toujours une forme d'impuissance, et ne peut-il jouir d'une communauté d'action, ouverte à un processus d'émancipation ?

À en croire la partie IV de l'*Éthique*, « en tant que les hommes sont soumis aux passions, on ne peut dire qu'ils conviennent en nature »[2] : la passion enveloppe une négation de puissance, et convenir en négation, c'est ne convenir en rien. Cette forme de négativité, propre à la passion, explique que les communautés passionnelles sont en même temps restrictives, et conflictuelles : elles se posent en s'opposant, elles s'affirment en excluant – en niant l'autre qui parfois peut être en soi-même. Toutefois, s'ils ne conviennent pas en nature, les hommes soumis à une passion commune conviennent cependant en quelque chose : ils conviennent en extériorité, en ce sens qu'ils dirigent tous ensemble leurs efforts vers un seul et même objet : ensemble, ils désirent fuir ou détruire un objet de crainte ou de haine commune ; ensemble ils désirent conserver ou fortifier un objet d'amour commun – ensemble, ils constituent donc une chose singulière.

Lorsque l'union est passionnelle, elle n'est jamais totale : se forment alors des convenances partielles, par lesquelles les collectifs se singularisent plutôt qu'ils ne s'individualisent – au sens de l'individuation active qui se fait par la raison. Or, d'un point de vue social, il n'est pas certain qu'une collectivité, tenant par des passions communes qui sont loin de relever toutes de l'amour du prochain, puissent convenir autrement qu'en extériorité. La ruse et la tromperie travaillent le social tout autant, si ce n'est plus, que la bonne foi et la confiance. Voyons donc quelles formes d'unions sont politiquement possibles, dès lors que l'horizon du politique demeure la vie des affects communs.

1. Sur l'*unio animorum*, voir TP, 3/7 et 6/4. Sur l'expression récurrente du TP : « Comme une seule âme [*una veluti mente*] », voir 2/16, 2/21, 3/2, 3/5, 3/7, 6/1 et 8/6. L'*Éthique* présente déjà une expression semblable à propos des hommes rationnels qui conviennent en nature (« ils conviennent tous en tout, de sorte que les esprits et les corps de tous composent un quasi esprit et un corps [*omnes in omnibus ita conveniant ut omnium mentes et corpora unam quasi mentem unumque corpus componant*] »).

2. E, IV, 32, sc.

Promesses d'union (qu'elles n'engagent que ceux qui y croient)

Nulle part Spinoza n'étudie la genèse de l'État pour elle-même. Le *Traité théologico-politique* offre certes quelques précieuses remarques sur le rapport entre état de nature et état social; mais tel n'est pas l'objet privilégié de ce traité, qui est de montrer (le sous-titre l'indique) que la liberté de philosopher, comme dit Spinoza, c'est-à-dire la liberté d'avoir une opinion et de la diffuser – on dirait aujourd'hui : la liberté de pensée et la liberté d'expression – non seulement n'est pas nuisible à la religion et à l'État, mais surtout leur est nécessaire pour renforcer et la piété et l'obéissance aux lois de la République. Le *Traité théologico-politique* se divise ainsi en deux parties principales : la plus longue, des chapitres 1 à 15, montre que la liberté de philosopher est utile à la piété religieuse; la seconde, constituée par les chapitres 16 à 20, qu'elle est utile à la sécurité de l'État. C'est donc dans la perspective du rapport entre unité du corps politique et droit à penser ce qu'on veut qu'est étudié, notamment dans le chapitre 16, le fondement naturel de l'État, à savoir le droit de chacun à l'état de nature et son devenir à l'état civil.

À la vérité, la question de la genèse de l'État est abordée une première fois, notamment dans le chapitre 5, sous l'angle des rapports entre religion et liberté de pensée. L'État y est alors décrit comme le régulateur des pratiques sociales ordinaires, lesquelles tournent notamment autour de la question de la division du travail[1] : le chapitre 5, consacré au rôle des cérémonies dans l'État, utilise ainsi le modèle de l'État hébreu pour montrer à quel point les cérémonies religieuses constitutives de la vie politique peuvent garantir la reproduction du lien social en réglant le quotidien, notamment le travail de tous les jours (ou presque, puisque le dernier était jour de repos). Toutefois, même si la question des besoins, des techniques, des échanges avec la nature et entre les hommes, et plus généralement du travail n'est pas absente de l'horizon de la réflexion politique chez Spinoza, ce n'en est point le cœur : c'est du côté du droit et des passions, du côté du droit déterminé par les passions, qu'il faut tourner le regard pour appréhender le politique. Le droit, qu'il soit naturel ou positif, est en effet avant tout déterminé par les passions – cette insistance sur la constitution passionnelle des rapports sociaux, et sur le fondement passionnel de toute institution étatique organisatrice de la société, étant une des originalités les plus remarquables du spinozisme. À tel point que la raison, en politique, ne

1. Voir P.-F. Moreau, « Les deux genèses de l'État dans le *Traité théologico-politique* », dans *Spinoza. État et religion*, Lyon, ENS Éditions, 2005.

constitue jamais pour Spinoza un point de départ, mais seulement un horizon – toujours inaccessible.

Cette minoration du rôle de la raison dans la genèse de l'État explique la place réduite du contrat social dans la réflexion politique de Spinoza. Ce qui est rejeté dans le pacte social, c'est non pas tant sa dimension éventuellement fictive que ses conditions de possibilité : la rationalité et la liberté. La constitution d'un lien social solide, par lequel un peuple est un peuple, obéit en effet non à la liberté des volontés rationnelles, mais à la nécessité des affects passionnels.

Imaginer la fiction d'un contrat au fondement de la constitution du peuple ne serait pas, en soi, une faute de raisonnement. Comme le montre le *Traité de la réforme de l'entendement*, une idée adéquate peut procéder d'une fiction bien comprise. Ainsi, pour construire une définition de l'essence du cercle, pour l'engendrer conceptuellement, il est possible de forger la fiction de la rotation d'un segment de droite dont une extrémité est fixe. Et même si dans la nature jamais aucun cercle n'était produit de la sorte (ce qui n'est pas vrai, puisque bien des écoliers procèdent ainsi avec leur compas), nous obtiendrions néanmoins une définition parfaite de ce qu'est, dans son essence propre, un cercle. Par cette fiction est engendré le cercle dans son essence même, et une telle définition fait voir, directement ou par déduction, l'ensemble de ses propriétés. Ce qui est ici fictif, précise bien Spinoza, ce n'est ni l'idée de segment de droite, ni celle de mouvement, idées très simples et nécessairement vraies[1], sources de notre savoir (ce que l'*Éthique* rangera au nombre des notions communes) ; c'est leur association, qui est une construction mentale. Or, une telle fiction n'est pas absurde, si elle est rattachée à ce qu'elle veut expliquer, à savoir l'idée de cercle. Toute seule, cette fiction du mouvement d'un segment de droite dont une extrémité est fixe n'aurait pas grand sens ; elle serait arbitraire, ou plutôt tronquée, partielle, inadéquate – ce qui est le propre de la fausseté. Mais rapportée à l'idée de cercle, cette fiction prend sens, elle explique ce qu'elle pense, elle lie un résultat à son processus d'engendrement : elle est adéquate. Une fois que tout est uni, on comprend très bien ce qu'est le cercle, et à partir de quelle fiction utile il peut être engendré.

Or, dans le cas de la fiction du contrat social, le problème est que les éléments mêmes à partir desquels elle compose la genèse du lien social sont fictifs : les individus ne sont naturellement ni libres, ni rationnels. Il faut donc renoncer à la fiction d'un individu libre qui, par un acte de raison, s'unirait volontairement à tous en renonçant à soi, afin de bénéficier de la

1. Voir TRE, § 63.

protection du souverain – de la communauté elle-même ou de son représentant. Une multitude conduite par la raison serait certes plus puissante qu'une multitude conduite par les passions; mais politiquement, une telle multitude ne peut jamais être donnée, sinon en utopie. D'ailleurs, si une telle multitude pouvait être donnée, ou même produite, elle n'aurait plus besoin des cadres du droit positif – et donc de la promesse de leur obéir.

C'est pourquoi le pacte social n'est jamais un acte de la raison : il le serait si la multitude pouvait promettre en comprenant l'utilité de la société, autrement dit « par désir de ce bien souverain qu'est la conservation de la république »[1]. En vérité, le pacte social ne peut être respecté qu'autant que dure la passion qui a poussé à le contracter[2]. Et cette passion elle-même sera conservée tant qu'une passion contraire et plus forte ne l'aura pas détruite[3].

Toutefois, ce qui est possible en politique, *c'est que nous promettions, par passion, d'obéir à la raison*, que nous promettions, pour nous protéger d'autrui et jouir des avantages de la vie sociale, de nous soumettre aux commandements de la raison. Ou plutôt, il est possible que nous suivions un mouvement qui ne relève plus tout à fait de l'appétit aveugle et de la force brute (un mouvement naturel) mais pas encore véritablement des lumières véritables de la raison : un mouvement passionnel socialisé, par lequel nous nous accordons aux autres.

> Ils ont dû stipuler et promettre de tout diriger selon le seul commandement de la raison (que personne n'ose contredire ouvertement de peur de paraître manquer de bon sens), de réfréner l'appétit dans la mesure où il conseille quelque chose de dommageable à autrui, de ne faire à personne ce qu'il ne veut pas qui lui arrive et enfin de défendre le droit d'autrui comme si c'était le sien[4].

Si la raison elle-même ne peut être un véritable *motif politique* de promettre, elle peut néanmoins devenir un *objet politique* de la promesse. Se dessine donc ici ce qu'on peut appeler un imaginaire de la raison, qui est le véritable motif de la promesse politique. Chacun investit dans la rationalité collective par espoir de bénéfices individuels : chacun, spontanément, désire la raison par passion commune.

Est-ce à dire pour autant que la promesse n'est qu'une duperie collective? Si l'on se fie aux grandes motivations affectives de la vie

1. TTP, XVI, 7. Sur l'utilité de la société, voir TTP, V, 7 et XVI, 5.
2. TTP, XVI, 16.
3. Voir E, IV, 7.
4. TTP, XVI, 5.

ordinaire, sur lesquelles s'ouvre le *Traité de la réforme de l'entendement* – désirs de gloire (ambition), d'argent (cupidité), de sexe (libido) – la promesse paraît bel et bien toujours mensongère : promesse de l'homme politique, qui jure de moraliser l'exercice du pouvoir; promesse de l'homme d'affaires, qui s'engage à réguler les pratiques de la finance; promesse du séducteur, qui fait le serment de l'amour éternel[1]. On peut donc légitimement supposer que chacun, lorsqu'il transfère son droit au souverain et promet de respecter les lois qui lui seront imposées, ment, et est prêt à trahir sa promesse à la première occasion, celle où l'espoir d'un plus grand bien conduira à enfreindre une loi. C'est pourquoi un État, fondé sur un pacte né de la passion, sera toujours menacé de destruction intérieure.

La tromperie réside ici dans le fait de *s'engager* à respecter un pacte parce que, selon le discours commun et officiel, il est rationnel que tout le monde s'entende et obéisse, alors que chacun estime en son for intérieur qu'il ne respectera le pacte que si ce respect lui est utile. La tromperie est le propre du pacte passionnel, surtout si l'on songe que chacun est apte à se mentir à lui-même, pour mieux persuader les autres; chacun alors se dupe soi-même en déclarant qu'il respectera toujours le pacte, alors qu'il sent, au moins confusément, qu'il fera tout pour désobéir s'il perçoit quelque avantage dans cette désobéissance[2]. D'ailleurs, puisque nul n'ignore absolument les lois qui gouvernent tout le monde, chacun sait que les autres en feront autant dans les mêmes circonstances. À la rigueur, si on croit réellement à cet engagement au moment où on le passe, on est alors dans l'espoir d'une récompense, ou dans la crainte d'un châtiment qui, s'ils s'effacent, laisseront alors apparaître la tromperie latente. Car la tromperie est dans la discordance entre l'objet de la promesse et son motif réel : en promettant d'obéir à la raison, on fait comme si c'était par elle qu'on était motivé...

Doit-on en conclure que le modèle de promesse analysé par Spinoza dans le *Traité théologico-politique*, cette Alliance qu'ont passée les Hébreux avec Dieu, repose sur un mensonge collectif?

1. Il se peut néanmoins que, de bonne foi, nous fassions une promesse qui relève de la bêtise : voir TTP, XVI, 6. Dans ce même paragraphe, Spinoza soutient contre Hobbes (voir *Léviathan*, chap. XIV) que, par droit naturel, je puis très bien, par une fausse promesse, me libérer d'un brigand auquel je ne devrai rien. Voir A. Matheron, « Spinoza et la problématique juridique de Grotius », dans *Anthropologie et politique au XVIIe siècle (Études sur Spinoza)*, Paris, Vrin, 1986.

2. Sur la duperie de soi, voir P.-F. Moreau, *Problèmes du spinozisme*, Paris, Vrin, 2006, p. 77-87.

La promesse que font les Hébreux d'obéir à Dieu – d'abord directement, puis, après avoir été effrayés au pied du Mont Sinaï, indirectement, par l'entremise de Moïse – naît d'un affect très puissant : la dévotion à l'égard du Seigneur, ce mixte d'amour et d'admiration pour Dieu conçu comme leur sauveur. À leur sortie d'Égypte, les Hébreux forment pour Spinoza un peuple abruti par une longue période de servitude, et insoumis suite à leur libération inespérée : rendus superstitieux et même barbares par leur longue habitude de craindre, ils sont dans l'impossibilité de comprendre les lois qu'ils doivent épouser, et d'obéir à un souverain simplement humain. Toutefois, ayant échappé à l'esclavage et ayant traversé sains et saufs le désert, les Hébreux considèrent comme miraculeux ce salut, qu'ils vivent comme une élection[1]. Tel est leur *ingenium* collectif, telle est leur commune complexion affective : pleins de reconnaissance envers Dieu, et pleins d'espoir en la perpétuation de leur salut, ils acceptent donc de se soumettre à sa puissance terrifiante et bienveillante. Transis de dévotion, ils promettent d'obéir à un souverain divin. Tout le génie de Moïse, en tant que prophète et surtout en tant que législateur, est de donner à son peuple des lois qui perpétuent cette dévotion : ce cadre juridique éteint tout conflit possible entre le politique et le religieux, parce que tout y est religieux. D'où l'importance des pratiques cultuelles, qui innervent toutes les pratiques culturelles, notamment le travail, faisant de l'obéissance à Dieu un « culte continu ». Afin de contenir l'envie et le désir de rébellion, afin de déjouer les passions anti-politiques, sont également mises en place toutes les lois qui concernent la propriété, comme celles du jubilé qui, chaque année, restituent leurs terres aux pauvres, qui ont été contraints de les vendre. « Nous pouvons concevoir sans contradiction des hommes qui ne croient, n'aiment, ne haïssent, ne méprisent et n'éprouvent aucun affect qu'en vertu du seul droit de l'État »[2] : telle est la théocratie des Hébreux, dont le *Traité théologico-politique* précise que la vie « était de part en part un culte continu de l'obéissance [...]. C'est pourquoi, à ces hommes tout à fait habitués à elle, cette obéissance ne devait plus paraître servitude mais liberté ; ce qui avait encore pour conséquence que personne ne désirait ce qui était interdit mais ce qui était commandé »[3]. Ainsi, par le droit positif est donné consistance à un droit naturel commun, à des passions communes qui unissent les cœurs : amour de la patrie qui est indistinctement amour de Dieu, et qui se double d'une haine théologique (la

1. Voir le chapitre III du TTP.
2. TTP, XVII, 2.
3. TTP, XVII, 25.

plus violente de toutes[1]) – à la fois haine des sujets à l'égard de leurs gouvernants lorsque ceux-ci n'administrent plus l'État selon les lois divines, révérées par le peuple comme les instruments de la souveraineté divine; mais aussi haine à l'égard des autres nations, « ennemies », qui vivent en dehors de ces lois divines et constituent donc une menace pour leur propre conservation. Cette haine théologique envers les autres nations provoque une haine en retour, qui contribue à l'unité du corps politique, même si elle constitue pour lui, ou justement parce qu'elle constitue pour lui, une menace toujours vivante.

Difficile dès lors d'imaginer que la promesse d'obéissance des Hébreux à l'égard de Dieu fut une promesse déloyale : cette promesse dévote, qui à la fois naît d'un amour inconditionnel, voire obsessionnel, et le conforte en chacune des pratiques qui en découlent, pouvait-elle être autre chose qu'une promesse certes passionnelle, mais « de bonne foi » ? Une telle promesse n'instaura certes aucune liberté réelle, mais une union des cœurs si forte, si fortement passionnelle, qu'elle assura une conservation durable. La promesse des Hébreux ne fut pas mensongère… tant que l'amour et la crainte de Dieu furent plus forts que tout.

Car l'État hébreu périt : la conservation ne fut point éternelle. Après la période des Juges, période de paix, après celle des rois (Saül, David, Salomon), après l'exil à cause des guerres (guerres contre les étrangers et guerres civiles), il y eut enfin le second Empire, le second État des Hébreux qui ne fut, dit Spinoza, que « l'ombre du premier »[2], où le conflit entre le politique et le religieux fut porté à son comble, et où les grands prêtres accaparèrent le pouvoir. Vint alors le temps de la désunion, de la scission entre le royaume d'Israël et le royaume de Juda, entre les différentes tribus d'Israël; vint le temps de la division du corps politique. Pourquoi finalement cet irrespect de la promesse, faite à Dieu, d'obéir comme un seul homme aux lois divines, telles qu'elles furent transmises par Moïse ?

> Nul ne contracte pour l'avenir qu'au vu de circonstances initiales données, dont la modification modifie également en sa totalité la configuration de la situation[3].

Une telle modification de la configuration affective s'est produite chez les Hébreux, qui ont pour la plupart conçu une haine de plus en plus forte à l'égard de la tribu des Lévites, laquelle, déjà dépositaire depuis l'épisode du veau d'or du droit religieux, a de plus en plus monopolisé le pouvoir

1. TTP, XVII, 7.
2. TTP, XVII, 24 et 30.
3. TP, 3/14

politique. Spinoza va même plus loin : il attribue la cause fondamentale de la rupture de l'alliance, et partant de la destruction de l'État hébreu, à la *vengeance de Dieu* lui-même qui a retiré le droit sacré aux premiers-nés pour le confier à la tribu des Lévites, la seule à ne pas avoir adoré la fausse idole : ce statut d'exceptionnalité des Lévites, cette préférence qui leur est accordée par Dieu, les rend dès lors de plus en plus insupportables aux autres tribus[1]. Les pontifes, privant les rois en partie de leur droit, constituaient comme un « État dans l'État », comme un ver mis dans un fruit ; pour toutes les tribus écartées du *jus circa sacra*, la place des Lévites constituait la trace mémorielle de leur indignité :

> Toutes les tribus seraient restées bien plus étroitement unies si toutes avaient eu un droit égal d'administrer les choses sacrées. Bien plus, il n'y aurait rien eu à craindre si le choix des Lévites avait eu une autre cause que la colère et la vengeance[2].

Spinoza n'explicite pas cette vengeance divine : fidèle à sa méthode, qui consiste à interpréter la Bible par elle-même, il ne se prononce pas ici sur la réalité de cette colère. Il n'est cependant pas impossible d'en proposer une interprétation, « matérialiste » si l'on veut, qui la pense comme le châtiment direct et immanent de la désobéissance : dans l'*ingenium* du peuple hébreu, l'adoration d'un autre que Dieu n'efface pas la mémoire de l'admiration et de la crainte envers lui. Dès lors que le législateur (Moïse) désire rappeler son peuple au principe de son union (obéir constamment à Dieu), il est déterminé à appliquer une sanction qui sera par tous (Moïse y compris) imaginée comme punition divine, et consistant à inscrire dans la mémoire du corps politique la valorisation des obéissants (les Lévites) et la dévalorisation des autres. Par cette marque cependant, ces autres tribus sont pénétrées durablement de la colère divine et de la tristesse de leur impureté. Tristesse qui se convertit finalement en haine, lorsqu'elle est associée à ceux que Dieu a élus au sein du peuple élu. Si le choix des Lévites avait pu être ressenti par tout le corps politique comme une bénédiction divine, il n'eût engendré aucune division – mais étant donné sa situation, le peuple hébreu, bien loin d'être affecté de joie dans toutes ses parties, ne pouvait que se désunir.

Plus forte que la haine envers les autres nations s'est donc affirmée une haine à l'égard d'une partie du corps social, occupant progressivement la place de l'amour envers Dieu et la patrie. Les conditions affectives ayant présidé à la promesse ont historiquement changé : les tribus ont recouvré

1. En somme, elles obéissent à la logique affective décrite en E, III, 35.
2. TTP, XVII, 27.

leur droit naturel, qui ne pouvait plus s'incarner dans un droit civil commun. Au fond, pas plus que l'élection n'est une récompense de l'obéissance (mais l'obéissance elle-même), la vengeance divine n'est un châtiment de la désobéissance – mais la désobéissance elle-même.

Une question demeure finalement, concernant les motifs affectifs d'une désobéissance : se peut-il que nous nous déterminions par la raison à ne pas tenir notre promesse? Si cette promesse a été faite par raison, alors la réponse est négative; seule la passion peut nous déterminer à rompre une promesse jadis passée rationnellement[1]. Mais si cette promesse a été faite par passion, alors la réponse se complique : éclairé par la raison, puis-je ne pas tenir ma promesse? Par la raison, il n'est certes pas question de faire une nouvelle – et fausse – promesse qui me dégage de la première. Mais il peut être tout à fait rationnel de ne pas tenir un engagement qui s'avère nuisible : le *Traité politique* prend ainsi deux exemples, l'un moral (je me rends compte que l'argent que j'avais promis de conserver est le produit d'un vol), l'autre politique (un souverain voit que ce qu'il a promis à un autre est finalement nuisible à ses sujets)[2] : dans les deux cas, la raison commande de ne pas respecter la parole donnée – qui l'a été en partie au moins par ignorance, c'est-à-dire passivement.

Cependant, si cette promesse engage la conservation de toute la cité, s'il s'agit en somme de la promesse propre au contrat ou aux lois fondamentales qui instituent un souverain, alors je ne puis, seul, rien décider – ma raison individuelle ne pouvant aller jusqu'à juger adéquatement des conséquences collectives d'une telle violation[3]. Rien ne m'empêche cependant, lorsque je suis conduit par la raison, de m'efforcer de convaincre les autres de l'utilité sinon de la rupture du contrat, du moins de l'abrogation de certaines lois, auxquelles pourtant je continuerai d'obéir, tant qu'elles sont en vigueur – à moins que je ne parvienne à faire comprendre qu'elles sont nuisibles avant leur entrée en vigueur…

Même s'il n'y a pas à proprement parler de théorie de l'histoire chez Spinoza, il y a une prise en compte du devenir historique des peuples et des États, qui se fonde sur une étude de l'histoire des passions. Certes, les logiques passionnelles sont éternelles, c'est-à-dire universelles et nécessaires; mais le noyau passionnel dans lequel vit un peuple peut varier, l'amour peut être dépassé par la haine, la haine peut changer d'objet…

1. Voir E, IV, 72.
2. Voir TP, 3/17.
3. Voir TP, 4/6.

L'amour de soi en Dieu (c'est-à-dire le patriotisme comme piété), se doublant d'une haine théologique des autres, peut se renverser en haine de soi, en haine d'une partie du corps politique. Cette progressive modification de la forme de l'État peut au final entraîner une telle métamorphose qu'il en vient à se détruire : ce fut le cas pour le peuple hébreu. Un contrat – fût-il un accord passé avec Dieu – ne vaut donc qu'autant que durent les logiques affectives qui ont présidé à sa formation.

Au fond, si le contrat n'est pas si décisif pour comprendre l'entrée dans l'état civil, c'est qu'il n'y a pas d'entrée dans cet état, pas de passage de l'état de nature à l'état social. Les individus sont toujours déjà socialisés : il n'y a pas d'état d'isolement individuel, pas d'état d'a-socialisation radicale. Il peut certes se créer des situations d'anomie, d'absence de partage d'une valeur commune, mais de telles situations ne sont possibles que relativement à la socialisation du groupe. L'exclusion sociale totale n'existe pas; et cette absence d'atomisme individualiste à l'état de nature doit se comprendre comme la présence toujours déjà là de normes sociales qui sont autant de normes affectives, de normes passionnelles de socialisation. C'est pourquoi la réflexion politique de Spinoza ne consiste pas à concevoir *in abstracto* des individus à l'état de nature, échangeant des droits, mais s'appuie sur des modèles de peuples ayant une histoire (même fictive)[1] : ainsi le peuple hébreu constitue-t-il un peuple déjà socialisé, avec une histoire, une mémoire, un *ingenium* propre. Certes, comme nous l'avons vu, la nature ne crée que des individus, et non des peuples; c'est l'histoire – celle de la langue, des mœurs, des lois – qui crée les nations, unifiées autour d'affects singuliers. Or, lorsque les affects qui soudent une communauté sont tellement forts qu'ils forment une « union affective » qu'on pourrait dire intérieure, ils constituent comme une *nature* :

> L'amour des Hébreux envers la patrie était donc, non pas simplement de l'amour, mais de la piété. Et ces deux sentiments, piété et haine envers les autres nations, étaient nourris et entretenus par le culte quotidien, si bien qu'ils durent se transformer en seconde nature [2].

Ainsi la pratique cultuelle, innervant tout le corps politique, devient une *nature* : les institutions politico-religieuses, cultivant, entretenant et

1. C'est le cas des Hébreux dans le *Traité théologico*-politique ; le *Traité politique* use aussi d'idéaux-types, notamment l'État des Aragonais (TP, 7/30) et celui de Venise (TP, 8/18 et 8/27).

2. TTP, XVII, 23. Le latin dit plus radicalement : *in naturam verti*, se transformer en nature.

fortifiant l'amour de la patrie et la haine des autres nations produisent une socialisation qui est en même temps une « naturation » du corps politique. Les dispositions sociales deviennent des dispositions naturelles – en renforçant les affects dont elles naissent. Le droit civil théologico-politique, chez les Hébreux, consiste donc à conforter la mémoire du peuple, à « calcifier » des dispositions qui servent à la conservation du corps politique.

Finalement, la promesse politique, et le contrat social, ne sont qu'une cause *possible* pour former une société [1]. Le contrat prétend créer ce qui en vérité le rend possible : la confiance passionnelle, l'accord, la convenance des contractants... qui ne valent que tant que durent les passions à l'origine du contrat. Le contrat est donc cette fiction de rationalité qui ne fait que rendre durable ce qu'il présuppose. Il a, comme l'État qu'il institue, la force des passions ; ce qui ne signifie pas que ces institutions sont passives : tirant son pouvoir de contrainte de la puissance des passions sur lesquelles il repose, l'État agit en retour comme stabilisateur de ces flux passionnels en entretenant espoir et crainte : c'est à cette condition que chacun est tenu, affectivement, de tenir ses engagements. Car chacun promet ou contracte en quelque sorte publiquement, devant l'autre, ou plutôt : devant la force des autres. L'institution, caisse de résonance des affects communs, possède donc la puissance affective du collectif pour disposer chacun à l'obéissance – jusqu'à ce que, éventuellement, elle soit vaincue par une passion plus forte (la haine à l'égard des dirigeants, par exemple) : l'État alors peut n'être plus suivi, le contrat fragilisé, voire déchiré ; et la désunion, qui toujours menace, s'accomplit.

En somme, il n'est entre individus de contraction juridique – de convention – que sur la base d'une contraction passionnelle – une convenance entre eux : convenance partielle parce que passionnelle, communauté de passion que l'État contribue néanmoins à fortifier par cet usage de la fiction qu'est la promesse, jusqu'à ce que cette fiction n'ait plus la force, passionnelle, d'être efficace. Dans le *Traité théologico-politique*, Spinoza n'a produit une théorisation de la promesse qu'*ad hoc*, pour jeter les bases de l'examen du cas concret, « historique », des Hébreux, qui établissent une alliance politico-religieuse avec Dieu. Il ne faut donc pas s'étonner si, dans le *Traité politique*, cette théorie de la promesse théologico-politique qu'est le contrat social s'évanouit presque totalement.

1. Voir TTP, XVI, 8.

Les liaisons dangereuses : droit et puissance

Avant le *Traité politique*, la rupture spinoziste avec le modèle contractualiste du fondement de l'État peut se lire dès 1674, dans une lettre où Spinoza explique à Jarig Jelles sa différence avec Hobbes :

> Vous me demandez quelle différence il y a entre Hobbes et moi quant à la politique : cette différence consiste en ce que je maintiens toujours en bon état le droit naturel et que je n'accorde dans une cité quelconque de droit au souverain sur les sujets que dans la mesure où, par la puissance, il l'emporte sur chacun ; c'est la continuation de l'état de nature [1].

Deux idées sont remarquables dans cet extrait.

D'abord, la différence avec Hobbes tient à la persévérance du droit naturel – sous-entendu, à l'état social : l'état social ne met donc pas fin au droit naturel des individus[2]. Pourquoi ? Parce que le droit naturel, propre à l'état de nature, consiste dans « les lois ou règles mêmes de la nature, suivant lesquelles toutes choses se font, autrement dit la puissance même de la nature; et c'est pourquoi le droit naturel de la nature tout entière, et par conséquent celui de chaque individu, s'étend aussi loin que s'étend sa puissance »[3]. L'état social ne saurait donc supprimer la puissance naturelle des individus : il s'édifie sur les lois de la nature humaine, c'est-à-dire sur les logiques affectives en lesquelles s'exprime la puissance de chacun.

Ensuite, et c'est la réciproque du premier point, le droit civil que le souverain est en charge de faire respecter, le droit qu'à l'état social le souverain exerce sur ses sujets, se fonde sur un rapport de puissance : le souverain dispose d'un droit de contrainte politique, d'un *pouvoir légal*, qui est égal à la *puissance effective* qu'il est à même d'exercer sur la puissance de ses sujets. Le droit positif du souverain, son *pouvoir*, c'est sa *puissance sur la puissance* des sujets.

Mais en même temps, sa puissance est la puissance de ses sujets, et rien d'autre. En effet, le pouvoir du souverain (ainsi que le droit civil privé de n'importe quel citoyen) s'explique toujours en définitive par le droit naturel passionnel du corps politique. Certes, le souverain (un homme, une

1. Lettre 50 (A, p. 283 ; traduction modifiée).

2. Remarquons qu'il n'est pas certain que chez Hobbes le droit de nature soit entièrement supprimé par l'entrée dans l'état civil ; mais Spinoza va plus loin, puisqu'il affirme que le droit naturel est entièrement (*sartum tectum*) conservé dans l'état civil. Sur Hobbes et Spinoza, voir Ch. Lazzeri, *Droit, pouvoir et liberté, Spinoza critique de Hobbes*, Paris, PUF, 1998, ainsi que l'article de O. Ueno, « Spinoza et le paradoxe du contrat social de Hobbes : "le reste" », *Cahiers Spinoza*, n° 6, 1991, p. 269-296.

3. TP, 2/4.

assemblée, voire tous les citoyens dans le cas de la démocratie) est ce à quoi tous les individus ont transféré leur droit naturel; le souverain est donc celui qui dispose du droit civil, auquel tous sont tenus d'obéir. Cependant, non seulement un tel transfert n'est possible qu'à partir d'une loi de la nature qui fixe ce que désire, et ce que peut la multitude – cette loi étant la recherche pour chacun de sa propre utilité, en tant qu'il est conduit principalement par les passions d'espoir ou de crainte[1]; mais surtout, bien que chacun n'ait plus le droit (civil) de résister aux décisions du souverain, celui-ci néanmoins ne peut ordonner n'importe quoi, au risque de susciter, de fait, la désobéissance, la sédition, et partant la perte de son propre pouvoir :

> Ce droit qu'a le Souverain de commander ce qu'il veut [c'est-à-dire le droit civil] ne vaut que tant qu'il détient effectivement un pouvoir souverain. S'il le perd, il perd en même temps le droit de tout commander, lequel tombe entre les mains de celui ou de ceux qui l'ont acquis et peuvent le conserver. Pour cette raison, il arrive très rarement que le Souverain donne des ordres par trop absurdes, car il lui incombe au plus haut point, afin de préserver son intérêt et de conserver sa souveraineté, de veiller au bien public et de tout diriger selon le commandement de la raison [2].

La raison ne saurait être au principe de la constitution de l'État; mais elle demeure la fin sinon désirée, du moins nécessaire, de l'exercice du pouvoir. Cette fin est obtenue au moyen des passions; mais à travers ces passions se dessine en filigrane ce qu'on peut appeler une régulation naturelle de la violence politique. En effet, l'état social est la continuation de l'état de nature, puisqu'il n'équivaut pas à la cessation des passions, et des tensions qu'elles ne manquent pas d'engendrer; mais l'état social, tout en s'inscrivant dans la continuité de l'état de nature, n'est pas non plus la guerre de chacun contre chacun : grâce aux passions, des consensus affectifs entre les membres du corps politique peuvent se former. La grande différence entre état de nature et état social réside donc essentiellement en ce point : à l'état social, il existe des passions qui sont *communes* aux individus, et sur lesquelles repose le « décret commun de la Cité », fondant à son tour le droit de chacun[3].

Dès lors, la multitude, mue par le désir de sécurité, et surtout le souverain, mû par le désir de conserver son pouvoir, ont intérêt à ce que l'administration des biens et des personnes soit la plus rationnelle possible. Un pouvoir violent engendre naturellement la violence de ceux qui y sont

1. TTP, XVI, 6.
2. TTP, XVI, 9.
3. Voir TP, 3/2.

soumis, c'est-à-dire à terme la destruction de ce pouvoir violent – ce qui d'ailleurs ne signifie pas la fin de la violence, puisqu'un peuple habitué (à travers ses représentations et ses affects) à la tyrannie sera déterminé à changer de tyran, sans pouvoir abolir cette tyrannie[1].

Il se peut donc qu'un pouvoir efficace soit un pouvoir craint; mais il est nécessaire qu'un pouvoir violent soit un pouvoir changeant « la crainte en indignation et partant la société civile en société hostile »[2]. Autrement dit, nul transfert de droit n'est jamais ni absolu, ni définitif : même si le droit naturel d'un sujet obéissant au souverain est en vérité le droit même de l'État, néanmoins il conserve quelque chose de son droit ou de sa puissance naturelle, dans la mesure où le souverain ne peut lui commander ce à quoi répugnent les lois mêmes de sa nature. Le droit naturel des individus ne se résorbe jamais entièrement dans le droit civil[3]. Un droit civil allant contre le droit naturel des citoyens (contre la conservation de leur être) est donc un droit vide, mort, sans effet, parce que manquant de la puissance effective des citoyens qui n'obéiront plus. Si par ses règles de droit civil le souverain contrevient au droit naturel de la multitude, il prend alors le risque de changer des sujets obéissants en citoyens résistants. Les lois de l'État (les lois qui déterminent le droit civil du souverain) ne peuvent donc contredire, sans risquer la perte de l'État, les lois de la nature (les lois qui déterminent le droit naturel de la multitude). En somme, si le droit naturel des citoyens obéissants est le droit civil même de l'État, réciproquement le droit civil de l'État n'est autre que le droit naturel des sujets obéissants.

Ainsi, d'un côté, le droit civil qu'est en charge de faire respecter le souverain ne tient que par la puissance du droit naturel des sujets qui, étant par nature ennemis les uns des autres[4], s'y plient tant que la force des désirs de désobéissance est contrariée par les affects communs qui les socialisent (« crainte commune, espoir commun, ou impatience de venger quelque dommage subi en commun »)[5]. Le pouvoir ne peut s'exercer que sur ceux qui sont enclins à le désirer pour se protéger (des autres sujets, des autres nations), et ce même si, en même temps, ils le craignent et désirent également s'en protéger. Certes, Spinoza ne parle jamais explicitement de droit de désobéissance au souverain; mais il y a en tout cas dans sa politique l'explication du fait de la résistance : résistance des citoyens à l'égard du

1. Voir TTP, XVII, 29 et surtout XVIII, 7.
2. TP, 4/4.
3. TP, 3/3.
4. TP, 2/14.
5. TP, 6/1.

souverain, s'il s'oppose trop à leurs désirs; résistance des citoyens les uns vis-à-vis des autres, lorsque leurs passions les divisent plus qu'elles ne les unissent. « L'union des âmes » produite et reproduite par la « société commune » n'est jamais totale, car elle n'est jamais rationnelle; toute société est ainsi travaillée par une « guerre silencieuse »[1], une guerre entre des individus et des groupes à la fois liés par des passions communes, et opposés entre eux du fait même du caractère passionnel de leur union. En ce sens, la permanence du droit naturel dans le droit civil est permanence d'une forme de guerre dans l'État: le contrat, ou les lois fondamentales, « est imposé non par le droit civil, mais par le droit de guerre »[2] – ce qui vaut autant pour la multitude que pour le souverain, qui ne sont tenus au respect des règles de droit qu'autant qu'elles renforcent la puissance de leur droit naturel. Pour reprendre une formule de Foucault, « la politique, c'est la guerre continuée par d'autres moyens »[3].

De l'autre côté, le droit naturel des individus ne tient en vérité, dans la durée, qu'autant que dure le droit civil : c'est en ce sens aussi que le droit naturel non pas se résorbe, mais trouve de la consistance dans le droit civil. Affirmer en effet que la cité ne met pas fin à l'état de nature, ou encore que la politique est la continuation de la guerre par d'autres moyens, c'est dire en même temps que sans politique, sans État, sans lois, il n'y aurait plus de guerre – faute de combattants. L'affirmation de la continuation de l'état de nature, ou état de guerre, dans l'état civil signifie certes la mise au jour de la réalité conflictuelle des rapports sociaux sous les institutions juridiques du pouvoir souverain (cette affirmation peut être même lue comme la dénonciation de la falsification pacificatrice du Droit, qui ne se maintient en vérité que dans et par la puissance des passions conflictuelles). Mais cette affirmation de la continuation de l'état de nature signifie aussi que, fondamentalement, la survie du droit naturel, et partant des conflits, ne vaut que grâce à la politique. Comme Hobbes, Spinoza dirait que l'état de nature est bel et bien un état invivable en lui-même; mais contrairement à Hobbes, il pense que l'état civil, bien loin de le supprimer, lui permet de devenir réellement vivable :

1. Formule de Foucault dans « *Il faut défendre la société* », Cours au Collège de France (1975-1976), Paris, Seuil-Gallimard, 1997, p. 16.

2. TP, 4/6.

3. *Ibid.* Il s'agit du renversement de la célèbre formule de C. von Clausewitz : « La guerre n'est que la continuation de la politique par d'autres moyens », *De la guerre*, liv. I, chap. 1, § 24, Paris, Minuit, 1955.

> Aussi longtemps que le droit naturel des hommes est déterminé par la puissance de chacun pris séparément, aussi longtemps est-il nul, et plus imaginaire que réel, puisqu'on n'a aucune assurance d'en jouir [1].

L'état de guerre de chacun contre chacun rend inopérant, dans la durée, le droit naturel, toujours menacé d'être empêché, ou détruit, par la force belliqueuse du droit d'autrui. Le droit de nature, en dehors des règles même du droit commun, est droit naturel atomisé, « plus imaginaire que réel », car un tel droit relève d'une puissance naturelle entravée par la crainte, c'est-à-dire par la tristesse : l'absence de sécurité rend la puissance inconsistante, minée par la peur de la destruction. En somme, la guerre dans sa brutalité annule le droit naturel, et partant elle finit toujours par s'annuler elle-même. Pour qu'il y ait une guerre continuée (entre individus, entre groupes, entre nations...), il faut qu'il y ait du droit civil, il faut qu'il y ait de la politique : autrement dit, il faut aussi le désir de vivre ensemble, et de faire société commune, pour que le conflit des rapports de pouvoir, qui est la vie politique même dans la durée, se perpétue :

> Le droit de nature propre au genre humain ne peut guère se concevoir que là où les hommes ont des règles de droit communes d'après lesquelles, ensemble, ils peuvent à la fois revendiquer légitimement la propriété des terres habitables et cultivables, se protéger, repousser toute force et vivre selon le sentiment commun de tous [2].

La philosophie politique de Spinoza ne porte donc pas l'illusoire projet d'une situation civile sans conflit. Le *Traité politique* l'annonce d'emblée : il ne s'agit ni de rêver à une nature humaine sans passion, qui puisse ainsi vivre sans conflit; ni d'inventer un nouveau genre de cité dont les institutions, comme par miracle, dissolvent tout risque de désunion. Une nature humaine sans passion conflictuelle est une pure chimère; et de toute façon, nous l'avons dit, des hommes rationnels n'auraient aucun besoin de lois ou d'institutions juridiques – en somme, de la verticalité du pouvoir – puisqu'ils pourraient se gouverner par eux-mêmes.

Le projet de Spinoza n'est donc pas d'inventer un nouveau genre de cité : l'expérience les a tous révélés, dit-il au début du *Traité politique*. Il n'est pas même de moraliser la politique, car les mœurs de la cité – des gouvernés autant que des gouvernants – seront toujours sous la loi des passions. Son projet est plutôt de comprendre, à partir de la matière première des affects, comment les cités existantes sont instituées, et surtout comment elles peuvent – selon leur régime – se conserver au mieux. « Au

1. TP, 2/15.
2. *Ibid.*

mieux » : cela signifie comprendre comment, par quels rouages politiques précis, l'État peut se stabiliser, peut devenir davantage État, comment ainsi fortifier le salut commun par les meilleures institutions possibles – les plus puissantes, c'est-à-dire les plus rationnelles. Puisqu'on ne saurait compter sur la loyauté d'un seul, ou d'un petit groupe, pour assurer le salut de tous, il faut donc « ordonner les affaires publiques » de telle sorte que ses administrateurs, rationnels ou non, travaillent à la conservation du collectif[1]. C'est la puissance des institutions, et non la vertu privée, qui garantit la vertu publique. De même que c'est l'impuissance des institutions, et non la « méchanceté » des sujets, qui désunit le corps social[2].

Or tout pouvoir sent confusément, et même au fond sait très bien, que la force des institutions qui lui confèrent une certaine stabilité repose sur le degré d'adhésion de la multitude. Si l'adhésion passionnelle se mue en résistance affective, alors le pouvoir souverain se trouve mis en péril : si l'indignation devient trop forte, alors l'union sociale est rompue[3]. C'est pourquoi les mêmes causes qui forment un État président également à sa destruction : sa fondation, comme sa perte, sont dues aux logiques passionnelles qui produisent le meilleur (des consensus) comme le pire (des dissensus). Unions et désunions politiques ont la même chair passionnelle.

Tel est donc le sens de l'affirmation de la continuation de l'état de nature dans l'état civil, de cette permanence du droit naturel dans le rapport de pouvoir entre le souverain et ses sujets. Doit-on en conclure qu'il y a une légitimité naturelle de la souveraineté ? Il ne serait pas absolument impossible de repérer, dans la politique spinoziste, ce principe traditionnel de l'institution juridique ; mais encore faudrait-il bien en comprendre la signification. Que le droit naturel demeure dans la cité, cela signifie en vérité, du côté des sujets, que nul ne peut se départir de sa propre puissance, c'est-à-dire renoncer à faire ce qu'il désire, lorsqu'il se soumet au souverain. Et ce droit naturel, rappelons-le, « n'exclut ni rivalités, ni haines, ni colère, ni ruses, ni absolument rien de ce que conseille l'appétit »[4]. Du côté du souverain, la permanence du droit naturel signifie que celui-ci toujours devra se méfier de ses sujets, et ne pas leur imposer, s'il veut lui-même conserver son pouvoir, des commandements trop contraires à leurs désirs : les véritables ennemis de l'État sont les ennemis intérieurs, les citoyens, prêts à

1. Voir TP, 1/6 et 6/3.

2. Voir TP 5/2.

3. Voir A. Matheron, « L'indignation et le *conatus* de l'État spinoziste », dans *Puissance et ontologie*, M. Revault d'Allonnes et H. Rizk (dir.), Paris, Kimé, 1994, p. 153-165.

4. TTP, XVI, 4. Voir aussi TP, 2/8.

livrer bataille si les raisons de désobéir l'emportent sur les motifs de l'obéissance[1]. Le droit civil que détient le souverain sur ses sujets ne vaut donc qu'aussi longtemps que dure sa puissance, c'est-à-dire aussi longtemps que dure la puissance du désir, chez les sujets, de lui obéir.

Mais alors, la médiation institutionnelle la plus rationnelle n'est-elle pas celle qui centralise le plus possible les instances de décision ? Le régime le plus stable n'est-il donc pas le régime de la monarchie absolue, où jamais la personne du roi n'est contestée, et le régime le moins stable, celui de la démocratie, où toujours la controverse, et partant la sédition, sont possibles ? Si le pouvoir ne tient sa force que de la puissance commune de la multitude, à l'inverse, ne tient-il pas cette puissance du commun unie lorsqu'il est lui-même confié à un seul ? Il n'est certes pas question pour Spinoza de hiérarchiser les régimes politiques ; se fait jour néanmoins, dans le *Traité théologico-politique* comme dans le *Traité politique*, et en vertu de leur problématisation respective, une norme immanente de la vie politique, constitutive du renforcement de l'union commune : norme de liberté ou encore de démocratie.

Nécessaire liberté

L'union au risque de la désunion

a) Interpréter, croire, obéir

La norme immanente du politique se constitue dans la pratique même des relations de pouvoir, des conflits passionnels et de leur tentative de résolution : le maintien du consensus imparfait, de l'accord fragile, de l'union travaillée par la désunion deviennent des finalités nécessaires de l'État. Non point donc des finalités surplombantes, extérieures à la réalité du politique, mais des finalités qui sourdent de la vie affective même des institutions. C'est pourquoi, répète à l'envi Spinoza, la fin de l'État est d'assurer la paix et la sécurité, celles de tous, peuple et souverain compris ; la fin de l'État, comme de toute chose singulière, c'est-à-dire sa vertu, est en somme de se conserver au mieux. Or la meilleure manière d'assurer la sécurité consiste à promouvoir la liberté.

Telle est l'idée-force sur laquelle se clôt le *Traité théologico-politique*, qui défend la liberté pour « chacun d'avoir l'opinion qu'il veut et de dire

1. Voir TTP, XVII, 1 et TP, 6/6.

son opinion »[1]. La liberté d'opinion, notamment religieuse, et – ce qui en est le corollaire – la gestion des affaires sacrées par le souverain, sont la garantie de la conservation de l'État : elles ne mettent certes pas un point final au conflit passionnel, mais le régulent, et ménagent une place (qui peut s'accroître) à la liberté philosophique et au développement de la raison. Nécessaire est donc la liberté de philosopher pour « la paix de la république », nécessaire aussi cette liberté pour la « piété ». Chacun doit être autorisé à adapter les enseignements moraux à sa propre complexion affective – car chacun de toute façon est déterminé à le faire.

Faire jaillir la norme de liberté et de démocratie de la vie politique même exige donc, pour commencer, de montrer que la théologie – ou parole de Dieu[2] – n'est en aucune façon contradictoire avec la raison : aucune ne doit donc être la servante de l'autre[3]. Nul besoin – contrairement à ce que pensent Maïmonide et les dogmatiques – de soumettre les enseignements des livres sacrés à la seule lumière naturelle de la raison : les Écritures ne se réduisent pas toutes, et toujours, à de simples allégories, illustrant métaphoriquement des idées philosophiques (celles, en l'occurrence, d'Aristote – que Spinoza juge de surcroît rationnellement contestables). Nul besoin non plus – contrairement à ce que pensent Alpakhar et les sceptiques – de soumettre les enseignements de la raison à la seule révélation surnaturelle déposée dans les livres saints : ce serait, à partir de textes divers qui sont parfois confus en eux-mêmes, parfois devenus incompréhensibles pour nous, parfois contradictoires d'un livre à un autre, soumettre la raison à l'imagination[4]. Qu'enseigne la Bible ? C'est à elle de nous le dire. Il faut donc interpréter l'Écriture par elle-même. Le problème est que désormais une grande partie des textes dont elle est composée échappe à notre compréhension : écrite par plusieurs auteurs à des époques différentes, en une langue ambiguë dont il ne reste pour certains livres qu'une traduction, les Écritures exigent en principe, pour qu'en soit dégagé le « sens vrai », une patiente investigation historique, portant à la fois sur la langue et les mœurs des prophètes. L'exégèse inaugurée par Spinoza (et qui aura une postérité certaine, notamment dans l'Allemagne du XIXe siècle)

1. Voir TTP, préf., 14 et XVI, 1 et 7.

2. TTP, XV, fin du paragraphe 6.

3. Sur le contexte historique dans lequel Spinoza entreprend d'analyser l'Écriture sainte dans le TTP, et sur les enjeux d'une telle interprétation, voir P.-F. Moreau, « Les principes de la lecture de l'Écriture sainte dans le *Traité théologico-politique* », dans *Spinoza. État et religion*, *op. cit.*, p. 81-92.

4. Sur la critique de ces méthodes d'interprétation de l'Écriture, voir tout le chapitre XV du TTP.

consiste à « mener systématiquement et en toute probité une enquête historique à son sujet, puis à en conclure, par voie de conséquence légitime, comme d'autant de données et de principes certains, la pensée des auteurs de l'Écriture »[1]. De même que la Nature se connaît par elle-même, et non pas un principe qui la transcende, de même l'Écriture se connaît par elle seule, c'est-à-dire à partir de l'histoire qui la constitue. La démarche est donc bel et bien rationnelle; mais la rationalité n'est pas une norme extérieure, à partir de laquelle doit être jugée la Bible : elle est ce qui, à même le texte, en déploie le sens. Il en va ici, dans l'articulation entre liberté rationnelle et théologie, de même que dans l'articulation entre liberté rationnelle et politique : cette liberté n'est pas une norme morale qui doit s'imposer à la religion ou à la politique; elle est une norme qui se construit et s'affirme dans la pratique même de la vie pieuse ou citoyenne – au cœur donc d'un monde d'imagination et de passions.

Ainsi, concrètement, plongé dans les textes sacrés, on ne peut découvrir le sens de certains de ses passages qu'en connaissant l'hébreu[2], qu'en replaçant certaines phrases dans leur contexte, qu'en se renseignant sur la vie des prophètes; il faut aussi comparer entre elles les affirmations différentes d'un même prophète, et de prophètes différents. Par exemple, lorsque Moïse proclamait : « Dieu est un feu », il faut se demander, à partir de ce qu'on sait de Moïse, et de ses autres propos, s'il croyait véritablement que Dieu était un feu, ou s'il voulait dire autre chose. Or, comme Moïse tient par ailleurs que Dieu est immatériel et peut éprouver des sentiments, et comme dans la langue hébraïque le mot « feu » signifie aussi la jalousie, on doit prendre la formule mosaïque en un sens métaphorique : il est certain que Moïse croit, ou du moins veut enseigner, que Dieu est jaloux. Est-il certain que Dieu le soit? Une telle affirmation ne s'accorde pas avec la raison spéculative, qui montre que Dieu ne peut pâtir d'aucun affect[3]. Toutefois on a là « le sens vrai » du texte, qu'il ne faut pas confondre, dans l'interprétation de l'Écriture, avec la « vérité de la chose ». Souvent, le sens des Écritures est seulement conjecturé, il peut même nous échapper complètement; mais pour le petit domaine des choses qui sont certes formulées dans la langue de l'imagination, mais « perceptibles » par l'entendement[4], nous pouvons en connaître et le sens vrai et la vérité : « la parole de Dieu qui s'exprime chez les prophètes s'accorde complètement

1. TTP, VII, 2.

2. Rappelons que Spinoza a rédigé un *Abrégé de grammaire hébraïque*, introd., trad. fr. et notes J. Askénazi et J. Askénazi-Gerson, Paris, Vrin, 1987.

3. Voir E, V, 17.

4. Voir TTP, VII, 17 avec Annotation 8.

avec la parole de Dieu qui s'exprime en nous »[1]. Il faut donc ici distinguer le sens de la Bible, et son enseignement : pour entendre le message fondamental de la Bible, qui est très simple et partout le même, la méthode *historique* d'interprétation de l'Écriture demeure limitée. L'enseignement principal des prophètes, en effet, est seulement de montrer que la vraie foi consiste à pratiquer la justice et la charité. Le reste est laissé à la libre interprétation de chacun.

À chacun donc le droit, et le soin, d'adapter à sa propre complexion, qu'elle soit passionnelle ou rationnelle, sa manière de concevoir la loi divine – comme loi transcendante à laquelle obéir, ou comme loi immanente à comprendre : piété de l'imagination ou de la raison, que rend possible une religion (un lien à Dieu) entendue soit comme institution, soit comme affect[2]. Spinoza va même jusqu'à affirmer, de façon quelque peu troublante :

> La puissance de la raison [...] ne va pas jusqu'à pouvoir déterminer si les hommes peuvent atteindre la béatitude en vertu de l'obéissance seule et sans l'intelligence des choses ; quant à la théologie, elle n'enseigne que ce point et ne commande rien d'autre que l'obéissance, et elle ne veut rien ni ne peut rien contre la raison[3].

Avons-nous ici un aveu d'impuissance de la raison, reconnaissant qu'elle ne sait pas comment l'obéissance religieuse peut conduire à la jouissance de la béatitude[4] ? Spinoza n'a pas peur de reconnaître les limites de la puissance de la raison. Peu importe en vérité que l'intelligibilité absolue du réel ne donne pas occasion, dans les faits, à son intellection intégrale. Ce qui importe, c'est de comprendre que la liberté de la raison, dans le domaine aussi bien théologique que politique, est nécessaire pour que piété de chacun et sécurité de tous puissent être garanties.

Afin de montrer la compatibilité de la béatitude par la raison avec la béatitude par la théologie, Spinoza, dans le chapitre 14 du *Traité théologico-politique*, dégage les dogmes de ce qu'il a été convenu d'appeler le « credo minimum » : il montre par là qu'il n'est pas besoin de connaître réellement l'essence de Dieu pour croire en son existence, et surtout pour vivre cette foi salutaire consistant à obéir à Dieu, c'est-à-dire à

1. TTP, XV, 7.

2. Sur la religion comme affect rationnel, voir E, IV, 37, sc. 1, ainsi que E, V, 41 et sc.

3. TTP, XV, 6.

4. À ceux qu'une telle question intéresse de près, on ne peut que conseiller la lecture de l'autre grand livre d'A. Matheron, *Le Christ et le salut des ignorants chez Spinoza*, Paris, Aubier-Montaigne, 1971.

l'aimer en aimant également son prochain, dans la pratique de la justice et la charité.

> La foi n'est rien d'autre que le seul fait d'attribuer à Dieu des caractères tels que leur ignorance supprime l'obéissance envers Dieu et que leur reconnaissance est nécessairement impliquée dans cette obéissance [1].

Nous avons là un bel exemple de rapport entre une essence et sa propriété[2]: la croyance en certains attributs divins est une propriété de l'essence de l'obéissance à Dieu. Si cette essence est posée, alors la propriété est posée (s'il y a obéissance, alors il y a croyance), et si la propriété n'est pas posée, alors l'essence ne peut être posée (s'il y a absence de croyance, il ne peut y avoir alors obéissance). Mais lorsque la propriété est posée, alors l'essence n'est pas nécessairement posée (car une propriété peut être commune à plusieurs choses): la reconnaissance de certaines caractéristiques de Dieu n'implique pas nécessairement l'obéissance à la loi divine, c'est-à-dire la pratique de la justice et de la charité.

Aussi peut-on avoir une foi « correcte » (et croire en des propriétés effectivement constitutives de Dieu, par exemple qu'il est éternel et infini) sans pour autant lui obéir: on possède alors une foi « morte », impie, sans effet réel – une foi davantage théorique que pratique. Mais à l'inverse, l'obéissance à Dieu, qui nécessairement implique la reconnaissance de certains caractères divins, peut se fonder sur une méconnaissance de sa nature réelle, pourvu qu'elle soit en même temps une reconnaissance des dogmes qui incitent à être pieux: une croyance peut donc être à la fois fausse et efficace. Si notre foi est ainsi une réelle obéissance impliquant pourtant de fausses croyances, elle n'en demeure pas moins une foi vivante, pieuse, salvatrice[3]. Ajoutons néanmoins qu'une foi vivante ne s'appuie pas nécessairement sur une méconnaissance de la nature divine: une foi non superstitieuse, qui incline non pas à la concurrence haineuse des cultes, mais à la joie et à la paix, peut être certes une religion imaginative – celle que transmettent les prophètes – mais aussi une religion rationnelle – celle que conceptualise l'*Éthique*.

Avoir foi en Dieu n'est donc pas avant tout craindre Dieu. Certes, la crainte peut être une manière de se rapporter à la parole divine inscrite dans les Écritures (la crainte étant la passion « la plus efficace » pour faire agir les hommes, et notamment pour les faire délirer et tomber dans toutes sortes de

1. TTP, XIV, 5.

2. Il y a d'ailleurs une grande proximité formelle entre cette définition de la foi et celle de la propriété constitutive d'une essence : voir E, II, déf. 2.

3. Voir TTP, XIII, 9 et XIV, 7.

superstitions[1]). Mais les livres sacrés enseignent fondamentalement un petit nombre de préceptes (au premier rang desquels le fait que Dieu existe, qu'il est unique, omniprésent et omnipotent...[2]), qui rendent possibles les œuvres justes et charitables. Le caractère pieux de la foi ne s'identifie donc pas à sa « vérité » rationnelle, mais à son efficacité pragmatique : la force de la foi consiste à œuvrer dans l'amour de Dieu et du prochain. Par conséquent, il est non seulement possible de laisser à chacun la liberté de croire sur Dieu ce qu'il veut, et de lui rendre un culte comme il l'entend (pourvu que cette croyance et ce culte contribuent à l'obéissance); mais surtout cette liberté religieuse (qui comprend la liberté philosophique d'user de sa raison pour connaître Dieu) est même nécessaire si l'on veut que chacun, à travers sa complexion affective singulière, obéisse réellement, c'est-à-dire ne soit pas déterminé, par la censure de sa croyance ou l'interdiction de son culte, à désobéir. Ainsi se comprend donc l'action immanente de la norme de liberté à même le théologique : la foi se renforce par la nécessaire liberté religieuse, qui est la norme même de l'effort, propre à la religion, de persévérance en son être.

b) La norme immanente du politique

Il en va de même de l'action de la norme immanente de la liberté dans la sphère du politique – ce sur quoi insiste le *Traité théologico-politique*, qui n'est pas tant un traité sur les rapports entre le théologique et le politique, qu'un traité sur la nécessité de la liberté pour la vie religieuse et pour la vie politique. On a pu cependant dire que cette insistance sur la liberté religieuse et politique était propre au *Traité théologico-politique*, et non au *Traité politique*, qui mettrait davantage en valeur le thème de la « sécurité »[3]. Toutefois, le *Traité politique* ne précise-t-il pas que « lorsque nous disons que l'État le meilleur est celui où les hommes passent leur vie dans la concorde, j'entends par là une vie humaine, qui se définit non par la seule circulation du sang et par les autres fonctions communes à tous les animaux, mais avant toute chose par la raison, véritable vertu de l'âme, et sa vie vraie »[4] ? Et n'ajoute-t-il pas d'emblée que la fondation d'un État visant la paix et la sécurité ne peut être que « l'institution d'une multitude libre, et non une acquisition arrachée par droit de guerre à la multitude » ? Or, puisqu'il n'est de multitude qu'à travers la puissance de passions

1. Voir TTP, préf., notamment § 1-9.

2. Voir TTP, XIV, 10.

3. Voir par exemple TP, 1/6 : « La liberté d'esprit, ou force d'âme, est en effet une vertu privée, tandis que la vertu de l'État, c'est la sécurité ».

4. TP, 5/5.

communes, et que l'affect se rapportant à la réalisation possible d'une finalité heureuse (la paix et la sécurité) est celui d'espoir, une multitude libre est donc celle qui est « conduite par l'espoir plus que par la crainte; une multitude soumise, par la crainte plus que par l'espoir »[1].

Telle est donc la finalité de l'État : affranchir le plus possible les hommes de la crainte, les laisser libres de penser et d'exprimer leur pensée. Encore une fois, cette finalité n'est pas celle d'un État idéal, prenant pour objectif politique une finalité éthique : si l'union sans crainte est politiquement désirable, c'est que l'union civile d'hommes vivant librement selon leur droit naturel est une union plus forte que l'union d'hommes serviles. La meilleure façon d'assurer la sécurité, c'est bel et bien la liberté.

Mais on aura compris que cette liberté n'est ni liberté de faire n'importe quoi (liberté d'agir selon sa propre volonté : ce qui, d'ailleurs, n'est pas liberté, mais le plus souvent soumission à ses passions), ni même liberté déterminée par la seule raison (liberté de « l'homme libre », telle qu'elle est tracée à la fin d'*Éthique* IV[2] : non que cette liberté soit moralement indésirable, mais parce qu'elle est politiquement improbable). La liberté dont il est ici question est, selon le *Traité théologico-politique*, liberté du jugement, libre publicité de ce jugement, libre enseignement selon son jugement, dans la mesure où ce dernier n'incite pas à la désobéissance civile, entendue comme sédition. En ce sens, l'union politiquement libre est encore bel et bien une union passionnelle, puisque, si elle empêche les séditions, elle laisse en revanche une place pour les controverses[3]. Entre esprits rationnels, attentifs à la pensée d'autrui et aux mots que chacun utilise, peut-être est-il possible qu'il n'y ait point de controverses. Néanmoins, bien que les controverses soient l'effet de l'imagination plus que de la raison, non seulement les interdire serait nuisible à l'unité de l'État, mais surtout leur laisser libre cours aiguise les esprits et finalement favorise la raison. De la même manière, même si le *Traité politique* prévient qu'une société toujours au bord de la division est plus proche de l'état de nature que de l'état social[4], néanmoins la controverse et même le contentieux – en tant qu'ils ne tournent pas à la sédition – sont signes de vitalité du corps social[5].

C'est pourquoi la norme même de stabilisation des États relève de la liberté démocratique : la stabilité d'un État est non pas une *inertie*, une

1. Voir TP, 5/6.
2. Voir E, IV, 66, sc. Voir aussi TP, 2/11.
3. Voir TTP, XX, 14.
4. Voir TP, 5/2.
5. Voir TP, 6/4.

morne paix « externe », où nul n'ose exprimer sa pensée et lutter contre l'oppression[1]; la stabilité de l'État est au contraire, par le jeu à la fois des passions et des institutions, un processus de stabilisation de forces antagoniques visant « l'union des cœurs », la paix « intérieure » : non pas une stabilité statique, mais une stabilisation dynamique; non pas une paix des cimetières, mais une « paix des âmes » – une pacification sociale des rapports naturels toujours susceptibles d'être violents[2]. La paix dans la cité, répète le *Traité politique*, n'est pas l'absence de guerre, tout comme la certitude dans la raison, avait expliqué l'*Éthique*, n'est pas l'absence de doute : la paix est quelque chose de positif, un sentiment collectif d'affirmation de l'union et de résistance au conflit, une *fortitude* politique, en somme, opposée à la désunion dont l'horizon est la *solitude*, ou *servitude* politique. La solitude ou servitude est en effet cet état de désunion des cœurs, qui n'éclate pas nécessairement en guerre ouverte, mais confine à une guerre larvée, où chacun est dans la crainte de tous les autres : état limite d'impuissance contre lequel lutte n'importe quel homme, qu'il soit rationnel ou non[3]; état de nature auquel finalement s'identifient autant la dispersion des individus que leur soumission à un pouvoir totalitaire.

Dès lors, le droit civil, en tant qu'il est l'expression stabilisée de « passions communes », est à même de consolider un état de paix véritable, qui ne soit pas un pur et simple étouffement des conflits d'intérêts : à cette aune, il ne peut donc plus être lu comme une falsification pacificatrice, puisque la pacification des conflits, à laquelle il contribue, est autant expression que contention des divisions[4]. On aura compris que la stabilisation pacificatrice de l'État ne peut passer par la monopolisation du pouvoir : l'État qui y tend est un État qui, par la force de ses passions, se fragilise. Non seulement l'absolutisation de la monarchie rend l'État faible – car le roi tout seul ne peut vivre que dans la crainte, et le peuple dans la soumission[5]. Mais surtout il est très nuisible de croire que la monarchie est la concentration absolue du pouvoir aux mains d'un seul : car dans les faits, elle est une espèce d'aristocratie, où le roi ne peut gouverner qu'en

1. Voir TP, 5/4.

2. Sur les rapports entre passions et institutions dans la monarchie et l'aristocratie, voir A. Matheron, « Passions et institutions selon Spinoza », dans *La raison d'État : politique et rationalité*, Ch. Lazzeri et D. Reynié (dir.), Paris, PUF, 1992, p. 141-170.

3. Voir TP, 6/1. Pour l'homme rationnel, voir E, IV, 73.

4. La paix est même la condition nécessaire, dans la cité, pour se préparer à la guerre éventuelle avec d'autres cités : *cf.* TP, 6/12.

5. Voir par exemple TP, 7/23 : il faut éloigner du roi ceux qui lui sont proches par le sang (les tyrans turcs, eux, faisaient mettre à mort leurs frères) : « car plus absolument le droit de l'État est transféré à un seul, plus facilement [...] il peut être transféré à un autre ».

s'entourant de conseillers et d'amis[1]. Autrement dit, dans une monarchie bien régulée, toute décision souveraine émane « formellement » du roi seul, même si elle est le fruit d'une discussion et d'une collaboration avec l'instance d'un Conseil; mais toute volonté du roi ne fait pas droit, puisque comme tout homme, il est inconstant, et que son inconstance est inappropriée à la stabilité de l'État[2].

En somme, un État stable dans sa forme, dans son rapport de mouvement et de repos (dans son rapport entre passions et institutions), est un État qui, quel que soit son régime de souveraineté, dispose d'une certaine souplesse dans son aptitude à être affecté et à affecter : une souplesse avant tout à être affecté par soi-même, et à s'affecter soi-même. Certes, un État n'a pas les mêmes propriétés qu'un organisme, on ne confondra donc pas corps politique et corps biologique. Mais il a suffisamment de singularité pour relever de certaines lois établies dans l'*Éthique* : à savoir, notamment, qu'un désir qui ne se rapporte qu'à une ou quelques-unes de ses parties ne tient pas compte de son utilité tout entière[3]. Rien n'est donc pire à la conservation du corps social tout entier que l'idée fixe, ou encore que l'affect qui adhère tenacement : la stabilité de la forme de l'État, quel que soit son régime, passe par le souci de toutes ses parties, même si l'expression juridique de ce souci s'incarne, pour la monarchie, dans la seule volonté du roi.

Nous comprenons mieux dès lors pourquoi la norme de l'État stable, en paix ou en sécurité, est la norme immanente de la liberté démocratique. À la limite, on pourrait même dire que tout régime politique, même monarchique, est en son fond démocratique, puisque le droit souverain relève de la puissance de la multitude – gouvernés et gouvernants compris :

> Le glaive du roi, c'est-à-dire son droit, est en réalité la volonté de la multitude elle-même ou de sa partie la plus forte, [...] des hommes doués de raison ne cèdent jamais de leur droit au point de cesser d'être hommes et de se laisser traiter comme du bétail[4].

Puisque la force du droit équivaut à la puissance de la multitude, tout État, que le souverain le veuille ou non, que le peuple en ait conscience ou non, repose sur un principe démocratique. Aucune institution étatique ne peut donc être pensée, au sens propre, comme une confiscation de la puissance de la multitude : un régime de souveraineté, et les institutions à

1. TP, 6/5.
2. Sur ce point, voir notamment TP, 7/1 et surtout 7/25.
3. Voir E, IV, 60
4. TP, 7/25, texte décisif.

travers lesquelles il s'exerce, ne peuvent durer et manifester leur puissance qu'autant que durent, dans le corps politique, un imaginaire et une complexion affective – un *ingenium* – qui y consentent : soit par acceptation rationnelle (ce qui est rare), soit par obéissance passionnelle (ce qui est le plus fréquent). Est-ce à dire qu'il n'y a, dès lors, pas de grande différence entre le régime démocratique et les autres ?

La démocratie se définit d'abord, pour Spinoza, par la collégialité du pouvoir. Chacun étant rebelle à la contrainte, personne ne supportant d'être gouverné par un égal, deux solutions dès lors se présentent : ou bien le détenteur du pouvoir (assemblée ou homme seul) doit avoir (ou paraître avoir) quelque chose qui dépasse la commune nature, ou bien le pouvoir est à tous, et s'exerce par consentement plutôt que par obéissance[1]. La démocratie, en même temps qu'elle désigne une forme institutionnelle du politique, relève de l'action immanente d'une norme sociale de renforcement et de stabilisation du corps politique, quel qu'en soit le régime étatique de gouvernementalité. Norme de prudence politique, la démocratie s'identifie à la liberté naturelle des hommes[2]. Aussi le régime démocratique se caractérise-t-il par la maximisation de la joie politique, c'est-à-dire de l'espoir, de la confiance, voire de l'amour[3]. La démocratie, en tant que forme étatique, tient par exemple à la diffusion de *l'espoir* de participation aux instances décisionnelles – à ce que Spinoza appelle le Conseil suprême, institution principale de délibération et de prise de décision quant aux affaires de la cité. Dans un État aristocratique, le Conseil choisit ses propres membres : les « patriciens », c'est-à-dire les hommes de pouvoir, se reproduisent donc entre eux, de façon endogène ; ils se choisissent des successeurs parmi ceux qui leur ressemblent, la participation au Conseil devient en somme héréditaire[4]. L'aristocratie repose en ce sens sur une *peur* de la multitude, maintenue à l'écart « tant des assemblées que des urnes »[5]. Dans un État démocratique, en revanche, la reproduction des « élites », au Conseil, est ouverte à tous : « dans cet État, nul ne transfère son droit naturel à autrui au point d'être exclu de toute délibération à l'avenir ». C'est pourquoi, l'État démocratique paraît « le plus naturel et le plus proche de la

1. TTP, V, 9.
2. TP, 4/5 : « prudence qui n'est en rien obéissance, mais liberté de la nature humaine ».
3. Voir L. Bove, « Objet de l'amour et amour sans objet dans la politique spinoziste », dans *Spinoza, philosophe de l'amour*, Ch. Jaquet, P. Sévérac et A. Suhamy (dir.), Saint Étienne, Publications de l'Université de Saint Étienne, 2005, p. 145-161.
4. TP, 11/1 et 2.
5. TP, 8/4.

liberté que la nature accorde à chacun »[1]. En vérité, aucun État n'est purement artificiel : aucun ordre social n'est coupé de l'état de nature, et des logiques passionnelles qui organisent la puissance commune. Mais si la démocratie est le plus naturel des régimes politiques, c'est qu'en elle s'exprime plus intensément, ou plus absolument, la puissance de chacun : son désir naturel de n'être pas soumis à un égal, sa liberté unie à celle d'autrui. Être plus ou moins naturel ne signifie donc pas autre chose qu'être plus ou moins puissant, c'est-à-dire exprimer plus ou moins la puissance de cette modification collective de la nature qu'est la multitude. Plus précisément : puisque le droit civil exprime toujours toute la puissance de la multitude, selon les passions qui l'animent, le régime le plus naturel sera le régime constitué par la puissance maximale dont est capable un corps politique, compte tenu de ses mœurs ou de son *ingenium* : le régime démocratique est celui qui intensifie au maximum cette puissance du collectif – en cultivant non la peur, mais l'espoir. Tel est le sens de l'absolutisme étatique selon Spinoza : l'État démocratique est « l'État tout à fait absolu »[2] au sens où, dans la durée, nul ne saurait désespérer du pouvoir : nul ne saurait en être coupé, tant par ses affects que par les institutions étatiques qui, s'édifiant sur eux, organisent le pouvoir. Le pouvoir politique est certes encore une puissance qui s'exerce sur la puissance commune ; mais cette puissance souveraine est celle, dans la durée, de tous. L'État démocratique n'est donc pas un État sans médiation institutionnelle ; mais un État dont la médiation institutionnelle est fortifiée, via l'espoir, par la puissance de chacun.

Ainsi, de même que la monarchie n'est jamais qu'une aristocratie restreinte qui ne dit pas son nom (ce en quoi elle s'affaiblit, car elle fait croire et craindre l'arbitraire d'un seul homme), l'aristocratie a elle-même intérêt à se démocratiser pour se renforcer. Se démocratiser signifie deux choses : *institutionnellement*, l'État démocratique est celui dans lequel la possibilité d'accéder aux instances de pouvoir n'est pas suspendue au bon vouloir de ceux qui déjà le possèdent, mais est inscrite dans la loi (quand bien même cette loi énoncerait des critères restreints de l'accès au pouvoir) ; *socialement*, la démocratie est ce régime politique de diffusion de l'espoir qui est la norme immanente du renforcement du droit et de la puissance collective : il n'y a donc de démocratie réelle (et non seulement formelle, ou légale) que là où les pratiques de contre-pouvoir peuvent affectivement s'affirmer (pas de trop forte crainte de censure ou

1. TTP, XVI, 11.
2. TP, 11/1 : « *omnino absolutum imperium* ».

répression), là où la liberté d'articuler une pensée rationnelle critique devient automatique (liberté de philosopher et d'enseigner sa pensée). En ce sens, l'union politique la plus forte – l'union démocratique d'une multitude libre emportée par l'espoir plus que par la crainte – est une unification dynamique, produisant une stabilisation collective par un jeu d'instabilités continuelles, s'affirmant dans un consententement global gagné par les voies du dissentiment local. Un régime politique formellement démocratique mais reposant sur un gouvernement de la peur n'est donc pas une démocratie réelle.

L'union politique, dans la mesure même où elle est passionnelle, demeure ainsi toujours marquée du sceau de la négativité : convenir en passion, nous l'avons vu, ce n'est jamais convenir absolument, et le meilleur des droits civils ne met jamais fin au droit de nature et à ses logiques conflictuelles. Même le régime « tout à fait absolu » qu'est la démocratie, dans la mesure où il demeure passionnel, est un régime de finitude.

D'une part en effet, l'union politique, se renforçant par la liberté des citoyens, se constitue toujours au risque de la désunion : la liberté, non certes de désobéir aux lois, mais de penser et d'enseigner sa pensée, enveloppe la possibilité de la controverse et de la critique, conçues comme forces dès lors qu'elles ne dégénèrent pas en sédition. Ainsi, la frontière peut apparaître comme fragile entre le refus d'en appeler au soulèvement, et l'exigence de porter à la critique les décisions politiques jugées illégitimes (à savoir celles qui diminueraient la puissance collective, et donc la force du droit). Le désir de désobéissance ne peut aller sans dilemmes forts et passions tristes : indignation, envie, frustration… L'art politique propre aux citoyens, même les plus rationnels, est donc singulièrement difficile, qui consiste à stabiliser la force de l'État, par la critique non indignée de ses décisions souveraines les plus à craindre[1] : l'art politique spinoziste de la résistance citoyenne consiste donc sans doute dans l'imagination des formes les plus joyeuses de la contestation…

D'autre part, l'union politique, quand bien même elle s'organiserait autour de la positivité de passions joyeuses, paraît toujours secréter un « reste », un tiers exclu. Ainsi, déjà en monarchie, les muets sont exclus de la citoyenneté dans les Familles[2], sans doute parce qu'ils ne peuvent

1. Au sens spinoziste du terme, l'indignation est nécessairement mauvaise : voir E, IV, 73, sc. et E, IV, app., chap. 24 : « encore que l'indignation se donne l'air d'une espèce d'équité, on vit pourtant sans loi là où il est permis à chacun de porter jugement sur les actes d'autrui, et de venger son droit ou celui d'autrui ».

2. Voir TP, 6/11.

prendre part à la parole délibérative. Même dans la démocratie envisagée à la fin du *Traité politique*, tous ne peuvent revendiquer le droit de voter au Conseil suprême. Pourquoi cette nécessaire exclusion? Encore une fois, nous sommes reconduits à la négation de puissance qu'enveloppe nécessairement toute affectivité passionnelle, hors de laquelle il n'est point d'union politique possible. Même l'union démocratique d'une multitude libre conduite par l'espoir enveloppe quelque tristesse – la tristesse propre à la crainte: lorsque ce n'est pas la multitude ou le souverain même qui est craint, c'est une « part » du corps politique, la part de ceux qui sont « taxés d'infamie » (les criminels par exemple), et surtout de ceux qui (par institution ou par nature?) ne relèvent point de leur propre droit (les enfants et les pupilles, les serviteurs et les femmes).

Telle serait donc la différence fondamentale entre l'union politique et l'union éthique: alors que nul homme, parce qu'il est capable de développer sa raison, ne peut être exclu de l'union éthique, d'emblée l'union politique, même démocratique, instaure l'exclusion des « sans-droit » – au premier rang desquels les femmes, puisqu'elles demeurent au pouvoir des hommes : exclusion sur laquelle s'achève le dernier écrit de Spinoza.

c) L'union des sexes

L'exclusion des femmes dans la démocratie spinoziste nous donne de précieux enseignements sur la manière dont on peut concevoir l'union sexuelle – dès lors qu'elle concerne, du moins, le rapport des hommes et des femmes[1]. Qu'appelons-nous « union sexuelle » ? C'est l'union de deux ou plusieurs individus qui ne se réduit pas nécessairement à une union par le sexe, mais qui implique le désir sexuel.

> Mais, demandera-t-on peut-être, les femmes dépendent-elles du pouvoir des hommes par nature, ou par institution? Car, si c'est le fait de la seule institution, aucune raison ne nous contraint d'exclure les femmes du gouvernement. Mais si nous consultons l'expérience même, nous verrons que cette situation provient de leur faiblesse[2].

On pourra certes toujours tenter de modérer ce qui sonne comme une violence misogyne à nos oreilles, en contextualisant le propos de Spinoza: on alléguera qu'on ne saurait demander, même à un philosophe, de sauter par-dessus tous les préjugés de son temps; qu'une telle exclusion est peut-être une concession pour obtenir la bienveillance d'un lecteur

1. Voir les deux articles d'A. Matheron « Femmes et serviteurs dans la démocratie spinoziste » et « Spinoza et la sexualité », dans *Anthropologie et politique au* XVIIe *siècle*, *op. cit.*

2. TP, 11/4.

contemporain déjà peu habitué à une telle valorisation du régime démocratique; qu'elle vaut pour le régime démocratique et pas nécessairement pour les autres[1]; qu'elle est formulée dans le cadre d'un *certain* genre d'État démocratique, pas de tous[2]; ou encore qu'elle n'est pas, « conceptuellement », définitive, puisque les objets de la crainte, et donc de l'exclusion, sont des objets historiques et changeants – la part des exclus pouvant, selon les époques, épouser différentes catégories de la population (les pauvres, les juifs, les immigrés, les nomades, les handicapés, les homosexuels...). Il n'empêche que la justification spinoziste de cette exclusion est sans appel, puisque Spinoza prend la peine de préciser qu'elle relève d'une infériorité de nature : d'une « faiblesse » de la puissance des femmes par rapport aux hommes. Deux arguments sont alors développés qui justifient cette infériorité naturelle : l'argument du fait, et celui des affects.

L'argument du « fait », en écho aux premières lignes du *Traité politique* selon lesquelles l'expérience a épuisé dans l'histoire tous les genres de cité possible[3], constate l'universalité de la domination masculine : « partout sur Terre où l'on trouve des hommes et des femmes, nous voyons les hommes régner, les femmes être gouvernées, et les deux sexes vivre dans la concorde selon ce principe ». Une union harmonieuse des sexes est donc possible, mais qui passe nécessairement par la soumission du sexe faible au sexe fort : s'il pouvait en être autrement, alors la soumission des hommes aux femmes, ou même la parité, eût dû être quelque part constatée.

L'argument des affects quant à lui, s'intéressant aux logiques passionnelles constitutives de la nature humaine dès lors qu'elles engagent le rapport entre hommes et femmes, repose sur les idées suivantes : d'abord « l'amour des hommes pour les femmes se réduit la plupart du temps au seul affect de *libido* »; ensuite « les hommes n'apprécient l'ingéniosité et la sagesse des femmes qu'autant qu'elles se distinguent par leur beauté »; enfin les hommes avec les femmes sont très possessifs et jaloux[4]. Autrement dit, si les femmes gouvernaient et relevaient de leur propre droit, une telle affirmation de puissance engendrerait la discorde politique : l'égalité politique des hommes et des femmes serait brouillée ou empêchée par l'inégalité engendrée par les désirs des hommes à l'égard des femmes; il n'y a donc d'union harmonieuse entre hommes et femmes que si les

1. Spinoza sait que des femmes, en monarchie, ont joui d'un réel pouvoir : par exemple, Elisabeth Ire d'Angleterre (reine de 1558 à 1603), Marie de Médicis (régente de 1610 à 1617), Christine de Suède (reine jusqu'en 1654).

2. Voir TP, 11/3.

3. TP, 1/3.

4. Sur la jalousie, voir E, III, 35, sc.

femmes se soumettent à la puissance du désir sexuel des hommes – ou mieux : de *leurs* hommes…

Ces deux arguments, celui du « fait » et celui des « affects », posent le problème du lien entre nécessitarisme et conservatisme chez Spinoza : l'idée que l'expérience a épuisé les formes de gouvernement possible, et qu'aucune organisation politique radicalement nouvelle ne peut être raisonnablement espérée, n'implique-t-elle pas la croyance au *statu quo* dans les rapports politiques entre les sexes ? L'idée d'une nécessité des logiques libidinales entre hommes et femmes n'implique-t-elle pas celle d'une nécessité de la domination masculine ? Le naturalisme spinoziste, entendu ici comme nécessité naturelle des rapports affectifs entre les sexes, conduirait ainsi à l'impossibilité d'une transformation des rapports politiques entre eux. Force est de constater que le dernier ouvrage de Spinoza s'achève, ou plutôt s'interrompt, sur des lignes qui, même si elles sont consacrées à la démocratie, confirment l'idée d'un conservatisme politique *et* libidinal certain.

Pourtant, même s'il ne s'agit pas de « sauver » la pensée finale du *Traité politique*, il faut néanmoins rendre justice à la philosophie globale de Spinoza sur la politique des sexes, en remarquant qu'elle fournit par ailleurs les moyens de contester un tel conservatisme. Ainsi, dans le *Traité théologico-politique*, Spinoza, menant au début du chapitre IV une analyse des deux sens du concept de loi – la loi relève « ou de la nécessité de la nature ou d'une décision des hommes »[1] – montre non seulement que le second type de loi dépend du premier ; mais surtout que cette réduction de la dimension décisionnelle des règles de droit au « destin et [à] l'enchaînement des causes ne peut nullement nous servir pour former et mettre en ordre nos pensées touchant les choses particulières. Ajoutons, précise Spinoza, que nous ignorons totalement la connexion et l'enchaînement même des choses, c'est-à-dire de quelle façon les choses sont véritablement ordonnées et enchaînées ; donc, *pour l'usage de la vie, il vaut mieux – bien plus, c'est indispensable – considérer les choses comme possibles* »[2].

N'aurait-il pas mieux valu – bien plus, comme dit Spinoza, n'eût-il pas été indispensable – que le *Traité politique* se souvienne de ce conseil, et considère ainsi l'égalité politique des hommes et des femmes comme une chose *possible* ? La compréhension de la domination masculine comme obéissant à une certaine nécessité naturelle empêche-t-elle de la saisir comme une configuration socio-politique historiquement déterminée, qui

1. TTP, IV, 1.
2. *Ibid.* (nous soulignons).

puisse être modifiée par la puissance de nouveaux consensus affectifs, tout aussi nécessaires, à l'origine de nouvelles règles de droit, c'est-à-dire de nouvelles décisions humaines? Sans aucun doute, l'ignorance du nœud des forces affectives au travail dans un corps politique nous empêche de conclure à toute fatalité d'une inégalité (comme d'une égalité d'ailleurs) des rapports entre les sexes.

On objectera: mais les logiques passionnelles (celles notamment qui tissent le rapport entre hommes et femmes) sont sans histoire, elles sont éternelles et ne peuvent être modifiées! Certes… mais elles peuvent se complexifier, se composer avec d'autres logiques, et être vécues, en fin de compte, différemment. L'*Éthique* montre que les affects qui déterminent le rapport entre hommes et femmes ne conduit nullement à la nécessité de la domination d'un sexe sur l'autre. Entendue comme « désir et amour d'entremêler les corps »[1], la libido, qui ainsi définie concerne tous les âges de la vie, tous les sexes et tous les genres (libido de l'enfant ou de l'adulte, libido homosexuelle ou hétérosexuelle, libido pour un corps humain ou non), n'est pas nécessairement immodérée, à la différence de l'ambition ou de la cupidité par exemple (désirs immodérés de gloire et d'argent[2]) : dès lors, l'union matrimoniale de l'homme et de la femme peut être rationnelle, affirme Spinoza, si le « désir de mêler les corps n'est pas engendré par le physique seulement, mais aussi par l'amour de procréer et d'éduquer sagement des enfants; et si de plus l'amour de l'un et de l'autre, à savoir de l'homme et de la femme, n'a pas pour cause le physique seulement, mais principalement la liberté de l'âme »[3]. Un désir sexuel d'unir les corps convient donc avec la raison si une telle libido est mue aussi par l'idée d'unir intellectuellement les esprits : en somme, l'union physique est salutaire si elle est aussi une union intellectuelle – une amitié au sens fort[4] : « Seuls les hommes libres sont très utiles les uns aux autres, et se joignent les uns aux autres par un très grand lien d'amitié »[5]. Or ces hommes libres peuvent très bien être des femmes: quoi qu'en dise la fin du *Traité politique*, Spinoza n'exclut pas un lien d'amitié, et donc une union sans domination, entre l'homme et la femme[6].

1. E, III, déf. aff., 48.

2. Voir E, III, déf. aff., 44-48, et expl.

3. E, IV, app., chap. 20. Voir aussi E, IV, app., chap. 19.

4. Sur l'amitié comme visée des affects rationnels de générosité ou d'honnêteté, voir E, III, 59 et E, IV, 37, sc. 1. Voir aussi E, IV, app., chap. 12, 14 et 17.

5. E, IV, 71, dém.

6. C'est même en ce sens qu'est comprise cette « histoire du premier homme », comme dit E, IV, 68, sc.

L'union (hétéro)sexuelle se comprend donc dans la tension qu'instaurent *Traité politique* et *Éthique* : d'un côté, une libido masculine désireuse d'un rapport de propriété et d'exclusivité, sensible à l'intelligence des femmes pour autant qu'elles se distinguent par leur beauté – d'un côté, donc, une libido passionnelle aux effets politiques d'asservissement ; d'un autre, une exigence non pas d'en finir avec la libido (elle n'a en soi rien de mauvais, bien au contraire[1]), mais de la vivre autrement, de la réguler par une convenance des esprits qui accompagne la réelle convenance des corps – une libido mue par un désir de liberté partagée. Jamais Spinoza n'oppose aux passions d'amour et de désir une haine de leur objet – ici, haine des corps ; il leur oppose « une puissance de l'âme qui modère ces affects »[2], en l'occurrence une « chasteté » qui ne peut se comprendre comme abstinence, mais comme désir des corps trouvant sa mesure dans l'amour de la liberté ainsi conquise. On en conviendra, une telle union, libidinale et amicale à la fois, paraît aussi « difficile que rare » : l'amitié ne tue-t-elle pas la libido ? N'y a-t-il pas, dans la libido, quelque chose d'inamical ? Cette union ne nous paraît pas en tout cas, comme l'*Éthique* le soutient, impossible ; « difficile autant que rare », elle apparaît même « splendide [*praeclara*] » lorsqu'elle est avérée.

L'union intellectuelle

a) L'intelligence de soi : désunir, réunir

> Qui se comprend clairement et distinctement soi-même, et ses affects, aime Dieu, et d'autant plus qu'il se comprend plus soi-même, et ses affects.
>
> Cet amour envers Dieu ne peut être souillé ni par l'affect d'envie ni par celui de jalousie ; mais il est d'autant plus alimenté que nous imaginons plus d'hommes joints à Dieu du même lien d'amour[3].

À travers ces deux propositions se lisent les enjeux fondamentaux du travail éthique sur soi-même : se comprendre, soi et ses affects ; par cette compréhension de soi, aimer Dieu en imaginant une communauté d'hommes unis à lui du même lien affectif, lien d'autant plus fort que la communauté imaginée est plus grande. La première étape de la partie V

1. Il n'y a qu'une triste et torve superstition pour interdire qu'on prenne de ce plaisir, si l'on suit le scolie de E, IV, 46.

2. E, III, 56, sc.

3. E, V, 15 et 20.

analyse ce qu'il en est de l'intelligence de notre affectivité[1]. Nous disons bien « intelligence », car c'est le mot que Spinoza oppose, dans la préface d'*Éthique* V, au terme cartésien de « volonté »[2]. Cette préface présente assez longuement les fondements de la doctrine cartésienne touchant la maîtrise des passions : celle-ci trouve son origine, rappelle Spinoza, dans l'union de l'âme et du corps telle que la pense Descartes, à savoir en cette petite glande du cerveau (la glande pinéale) dont la double sensibilité, à la fois aux mouvements corporels des esprits animaux et à la puissance mentale de la volonté, rend possible les passions de l'âme par le corps, et les actions de l'âme sur le corps. L'« empire absolu sur les passions » se conquiert alors, selon Descartes, en modifiant le rapport de force entre l'âme et le corps, c'est-à-dire en défaisant par la force de la volonté ce qu'a fait la nature : la passion étant une perception, un sentiment ou une émotion de l'âme causée, entretenue et fortifiée par quelque mouvement des esprits (Spinoza insiste sur cette causalité physique de la passion, et cite l'article 27 des *Passions de l'âme*), la volonté doit, pour maîtriser la passion, contrôler le mouvement corporel qui en est la cause, en l'associant à de nouvelles pensées : tel mouvement corporel ne causera plus alors, passivement pour l'âme, telle pensée la déterminant à telle action, mais c'est l'âme qui, volontairement, joint à des jugements éclairés les mouvements corporels causant les passions, afin de pouvoir activement les contrôler. Spinoza oppose alors à cette conception plusieurs arguments, notamment que l'hypothèse de cette interaction psychophysique est « plus occulte que toute qualité occulte » ; mais l'essentiel tient en la démonstration, qui occupe la première étape d'*Éthique* V, du fait que la puissance de la raison sur les passions relève non pas d'une victoire de l'âme sur le corps – grâce à la puissance de sa volonté – mais d'une victoire de l'âme sur elle-même – à travers la puissance de son intelligence.

Aussi la première proposition d'*Éthique* V rappelle-t-elle que ce n'est pas en jouant l'âme contre le corps qu'on peut en soi-même modifier quoi que ce soit, mais que les mouvements du corps, c'est-à-dire ses affections ou ses images, suivent la même dynamique que celle des « pensées », c'est-à-dire des idées. Reprenant la formule cartésienne servant à définir la passion (celle d'« émotion de l'âme »), la deuxième proposition d'*Éthique* V montre alors qu'on ne maîtrise pas ses passions en défaisant les liaisons naturelles entre pensées et mouvements corporels, et en tentant

1. Cette première étape s'achève avec le scolie de E, V, 20 : elle montre « ce que peut la raison sur les affects » ; la seconde, quant à elle, est consacrée à « ce qu'est la liberté de l'esprit ou béatitude » (début de la préface de E, V).

2. Voir E, V, préf.

de joindre ces mouvements à de nouvelles pensées, mais en désunissant des enchaînements mentaux, à savoir en disjoignant les « émotions de l'âme » de la *pensée* de causes extérieures, et en les joignant à d'autres pensées : l'âme peut ainsi, de l'intérieur, en travaillant sur elle-même, se défaire des passions en les défaisant.

Autrement dit, désunir l'affect de la pensée de sa cause, et le réunir à d'autres pensées permet de détruire petit à petit la passion : non pas en la maîtrisant d'en haut, de façon absolue, mais en la faisant, de façon progressive, imploser par le milieu – la puissance de la raison *sur* les affects (*in affectus*) étant tout autant puissance de la raison *dans* les affects. En effet, qu'est-ce que cela fait de connaître intellectuellement un affect ? La troisième proposition d'*Éthique* V répond de façon cinglante : cela équivaut à le transformer, de passion, en action. La connaissance théorique d'un affect équivaut donc à l'expérience pratique d'un nouvel affect :

> Un affect qui est une passion cesse d'être une passion, dès lors que nous formons de lui une idée claire et distincte.
> DÉMONSTRATION : un affect qui est une passion est une idée confuse (selon la définition générale des affects). Si donc nous formons de cet affect une idée claire et distincte, cette idée ne se distinguera pas, si ce n'est par la raison, de l'affect lui-même, en tant qu'il est rapporté au seul esprit (selon la proposition 21 de la partie II, avec son scolie); et par suite (selon la proposition 3 de la partie III) l'affect cesse d'être une passion.

La distinction de raison entre idée d'idée et idée ne sert ici à rien moins qu'à penser le passage de la passivité à l'activité : l'identification modale des deux idées apparaît comme une conversion du passionnel en rationnel. Ressaisissons donc le processus par lequel s'effectue ce qui peut apparaître comme un petit miracle de la conversion affective. Soit une passion, par exemple une haine : je hais un individu, dont je trouve les idées dangereuses et la manière d'être pénible; cette haine est une passion. Or, tenter de former une idée claire et distincte de cette passion, c'est d'abord et avant tout la naturaliser en la rapportant à ses causes, c'est-à-dire ne plus imaginer tout seul l'individu haï, mais connecter la multiplicité des images le concernant aux causes qui les produisent, aux lois qui les engendrent – ce que montrent les propositions 5 à 10. Les quatre premières propositions de la partie V, en vérité, ne peuvent être véritablement comprises que si elles sont relues à l'envers : ces propositions énoncent en effet les grands principes de la libération affective, mais la mise en œuvre de chacun d'eux n'est compréhensible que par la compréhension et l'application du principe suivant. Ainsi, c'est par la lecture de la proposition 4, de sa démonstration et de son scolie, qu'on parvient à bien saisir la proposition 3 : former un concept clair et distinct d'un affect (proposition 3), c'est concevoir adéquatement les affections du corps, ses images, à travers les lois ou propriétés communes des corps (proposition 4 et démonstration); et cette proposition 4 ne peut elle-même être comprise que par les propositions qui lui succèdent... Ce qu'affirme la proposition 3, c'est seulement ceci : si nous inscrivons nos affects dans la nécessité causale qui les engendre, si nous imaginons les choses autrement, avec leurs causes, alors nous formerons des idées de plus en plus adéquates de nos affects, qui les détruiront progressivement en tant que passions. Ce qui est posé de façon très générale dans la proposition 3, et qui repose sur la simple distinction de raison entre idée et idée de l'idée, se comprend beaucoup plus précisément par le travail effectué sur l'objet de cette idée, à savoir sur les affections du corps (proposition 4). À rebours, la proposition 3 permet de comprendre la proposition 2 : car en formant des idées claires et distinctes de nos amours et de nos haines, en faisant en sorte qu'elles cessent peu à peu d'être des passions, nous ne faisons rien d'autre que détruire progressivement le lien d'exclusivité qui unit chacune de nos joies ou de nos tristesses à l'idée d'une cause extérieure. À la simple lecture de la proposition 2, on pouvait demeurer perplexe : par quel miracle est-il possible de disjoindre une émotion de l'âme de la pensée d'une cause extérieure ? La proposition 3 nous éclaire : seule la force de l'entendement peut accomplir une telle déconnexion, puisqu'en formant des idées de plus en plus adéquates de nos passions, autrement dit en rattachant nos émotions aux idées des causes qui les produisent (voici ces « autres pensées » dont parle la proposition 2), nous parvenons à convertir ces passions en actions (proposition 3), c'est-à-dire à les détacher des idées imaginaires de causes extérieures (proposition 2). Et ce travail intellectuel sur les idées de nos affects, qui de passions les transforme en actions, donne tout son sens à la première proposition (dont les effets seront analysés dans les propositions 10 à 14) : ce nouvel enchaînement de nos idées, dans l'esprit, s'accompagne d'un nouvel enchaînement de nos images, dans le corps (proposition 1) – autrement dit, en réorganisant psychiquement nos pensées, simultanément « nous avons le pouvoir d'ordonner et d'enchaîner les affections du corps dans un ordre pour l'intellect » (proposition 10).

b) Traiter de la réforme de l'imagination

Dans la première partie du *De libertate humana* sont donc exposées les grandes étapes de l'intelligence de notre propre affectivité. Or rien n'est possible, nous l'avons vu, sans une réforme de l'imagination, consistant à la fois à détruire l'affectivité obsessionnelle des choses imaginées simplement comme libres, et à construire un nouvel imaginaire, portant sur les propriétés communes à travers lesquelles les hommes nécessairement agissent.

L'intelligence de notre propre affectivité consiste donc, en un sens, à transformer à l'intérieur même de l'esprit le rapport de force entre imagination et raison. Dans la mesure où l'imagination a sur notre esprit plus de puissance que les enseignements de la raison, il est nécessaire de renforcer la connaissance vraie par le pouvoir de l'imagination elle-même. Puisque le vrai, en tant que vrai, n'a pas la force de supprimer nos imaginations, il faut renforcer le vrai par l'imagination elle-même. Il convient en somme de combattre l'imagination avec ses propres armes : il faut lutter contre les affects passionnels, nés des représentations imaginatives des corps comme présents, par d'autres représentations imaginatives, au service de la raison. C'est pourquoi la rationalisation de l'imagination est en même temps une imagination du rationnel. Puisque la raison est impuissante devant la représentation des choses comme présentes, il faut imaginer comment combattre rationnellement les choses que nous nous représentons encore comme absentes. En somme, il faut user de l'imagination du rationnel de façon préventive, et produire des affects rationnels qui peuvent rivaliser avec ceux nés de l'imagination des choses comme absentes[1].

Par exemple, nous pouvons comprendre que répondre à la haine par la haine est mauvais, dans la mesure non seulement où une telle réaction est marquée du sceau de la tristesse, c'est-à-dire de l'impuissance, mais surtout où elle ne fait que renforcer en retour la haine d'autrui pour nous : en ce sens, même s'il est naturel de haïr qui nous hait, telle n'est pas la meilleure façon de nous conserver. Mieux vaut donc combattre la haine par l'amour : nous jouirons alors de la force de la joie constitutive de notre amour, et contrebalancerons en autrui sa haine, qui le pousse à nous nuire. Pour autant, il ne s'agit pas là de se forcer à un comportement contre-nature, mais au contraire à comprendre une propriété commune de l'affectivité humaine (l'utilité d'aimer), qui doit régler notre vie éthique : la « description » d'une norme immanente à la nature humaine vaut ici comme « prescription » d'une norme éthique pour le comportement humain. En somme, nous avons affaire à un élément constitutif du modèle de la nature humaine, duquel il nous faut nous rapprocher. Soit. Mais cet amour, outre qu'il est bien difficile à éprouver à l'égard de celui qui nous hait, ne produira ses effets que sur le long terme; et encore, une telle générosité exigera une grande prudence si nous désirons à la fois parer les mauvais coups de celui qui déjà nous hait, et ne pas rendre les manifestations de notre amour

1. E, V, 7, dém.

méprisables ou odieuses à ses yeux. Nous avons beau savoir que les âmes se vainquent plus facilement par l'amour que par la haine[1], la plupart du temps, face à la situation présente, nous suivons la logique imaginative des affects qui nous traversent : imagination de la haine d'autrui pour nous, tristesse en nous avec imagination d'autrui comme cause (c'est-à-dire haine d'autrui), mépris d'autrui ou désir de colère contre lui... Il est cependant un espace de pensée où nous pouvons agir : celui que dessine l'imagination comme faculté des possibles. Le scolie de la proposition 10 d'*Éthique* V propose ainsi des exercices de l'imagination, consistant à la fois en un travail de la mémoire, et en une pratique de l'anticipation. L'imagination est en effet sollicitée dans sa dimension mémorielle dans la mesure où, par elle, l'esprit a la puissance de mémoriser des préceptes rationnels qu'il s'agira de mobiliser le temps venu. Imaginer la haine d'un autre seulement comme possible, c'est imaginer également ce qui l'exclut : c'est ici se représenter, *en même temps qu'elle*, les moyens de la contrer de la façon la plus intelligente qui soit.

Au fond, lorsqu'une offense se présente, la raison arrive toujours trop tard, si elle n'a été soutenue par une imagination des moyens de lui répondre aux mieux. Seule une raison préparée par un travail d'anticipation de l'imagination peut être efficace, car seule l'imagination peut rivaliser avec une autre imagination. Sans doute l'exercice est-il laborieux, et exige-t-il de la patience. L'esprit en effet répugne d'abord à imaginer l'offense d'autrui : il s'efforce spontanément d'imaginer ce qui augmente sa propre puissance d'agir, ainsi que celle du corps[2]. Mais les exercices de l'imagination ne se font pas contre la logique même de l'imagination : ils la suivent en lui donnant un nouvel objet – la rationalité – et en lui donnant de nouvelles habitudes – rationnelles. En effet, l'esprit qui imagine une offense absente mais possible, une offense susceptible d'advenir, ne se représente pas purement et simplement un mal ; il s'efforce d'enchaîner la représentation de ce mal avec celle des moyens les plus utiles pour le combattre. Il s'agit donc de s'appuyer sur le mouvement spontané de l'imaginaire, sur l'une de ses propriétés nécessaires, tout en le mettant au service du maximum d'utilité pour soi, c'est-à-dire en le rationalisant :

> Quand l'esprit imagine ce qui diminue ou contrarie la puissance d'agir du corps, il s'efforce, autant qu'il peut, de se souvenir de choses qui en excluent l'existence[3].

1. Voir E, IV, app., chap. 11 ; et E, IV, 46 et sc.
2. E, III, 12 et 54.
3. E, III, 13.

Il est en vérité deux façons de vivre cette propriété commune à tout esprit, selon laquelle l'imagination d'un mal engendre nécessairement le souvenir de ce qui en exclut l'existence. La première façon, la plus commune, est celle d'une existence passive. Lorsqu'en effet l'imagination est vécue en pur régime de passivité, cette propriété de l'imagination consiste à mobiliser tous les souvenirs aptes à rendre par le mal le mal imaginé : si nous imaginons qu'autrui nous offense, spontanément nous imaginons, selon nos expériences passées, la manière de l'offenser à notre tour, c'est-à-dire de laver son offense par une nouvelle offense. Cette remémoration des moyens de faire du mal, accompagnée parfois d'une certaine ingéniosité, peut prendre du temps : c'est pourquoi, dit-on, la vengeance est un plat qui se mange froid. Mais un tel mouvement de pensée, même s'il s'appuie sur une intelligence des moyens (sur une rationalité instrumentale au service de la passion de vengeance), n'a d'utilité qu'à court terme. Chacun le sait bien d'ailleurs, mais de façon abstraite.

Une seconde façon de vivre cette même propriété consiste à se souvenir des principes qui permettent réellement de détruire l'offense, d'en supprimer la source (à savoir la haine qu'éprouve autrui). La représentation de ces principes de vie rationnelle est alors enchaînée à l'imagination de l'offense (encore absente) pour devenir une véritable, et nouvelle, habitude de penser. En somme, l'imagination suit les traces de l'entendement, et non plus celles de nos rencontres passées. Lorsque nul affect excessif de joie ou de tristesse ne nous tient, lorsque les plaisirs et les peines que nous imaginons sont représentées comme absents, nous avons le pouvoir d'enchaîner nos images corporelles selon un ordre intellectuel : nous avons le pouvoir d'imaginer selon la raison. C'est ainsi que nous parvenons à séparer nos affects de la représentation de causes que nous imaginons simplement, et que nous pouvons les joindre à la pensée de propriétés communes que nous imaginons clairement. Alors, peu à peu, en rationalisant une imagination qui s'habitue à se représenter le rationnel, nous pouvons de plus en plus conquérir, ici et maintenant, notre liberté.

c) D'une union éternelle : effet d'une fiction intellectuelle

Une caricature du spinozisme affirmerait sans doute qu'imagination et liberté sont incompatibles : si on réduit l'imagination à la passivité de l'esprit (comme le faisait le *Traité de la Réforme de l'entendement*[1]), et la liberté au déploiement de son activité, l'imagination n'est alors que le signe de notre servitude – notre liberté étant confiée à la seule puissance de notre entendement. Toutefois, ne voir qu'opposition entre imagination et liberté

1. Voir TRE, § 84.

chez Spinoza reviendrait à figer les termes en rapport, et à ne pas prendre la mesure de la positivité même de cette ressource mentale qu'est l'imagination. Spinoza est coutumier du fait : ce qu'il critique – l'imagination et ses notions toutes relatives (bien et mal, parfait et imparfait, juste et injuste) – est toujours en même temps réhabilité dans une nouvelle perspective. Rien en soi n'est mauvais : de toute notion imaginaire, de l'imagination même, on peut faire un usage libérateur. La fin du scolie de la proposition 17 d'*Éthique* II prévenait : dès lors que nous parvenons à maîtriser l'imagination au point qu'elle dépend de notre seule nature et non de l'ordre contingent de nos rencontres, nous pouvons alors la considérer comme une libre faculté de l'esprit. Autrement dit, si la conscience d'imaginer accompagne l'imagination, celle-ci devient une puissance tout à fait utile. La partie V de l'*Éthique* le montre, elle qui déploie son rôle jusque dans l'expérience de l'amour de Dieu. Nous pouvons organiser les images de notre corps de telle sorte qu'elles se rapportent aux choses que nous comprenons ; et nous pouvons connecter cette imagination rationalisée du rationnel à l'idée de Dieu, c'est-à-dire de la puissance du réel : autrement dit, nous pouvons organiser nos images en de nouvelles habitudes d'être affecté, dont la pensée sera liée à l'idée de Dieu comme cause[1]. De cette nouvelle organisation de l'imagination naîtra dès lors un amour de Dieu.

La force de l'imagination tient à son pouvoir de fiction et d'anticipation : il n'est pas nécessaire qu'effectivement de nombreux hommes aiment Dieu pour accroître notre amour pour lui ; il suffit de l'imaginer (tout en ayant conscience que ce n'est encore qu'une imagination) pour s'en réjouir, et accroître en soi le désir que cela devienne réalité. Forger la fiction d'une communauté d'individus joints à Dieu du même amour que soi, c'est entreprendre de convenir avec eux, de se joindre avec eux corps et âme, et de les rendre effectivement rationnels.

La rationalisation de l'imagination et l'imagination du rationnel permettent dès lors une union affective non seulement avec Dieu, principe d'intelligibilité de toutes nos images, mais aussi avec tous ceux que nous imaginons éprouver la même union amoureuse avec lui : un amour envers Dieu, occupant tout notre esprit, vient ainsi se substituer aux affects les plus nuisibles, ceux-là même qui « adhèrent tenacement ». Est donc ici mobilisée la compréhension de l'union ontologique avec Dieu (cause immanente de toutes choses), de l'union psychophysique (simultanéité de la puissance d'organisation des idées entre elles et des images entre elles) et

1. Voir E, V, 14 et 15.

de l'union affective avec les autres hommes (renforcement de la joie de chacun dans le même amour pour une chose commune).

Or, toute la seconde étape d'*Éthique* V, qui montre que notre amour envers Dieu est en son fond un amour intellectuel et éternel, doit être lue comme l'approfondissement de la compréhension de nos unions. Pour considérer l'esprit comme un être pleinement réel, c'est-à-dire éternel, il faut l'appréhender à travers son union avec Dieu. Telle est la conversion du regard (et de la pratique en même temps) que promeut la science intuitive : il s'agit de concevoir notre esprit non plus dans son union avec un corps existant dans la durée, mais dans son union avec l'essence corporelle elle-même ; ce qui signifie : considérer son propre corps sous un regard d'éternité (*sub specie æternitatis*)[1]. C'est ainsi que nous devenons capables de saisir qu'essence et existence ne se distinguent plus, en tant qu'elles sont appréhendées à partir de leur union avec les attributs divins : notre essence n'est jamais que notre action d'exister, comprise comme modalité de l'existence de Dieu; notre existence, entendue comme éternité, n'est jamais que la puissance de notre essence, comprise comme partie expressive de la puissance divine. Notre esprit d'ailleurs n'est pas aveugle à cette participation à l'éternité divine, puisque « nous sentons et expérimentons que nous sommes éternels » – sentiment qui n'est pas de l'ordre du souvenir ou de l'imagination, puisque l'éternité n'est pas temporelle (elle ne saurait se confondre avec une immortalité dont il y aurait trace dans le corps) ; mais de l'ordre de l'intellect : sentiment de ce qu'on comprend, de ce qu'on démontre, certitude d'être dans le vrai, et donc de n'être pas simplement temporel et temporaire[2]. En somme, dès lors que nous nous efforçons de saisir les choses comme éternelles, nous sentons et éprouvons que nous participons nous-mêmes de quelque chose d'éternel – la suite de la partie V nous invitant dès lors à mieux saisir cet enracinement de l'esprit dans l'éternité.

Mû par l'effort suprême[3] qui nous fait désirer persévérer dans le troisième genre de connaissance, notre esprit pour ainsi dire naît à la certitude joyeuse de sa propre éternité – il la comprend pleinement et ne la sent plus seulement – en faisant « comme si c'était maintenant qu'il commençait à être et à comprendre les choses sous l'aspect de l'éternité »[4].

1. Voir fin du scolie de E, V, 20 et E, V, 29.

2. Voir E, V, 23, sc. Sur ce célèbre scolie, voir P.-F. Moreau, *Spinoza. L'expérience et l'éternité*, *op. cit.*, p. 532-549, et Ch. Jaquet, *Sub specie æternitatis*, *op. cit.*, p. 98-106.

3. E, V, 25.

4. E, V, 31, sc. La fiction du « comme si » est nécessaire pour accéder à la certitude de l'éternité, de la même manière que, dans le *Traité de la Réforme de l'Entendement*, la fiction

L'amour intellectuel de Dieu, partie éternelle de l'*amor erga Deum*, est donc cet affect qui naît de la certitude de notre éternité. Mais si un amour intellectuel de Dieu « naît » de la science intuitive, cette naissance est en vérité logique plutôt que chronologique : pour expliquer la genèse intellectuelle de la béatitude, nous avons forgé une fiction (celle d'un commencement) qui, dès lors qu'elle nous fait comprendre ce que nous cherchions à expliquer, nous empêche de considérer les choses autrement que comme éternelles. Est-ce à dire que l'imagination, pourtant chassée à l'orée de la seconde partie d'*Éthique* V, fait un retour subreptice par la grâce d'un scolie ? N'a-t-on pas besoin, *in fine*, de la puissance fictionnante de l'imagination pour comprendre la naissance intellectuelle de notre liberté ? Spinoza répond :

> Quoique cet amour à l'égard de Dieu n'ait pas eu de commencement (selon la proposition précédente), il a pourtant toutes les perfections de l'amour, comme s'il avait pris naissance, ainsi que nous nous le sommes figuré [*finximus*] dans le corollaire de la proposition précédente. Et cela ne fait pas de différence, sinon que l'esprit a eu de toute éternité ces mêmes perfections dont nous nous sommes figurés qu'elles venaient maintenant s'ajouter à lui, et ce accompagné de l'idée de Dieu comme cause éternelle. Et si la joie consiste dans le passage à une plus grande perfection, la béatitude assurément doit consister en ce que l'esprit est doté de la perfection même [1].

La béatitude ne naît pas en nous ; elle y demeure de toute éternité, puisqu'elle n'est jamais que la perfection même de notre esprit – sa puissance de penser – rapportée à l'idée de Dieu comme cause. Se représenter que l'amour intellectuel de Dieu naît en nous, ou que nous naissons en lui, est certes une fiction : de même qu'aucune planète sphérique ne naît dans l'univers de la rotation d'un demi-cercle sur lui-même, de même la béatitude ne commence pas véritablement avec la science intuitive. Mais cette représentation ne relève pas, au sens strict, de l'imagination – qui consiste à se représenter des corps comme présents. La fiction ou la figuration dont il s'agit ici relève de l'intellection : en engendrant par une fiction intellectuelle la béatitude pourtant éternelle, l'esprit se rend ainsi au point où il peut finalement comprendre ce qu'elle est. Cette fiction intellectuelle nous rend capables de jouir davantage de la perfection même de notre esprit, et partant d'intensifier cette perfection : avant, nous étions

du mouvement d'un demi-cercle sur lui-même nous permettait d'accéder à la définition génétique de la sphère (*cf.* TRE, § 72-73).

1. E, V, 33, sc.

peu parfaits et jouissions peu de notre perfection (notre âme était un faible *gaudium*) ; désormais, nous intensifions notre perfection en même temps que nous jouissons d'elle (notre âme entre en béatitude) ; mais surtout, nous nous rendons au point – éternel – où il n'y a plus ni d'avant ni d'après, où nous nous réjouissons de la perfection éternelle que nous sommes (ce *gaudium* qu'est notre âme, en partie intellectuelle, est conscient de lui-même et de la puissance du réel dont il tient sa force : il devient béatitude).

La béatitude ne saurait donc être une transition de perfection, enveloppant une certaine durée, mesurée par un certain temps ; et c'est pourquoi le terme même de « joie » décrit mal ce que nous éprouvons [1]. La béatitude, ou amour intellectuel de Dieu, est la réjouissance (*gaudium*) de la perfection même, quels que soient par ailleurs son augmentation ou sa diminution, ses adjuvants ou ses empêchements... Est-ce à dire que la béatitude n'est pas nécessairement gaie, et qu'il serait possible d'éprouver sa liberté même dans la tristesse ? La béatitude est satisfaction de l'esprit, jouissance de perfection, réjouissance de son union avec Dieu ; elle ne saurait donc être, en elle-même, diminution de puissance, passion de tristesse. Mais si nous la comprenons dans l'unité concrète de la durée et de l'éternité, la béatitude peut alors se concevoir comme contemporaine d'une tristesse, puisque pour diminuer en perfection, il faut en être doté : s'il est possible de jouir de sa perfection en même temps qu'on en perd, alors on peut être béat et triste à la fois. Cette béatitude est alors vécue comme un pôle de résistance à tout amoindrissement de la vie en soi : amour envers Dieu, elle affirme la puissance absolument infinie du réel en notre être singulier, comme en chaque autre singularité. Bien plus, amour de notre esprit pour Dieu, la béatitude se comprend et se vit comme participation à l'amour infini que Dieu se porte à lui-même. Le réel, en toutes ses dimensions, pensée et matière à la fois, est aussi affect, c'est-à-dire puissance d'amour éternel et infini dont tout être vivant, à la mesure de son esprit et de sa conscience, fait l'expérience.

La première moitié d'*Éthique* V nous avertissait pourtant : l'amour à l'égard de Dieu est un amour sans retour, sans réciprocité [2]. Nul besoin de complaire à Dieu pour gagner ses faveurs, tout effort pour se faire aimer en retour est vain, aucune récompense de lui – qui ne juge pas et n'exige rien – n'est à espérer. Or, contre toute attente (c'est là l'expérience du *gaudium*, celui-là même qui définit l'âme de chacun), Dieu nous aime, car la partie éternelle de notre esprit à travers laquelle nous aimons intellectuellement

1. Voir E, 33, sc., ainsi que E, V, 36, sc.
2. Voir E, V, 19.

Dieu est en même temps une partie de l'amour qu'il éprouve pour lui-même : la partie éternelle de cet amour – la béatitude – n'est jamais qu'une partie de l'amour éternel dont Dieu s'aime lui-même, et par lequel, en conséquence, il nous aime aussi [1]. Ce que nous permet de saisir la connaissance intuitive (et que laisse dans l'ombre la simple obéissance à Dieu), c'est que notre béatitude est en vérité celle de Dieu, dans la mesure même où il constitue l'essence non seulement de notre esprit, mais aussi de tous ceux qui sont intellectuellement amoureux de lui. C'est pourquoi, dans cette union amoureuse et salutaire avec Dieu, et dans cette union *sub specie aternitatis* de notre esprit avec notre corps, nous éprouvons en même temps l'union éthique d'une communauté intellectuelle :

> Notre esprit, en tant qu'il comprend, est une manière de penser éternelle, qui est déterminée par une autre manière de penser éternelle, et celle-ci à son tour par une autre, et ainsi à l'infini ; en sorte qu'elles constituent toutes ensemble l'intellect éternel et infini de Dieu [2].

Nous ne pensons pas seuls, y compris, et surtout, lorsque nous pensons par nous-mêmes : penser adéquatement c'est y être déterminé par d'autres à travers une causalité qui nous est commune – celle de Dieu, qui est la communauté même des corps et des esprits. Telle est la puissance du commun que nous activons lorsque nous comprenons, et de ce fait convenons, avec les autres. Se vivre et se comprendre dans son union avec Dieu revient donc à faire cause commune avec d'autres intellects, qui s'entre-déterminent au point de concourir tous ensemble à une même action : au point de constituer une même chose singulière, voire un même individu plus puissant… *infiniment* plus puissant.

1. Voir E, V, 36 et cor.
2. E, V, 40, sc.

CONCLUSION

Ce parcours dans Spinoza à travers la question de l'union a révélé une tension majeure : entre union effective et union à effectuer.

Nous avons rencontré plusieurs types d'union effective. L'union ontologique, d'abord, qu'elle soit celle de l'infinité des attributs en Dieu, ou celle du mode avec Dieu, qui est son principe actif et substantiel. Une telle union ne peut se défaire, elle est éternellement effectuée. De la force de cette union ontologique se déduit l'union singulière de l'esprit avec toute la nature, union de cette idée à la fois avec les autres idées la déterminant à penser, et union avec son objet, le corps. Cette double union, elle aussi, a quelque chose de nécessaire : d'un côté, la puissance de l'esprit ne peut en aucun cas agir sur ou contre le corps, l'égale dignité des attributs divins assurant la parité des activités du corps et de l'esprit dans la conquête du salut; de l'autre côté, l'esprit ne saurait s'affranchir de la « contrainte » des idées par lesquelles il est nécessairement coagi (*coactus*), que ce soit de façon passive, lorsque la convenance avec elles n'est que partielle, ou de façon active, lorsque conviennent parfaitement coaction et action. Or ces convenances, dans la mesure où elles nous modifient, sont des unions affectives : unions pour la plupart en extériorité, unions imaginatives qui se font par les communes passions; unions parfois en intériorité, unions intellectuelles avec Dieu, soi et les autres. Unions politico-religieuses, fermées et exclusives, temporaires et temporelles, toujours finies. Unions éthiques, ouvertes et sans reste, indestructibles parce qu'éternelles.

Or, c'est en ces unions affectives que se tend le fil entre ce qui est effectif et ce qui est à effectuer. D'un côté, des individus radicalement isolés, désocialisés, n'existent pas; les individus sont toujours déjà, politiquement et religieusement, unis (il n'y a pas d'état de nature brut, sans état civil); en même temps, l'union politico-religieuse est toujours aussi menacée d'une désunion qui travaille à même l'union passionnelle (il n'y a pas d'état civil pur, sans état de nature). Ainsi, les logiques qui font les unions les défont : la passion laisse toujours un reste, en lequel s'engouffrent discordes et séditions. Union en politique ne signifie donc pas pleine et entière communion : de telles unions sont tendanciellement harmonieuses, ou tendanciellement séditieuses. Il y a donc toujours à refaire ce qui déjà est fait, mais fatalement se défait. Stabiliser l'État revient donc – c'est là son propre travail – à renforcer l'union des cœurs, la concorde, sans jamais devoir ni désespérer de l'union politique (la solitude radicale n'est qu'un rêve mélancolique), ni espérer une union pleinement rationnelle (la béatitude politique n'est qu'un rêve philosophique).

Mais la tension entre union effective et union à effectuer est la plus sensible dans l'union éthique : une telle union en effet paraît se fonder en dernier recours sur la pleine actualisation d'une union toujours-déjà-là, parce qu'éternelle. La béatitude ne consiste-t-elle pas à nous unir, pour en jouir, avec ce à quoi éternellement nous sommes toujours déjà unis ? Pouvons-nous dès lors concilier l'actualité éternelle d'une union toujours déjà effectuée et l'actualité spatio-temporelle d'une union toujours encore à effectuer ?

Il ne faut pas se laisser abuser par l'idée d'éternité, et penser qu'en elle tout est figé, accompli, immuable. Ou plutôt, il faut bien comprendre qu'une fois passé à la considération de l'éternité, il n'est plus possible de penser les choses autrement : une union éternelle est effectivement une union qui ne peut se défaire. Ceci étant dit, il faut aussitôt ajouter : le lien cependant peut être ténu, distendu, relâché. La désunion avec Dieu n'est en fait qu'une moindre union : une moindre participation du mode à la nature divine, un amoindrissement de l'être du mode, un affaiblissement de sa puissance. Aussi faut-il penser l'union à effectuer en termes de transition dans la durée, de perfectionnement, elle qui, une fois pleinement comprise et pleinement vécue, ne pourra l'être qu'en termes de perfection dans l'éternité, d'union éternellement effectuée. Si notre éternité n'est rien d'autre que notre *existence conçue* comme *suivant* de la définition d'une chose éternelle (un autre mode, un attribut, Dieu), il devient alors nécessaire de faire *suivre* peu à peu notre *existence* de ce qui, par soi ou par un autre, est éternel : nécessité de parvenir au point où nous nous concevons dans cette union, et nous concevant ainsi, où il nous devient impossible de nous concevoir et partant d'*exister* autrement. Savoir et être vont de pair : la compréhension de notre union éternelle nous rend au point où éternellement s'effectue cette union, et où cette effectivité, nous la vivons pleinement.

Qu'est-ce que cette existence ? Elle est la connaissance de l'union de l'esprit avec la nature tout entière, commence par dire le *Traité de la Réforme de l'entendement*; elle est l'amour intellectuel de Dieu, finit par dire l'*Éthique*. Pouvons-nous donc penser cette existence, de façon équivalente, à la fois comme union de l'esprit avec *Dieu* et amour intellectuel de la *Nature* tout entière? Oui, à une double condition. D'abord, qu'on n'oublie pas que l'esprit, en toutes ses manières de connaître, demeure éternellement uni au corps : il est et demeure l'idée d'un certain corps, dont le déploiement de l'activité sensible est requise pour que s'affirme en l'esprit son activité intellectuelle; il n'est donc pas d'éternité de l'esprit, et d'amour intellectuel de Dieu, sans un corps dont les images (de soi et des autres) ne sont plus déchaînées, c'est-à-dire imaginées *simplement*, mais ordonnées pour l'intellect: sans un corps ayant une puissance d'auto-organisation telle que l'esprit puisse éprouver un amour intellectuel. Ensuite, on ne pourra parler d'amour intellectuel de la Nature tout entière que si on ne réduit pas ce sentiment à une simple effusion du moi, et partant à une confusion de soi en elle : cet amour est en même temps une pratique de la singularisation (penser par soi-même, agir par soi-même) sans coupure avec les autres. Aimer intellectuellement Dieu, c'est faire cause commune avec l'autre, c'est être affecté, à travers la singularité de l'autre, par cette communauté qui me permet de me singulariser; l'amour intellectuel de Dieu, c'est-à-dire de la Nature en l'infinité de ses expressions, est l'expérience et la compréhension du lien par lequel nous entrons en convenance, et en connivence, avec tout autre: pratique d'une science intuitive qui consiste simplement (mais très difficilement) à saisir, à partir de son union en Dieu, la positivité singulière de chaque chose. L'union éternelle avec Dieu est en ce sens union éternelle avec soi et les autres : « conscience de soi, de Dieu et des autres », dit la cinquième partie de l'*Éthique*, c'est-à-dire amour de Dieu comme *milieu* entre soi et les autres, milieu non qui nous partage, mais que nous partageons.

Est-ce à dire pour autant que cette union *éternelle*, dès lors que nous la connaissons, est notre bien pour toujours? Non, car l'éternité, à proprement parler, ne dure pas. Mais si elle ne dure pas, faut-il à l'inverse en conclure que jamais nous ne sommes définitivement sauvés? La mélancolie dès lors guetterait la béatitude au retour. Plus dure serait la chute... L'*Éthique* pourtant, à travers les figures du sage et de l'ignorant, s'achève tout autrement: le sage, conscient des choses par une nécessité éternelle, et affecté d'une satisfaction véritable, « ne cesse jamais d'être »[1]; tout l'inverse de l'ignorant qui, dès lors qu'il cesse de pâtir, cesse aussitôt d'être. Étonnant propos, si l'on songe que toute l'éthique spinoziste nous convie à cesser de pâtir.

1. E, V, 42, sc.

Mais encore faut-il saisir ce que signifie cesser de pâtir : non pas espérer ne plus avoir d'idées inadéquates, ne plus ressentir d'affects mauvais, mais travailler à les comprendre, et jouir de la béatitude pour les repousser. Ce n'est pas d'un combat frontal contre ses peines intérieures et ses ennemis extérieurs que nous sortirons jamais vainqueurs – bien au contraire, nous ne les ferons que davantage exister. Si tout l'enjeu est de *passer* à l'éternité, d'engendrer une union indestructible, encore faut-il ne pas en faire l'espoir d'une récompense à venir. L'éthique spinoziste nous invite plutôt, par ce qui nous reste toujours de puissance, à subvertir nos affects de l'intérieur et à modifier ainsi, progressivement, notre rapport aux autres. Mais ce faisant, nous cessons d'être – passivement unis à eux : nos unions passionnelles, dans le rapport imaginaire, et bien souvent obsessionnel, que nous entretenons avec nous-mêmes et avec eux, peuvent être brisées par l'affirmation de nos unions réelles – celles que Spinoza nomme intellectuelles, sages ou libres.

Finalement, nos unions sont beaucoup plus fortes si nous comprenons que toute désunion n'est pas nécessairement à fuir : nous désunir de ce par quoi nous pâtissons est l'indice que nous ne cessons plus d'être.

BIBLIOGRAPHIE

ŒUVRES DE SPINOZA

Éditions de référence

Spinoza Opera, Im Auftrag der Heidelberger Akademie der Wissenschaften herausgegeben von C. Gebhardt, Heidelberg, Carl Winter, 1925, 4 vols.

Spinoza, Œuvres, P.-F. Moreau (dir.), Paris, PUF, vol. I, *Premiers écrits*, 2009 (F. Mignini (éd.), trad. fr. M. Beyssade pour le *Traité de la réforme de l'entendement* et J. Ganault pour le *Court Traité*); vol. III, *Traité théologico-politique*, 1999 (F. Akkerman (éd.), trad. fr. J. Lagrée et P.-F. Moreau); vol. V, *Traité politique*, 2005 (O. Proietti (éd.), trad. fr. Ch. Ramond).

Œuvres complètes

Œuvres de Spinoza, trad. fr. et notes Ch. Appuhn, Paris, GF-Flammarion, 1964-1966, 4 vols. (1. Traité de la Réforme de l'Entendement; Court Traité; Les principes de la philosophie de Descartes; Pensées métaphysiques – 2. Éthique – 3. Traité théologico-politique – 4. Traité politique; Lettres).

Œuvres complètes, texte, trad. fr., présentation et notes R. Caillois, M. Francès et R. Misrahi, Paris, Gallimard, 1954.

Traité de la Réforme de l'entendement

Traité de la réforme de l'entendement et de la meilleure voie à suivre pour parvenir à la vraie connaissance des choses, texte, trad. fr. et notes A. Koyré, Paris, Vrin, 1990.

Traité de la réforme de l'entendement, texte, trad. fr., préface et comm. A. Scala, Paris, Presses Pocket, 1990.

Traité de la réforme de l'entendement, texte, trad. fr., introd. et comm. B. Rousset, Paris, Vrin, 1992.

Traité de la réforme de l'entendement, trad. fr. et postface S. Auffret, Paris, Mille et une nuits, 1996.

Traité de l'amendement de l'intellect, texte et trad. fr. B. Pautrat, Paris, Allia, 1999.

Éthique

Éthique, trad. fr. A. Guérinot, Paris, Éditions d'art Édouard Pelletan, 1930; rééd. Paris, Ivrea, 1993.

Éthique, introd., trad. fr., notes et comm. R. Misrahi, Paris, PUF, 1990.

Éthique, texte et trad. fr. B. Pautrat, Paris, Seuil, 1988; rééd. revue et augmentée, 1999 (« Points Essais »).

Traité politique

Traité politique, texte, trad. fr., introd. et notes S. Zac, Paris, Vrin, 1968; rééd. 1987.

Tractatus politicus, Traité politique, texte et trad. fr. P.-F. Moreau, index informatique P.-F. Moreau et R. Bouveresse, Paris, Réplique, 1979.

Correspondance

Spinoza. Correspondance, présentation et trad. fr. M. Rovère, Paris, GF-Flammarion, 2010.

Lettres sur le mal: correspondance avec Blyenbergh de B. Spinoza, trad. fr. Ch. Appuhn, dossier M. Korichi, lecture d'image Ch. Hubert-Rodier, Paris, Folio-Gallimard, 2006.

Spinoza, 25 lettres philosophiques, introd., trad. fr. et notes A. Billecoq, Paris, Hachette, 1982.

Abrégé de grammaire hébraïque

Abrégé de grammaire hébraïque, introd., trad. fr. et notes J. Askénazi et J. Askénazi-Gerson, Paris, Vrin, 1968 ; rééd. 1987.

COMMENTAIRES

Pour une première approche

DELEUZE G., *Spinoza. Philosophie pratique*, Paris, Minuit, 1981 : introduction très stimulante, notamment pour son analyse des « lettres du mal (correspondance avec Blyenbergh) » et pour son index des principaux concepts de l'*Éthique*.

MOREAU P.-F., *Spinoza et le spinozisme*, Paris, PUF, 2003 : présentation de la vie intellectuelle de Spinoza, des principaux enjeux de ses ouvrages et de leur réception.

SUHAMY A. et DAVAL A., *Spinoza par les bêtes*, Paris, Ollendroff & Desseins, 2008 : une manière plaisante et rigoureuse d'entrer dans Spinoza.

VINCIGUERRA L., *Spinoza*, Paris, Hachette, 2001 : une introduction, un choix de textes présentés, une bibliographie commentée.

Lectures de Spinoza, P.-F. Moreau et Ch. Ramond (dir.), Paris, Ellipses, 2006 : une présentation de chaque ouvrage et, pour l'*Éthique*, de chacune de ses parties.

Il existe encore bien d'autres ouvrages d'introduction à la philosophie spinoziste, qu'on peut consulter avec profit. Citons parmi eux :

ALQUIÉ F., *Leçons sur Spinoza (Nature et vérité dans la philosophie de Spinoza. Servitude et liberté selon Spinoza)*, Paris, Table ronde, 2003.
BALIBAR Ét., *Spinoza et la politique*, Paris, PUF, 1985.
CHRISTOFOLINI P., *Spinoza, Chemins dans l'*Éthique, Paris, PUF, 1996.
JAQUET Ch., *Spinoza ou la prudence*, Paris, Quintette, 1997.
LACROIX J., *Spinoza et le problème du salut*, Paris, PUF, 1970.
MACHEREY P., *Introduction à l'*Éthique *de Spinoza*, Paris, PUF, 5 vols., 1. La première partie : la nature des choses, 1998 ; 2. La deuxième partie : la réalité mentale, 1997 ; 3. La troisième partie : la vie affective, 1995 ; 4. La quatrième partie : la condition humaine, 1997 ; 5. La cinquième partie : les voies de la libération, 1994.
MOREAU P.-F., *Spinoza*, Paris, Seuil, 1988.
RAMOND Ch., *Le vocabulaire de Spinoza*, Paris, Ellipses, 1999.
– *Dictionnaire Spinoza*, Paris, Ellipses, 2007.
RIZK H., *Comprendre Spinoza*, Paris, Armand Collin, 2006.
SCALA A., *Spinoza*, Paris, Les Belles Lettres, 1998.
SÉVÉRAC P., *Éthique de Spinoza*, Paris, Ellipses, 1997.
– *Appendice de la première partie de l'*Éthique, Paris, Ellipses, 1999.
SUHAMY A. et SÉVÉRAC P., *Spinoza*, Paris, Ellipses, 2008.
ZAC S., *La morale de Spinoza*, Paris, PUF, 1959.

Pour approfondir

Trois études fondamentales

DELEUZE G., *Spinoza et le problème de l'expression*, Paris, Minuit, 1968 : un livre très inspiré sur Spinoza.
GUEROULT M., *Spinoza*, 2 vols., I. Dieu (*Éthique I*), II. L'Âme (*Éthique II*), Paris, Aubier-Montaigne, 1968 ; 2e éd. 1997 : un commentaire très précis des deux premières parties de l'*Éthique*, décisif pour les études spinozistes depuis plus de quarante ans.
MATHERON A., *Individu et Communauté chez Spinoza* (1969) Paris, Minuit, 1988 : ce livre, et celui de G. Deleuze, constituent les deux grands commentaires de la philosophie de Spinoza.

Ouvrages et articles

ALAIN, *Spinoza*, Paris, Delaplane, 1901 ; rééd. Paris Mellottée, 1949 ; Paris, Gallimard, 1972.
ALBIAC G., *La synagogue vide. Les sources marranes du spinozisme*, trad. fr. M.-L. Copete et J.-F. Schaub, Paris, PUF, 1994.
ALQUIÉ F., *Le rationalisme de Spinoza*, Paris, PUF, 1981.
AUDIÉ F., *Spinoza et les mathématiques*, préface P.-F. Moreau, Paris, PUPS, 2005.
– *Problèmes de l'idée vraie*, préface P.-F. Moreau, Paris, L'Harmattan, 2014.

BALIBAR Ét., « Spinoza, l'anti-Orwell : la crainte des masses », dans *La crainte des masses (politique et philosophie avant et après Marx)*, Paris, Galilée, 1997, p. 57-99.

– « A note on "Consciousness/Conscience" in the *Ethics* », *Studia Spinozana*, vol. 8 (1992), 1994, Spinoza's Psychology and Social Psychology, p. 37-53.

BARBARAS F., *La science mathématique du salut*, Paris, CNRS Éditions, 2007.

BARTUSCHAT W., *Spinozas Theorie des Menschen*, Hamburg, Felix Meiner Verlag, 1992, 1995².

– « Remarques sur la 1re proposition de la 5e partie de l'*Éthique* », *Revue philosophique de la France et de l'étranger*, n° 1, janv.-mars 1994, p. 5-21.

BENNETT J., *A study of Spinoza's* Ethics, Indianapolis, Hackett Publishing Compagny, 1984.

BERTRAND M., *Spinoza et l'imaginaire*, Paris, PUF, 1983.

BEYSSADE J.-M., « De l'émotion intérieure chez Descartes à l'affect actif chez Spinoza », dans *Spinoza, Issues and Directions*, The Proceedings of the Chicago Spinoza Conference, E. Curley and P.-F. Moreau (eds.), Leiden, Brill, 1990, p. 176-190; repris dans *Études sur Descartes. L'histoire d'un esprit*, Paris, Points-Seuil, 2001, p. 337-362.

BILLECOQ A., *Spinoza et les spectres (un essai sur l'esprit philosophique)*, Paris, PUF, 1987.

BOSS G., *L'enseignement de Spinoza. Commentaire du* Court Traité, Zürich, Éditions du Grand Midi, 1982.

BOVE L., *La stratégie du conatus. Affirmation et résistance chez Spinoza*, Paris, Vrin, 1996, 2011².

BRYKMAN G., *La judéité de Spinoza*, Paris, Vrin, 1972.

BUSSE J., *Le problème de l'essence de l'homme chez Spinoza*, Paris, Publications de la Sorbonne, 2009.

CHAUI M. de Souza, *Nervura do real. Imanência e liberdade em Spinoza*, São Paulo, Companhia de letras, 1999.

CRISTOFOLINI P., *Spinoza, Chemins dans l'*Éthique, Paris, PUF, 1996.

DANINO P., *Le meilleur ou le vrai. Spinoza et l'idée de philosophie*, Paris, Publications de la Sorbonne, 2014.

DARBON A., *Études spinozistes*, Paris, PUF, 1946.

DELBOS V., *Le problème moral dans la philosophie de Spinoza et dans l'histoire du spinozisme*, Paris, Alcan, 1893; rééd. avec introd. A. Matheron, Paris, PUPS, 1990.

– *Le spinozisme*, Paris, Vrin, 1972.

GIOVANNONI A., *Immanence et finitude chez Spinoza. Études sur l'idée de constitution dans l'*Éthique, Paris, Kimé, 1999.

HERVET C., *De l'imagination à l'entendement. La puissance du langage chez Spinoza*, Paris, Classique Garnier, 2012.

HUAN G., *Le Dieu de Spinoza*, Arras, Schoutheer frères, 1913.

ISRAËL N., *Spinoza. Le temps de la vigilance*, Paris, Payot, 2001.

JAQUET Ch., Sub specie æternitatis. *Étude des concepts de temps, durée et éternité chez Spinoza*, préface A. Matheron, Paris, Kimé, 1997.

– *L'unité du corps et de l'esprit. Affects, actions et passions chez Spinoza*, Paris, PUF, 2004.
– *Les expressions de la puissance d'agir*, Paris, Publications de la Sorbonne, 2005.
JUILLET J.-P., *Des vues de Spinoza. Arguments et figures de la « philosophie vraie »*, Paris, PUPS, 2001.
KLAJNMAN A., *Méthode et art de penser chez Spinoza*, préface P.-F. Moreau, Paris, Kimé, 2006.
LAGRÉE J., *Spinoza et le débat religieux*, Rennes, Presses Universitaires de Rennes, 2001.
LAUX H., *Imagination et religion chez Spinoza (la* potentia *dans l'histoire)*, Paris, Vrin, 1993.
LAVERAN S., *Le Concours des Parties. Critique de l'atomisme et redéfinition du singulier chez Spinoza*, Paris, Classique Garnier, 2015.
LEVY L., *L'automate spirituel, la naissance de la subjectivité moderne d'après l'*Éthique *de Spinoza*, Pays-Bas, Van Gorcum, 2000.
MACHEREY P., *Avec Spinoza. Études sur la doctrine et l'histoire du spinozisme*, Paris, PUF, 1992.
MALINOWSKI-CHARLES S., *Affects et conscience chez Spinoza. L'automatisme dans le progrès éthique*, Paris, Olms, 2004.
MATHERON A., *Individu et Communauté chez Spinoza* (1969), Paris, Minuit, 1988.
– *Le Christ et le salut des ignorants chez Spinoza*, Paris, Aubier Montaigne, 1971.
– *Anthropologie et politique au XVIIe siècle (études sur Spinoza)*, Paris, Vrin, 1986.
– *Études sur Spinoza et les philosophes de l'âge classique*, Paris, ENS Éditions, 2011.
MISRAHI R., *Le désir et la réflexion dans la philosophie de Spinoza*, Paris-Londres-New York, Gordon & Breach, 1972.
– *Le corps et l'esprit dans la philosophie de Spinoza*, Paris, Les Empêcheurs de penser en rond, 1992.
– *L'être et la joie, perspectives synthétiques sur le spinozisme*, Paris, Encre marine, 1997.
MIGNINI F., *Ars imaginandi, apparenza e rappresentazione in Spinoza*, Napoli, Edizioni Scientifiche Italiane, 1981.
MOREAU P.-F., *Spinoza*, Paris, Seuil, 1988.
– *Spinoza. L'expérience et l'éternité*, Paris, PUF, 1994.
– *Spinoza. État et religion*, Lyon, ENS Éditions, 2005.
– *Problèmes du spinozisme*, Paris, Vrin, 2006.
NEGRI A., *L'anomalie sauvage. Puissance et pouvoir chez Spinoza*, trad. F. Matheron, Paris, PUF, 1982 ; rééd. Paris, Éditions Amsterdan, 2006.
– *Spinoza subversif, variations (in)actuelles*, trad. fr. M. Raiola et F. Matheron, Paris, Kimé, 1994.
– *Spinoza et nous*, Paris, Galilée, 2010.
PAUTRAT B., *Ethica sexualis. Spinoza et l'amour*, Paris, Manuels Payot, 2011.
PRELORENTZOS I., *Temps, durée et éternité dans les* Principes de la philosophie de Descartes *de Spinoza*, Paris, PUPS, 1996.
RAMOND Ch., *Qualité et quantité dans la philosophie de Spinoza*, Paris, PUF, 1995.

– *Spinoza et la pensée moderne. Constitutions de l'Objectivité*, préface P.-F. Moreau, Paris, L'Harmattan, 1998.
– *Le vocabulaire de Spinoza*, Paris, Ellipses, 1999.
RIVAUD A., *Les notions d'essence et d'existence dans la philosophie de Spinoza*, Paris, Alcan, 1906.
ROUSSET B., *La perspective finale de l'*Éthique *et le problème de la cohérence du spinozisme (l'autonomie comme salut)*, Paris, Vrin, 1968.
ROVERE M., *Exister. Méthodes de Spinoza*, Paris, CNRS Éditions, 2010.
SÉVÉRAC P., *Le devenir actif chez Spinoza*, Paris, Honoré Champion, 2005.
SUHAMY A., *La communication du bien chez Spinoza*, Paris, Classiques Garnier, 2010.
TOSEL A., *Spinoza ou le crépuscule de la servitude* (*essai sur le* Traité Théologico-politique), Paris, Aubier Montaigne, 1984.
– *Du matérialisme de Spinoza*, Paris, Kimé, 1994.
– *Spinoza ou l'autre (in)finitude*, Paris, L'Harmattan, 2008.
VINCIGUERRA L., *Spinoza et le signe. La genèse de l'imagination*, Paris, Vrin, 2005.
WOLFSON H.A., *La philosophie de Spinoza. Pour démêler l'implicite d'une argumentation*, trad. fr. A.-D. Balmès, Paris, Gallimard, 1999.
ZAC S., *L'idée de vie dans la philosophie de Spinoza*, Paris, PUF, 1963.
– *Spinoza et l'interprétation de l'Écriture*, Paris, PUF, 1965.
– *Essais spinozistes*, Paris, Vrin, 1985.
ZOURABICHVILI F., *Le conservatisme paradoxal de Spinoza. Enfance et royauté*, Paris, PUF, 2002.
– *Spinoza. Une physique de la pensée*, Paris, PUF, 2002.
ZWEERMAN Th., *L'introduction à la philosophie de Spinoza* (*une analyse structurelle de l'introduction du* Traité de la réforme de l'entendement *suivie d'un commentaire de ce texte*), Leuven, Presses Universitaires de Louvain, 1993.

Lectures croisées

ANDRAULT R., *La vie selon la raison. Physiologie et métaphysique chez Spinoza et Leibniz*, Paris, Honoré Champion, 2014.
ATTAL J., *La non-excommunication de Jacques Lacan. Quand la psychanalyse a perdu Spinoza*, Paris, Cahiers de l'Unebévue, 2010.
BOUVERESSE R., *Spinoza et Leibniz. L'idée d'animisme universel*, Paris, Vrin, 1992.
BOSS G., *La différence des philosophies. Hume et Spinoza*, Zürich, Éditions du Grand Midi, 1982, 2 vols.
BRUNSCHVICG L., *Spinoza*, Paris, Alcan, 1894; 3e éd. *Spinoza et ses contemporains* (1923), Paris, PUF, 1951.
CITTON Y., *L'envers de la liberté. L'invention d'un imaginaire spinoziste dans la France des Lumières*, Paris, Éditions Amsterdam, 2006.
DAMASIO A.R., *Spinoza avait raison. Joie et tristesse, le cerveau des émotions*, trad. fr. J.-L. Fidel, Paris, Odile Jacob, 2003.

DELASSUS É., *De l'*Éthique *de Spinoza à l'éthique médiale*, Rennes, Presses Universitaires de Rennes, 2011.

DEL LUCCHESE F., *Tumultes et indignation. Conflit, droit et multitude chez Machiavel et Spinoza*, trad. fr. P. Pasquini, préface A. Negri, Paris, Éditions Amsterdam, 2010.

DRIEUX P., *Perception et sociabilité. La communication des passions chez Descartes et Spinoza*, Paris, Classiques Garnier, 2015.

FISCHBACH F., *La production des hommes. Marx avec Spinoza*, Paris, PUF, 2005; Paris, Vrin, 2014.

GIANCOTTI E., *Studi su Hobbes e Spinoza*, Napoli, Bibliopolis, 1995.

ISRAËL J.I., *Les lumières radicales. La philosophie, Spinoza et la naissance de la modernité (1650-1750)*, trad. fr. P. Hugues, Ch. Nordmann et J. Rosanvallon, Paris, Éditions Amsterdam, 2001.

LACHIEZE-REY P., *Les origines cartésiennes du Dieu de Spinoza*, Paris, Vrin, 1950.

LAZZERI Ch., *Droit, pouvoir et liberté, Spinoza critique de Hobbes*, Paris, PUF, 1998.

LORDON F., *L'intérêt souverain. Essai d'anthropologie économique spinoziste*, Paris, La Découverte, 2006.

– *Capitalisme, désir et servitude. Marx et Spinoza*, Paris, La Fabrique, 2010.

– *La société des affects. Pour une structuralisation des passions*, Paris, Seuil, 2013.

MACHEREY P., *Hegel ou Spinoza*, Paris, Éditions Maspero, 1979; 2e éd. Paris, La Découverte, 1990.

– « Pour une histoire naturelle des normes », dans *Michel Foucault philosophe*, colloque 1988, Paris, Seuil, 1989, p. 203-221; repris dans *De Canguilhem à Foucault. La force des normes*, Paris, La Fabrique, 2009, p. 71-97.

MANZINI F., *Spinoza : une lecture d'Aristote*, Paris, PUF, 2009.

MIQUEU Ch., *Spinoza, Locke et l'idée de citoyenneté. Une génération républicaine à l'aube des Lumières*, Paris, Classique Garnier, 2012.

MORFINO V., *Le Temps et l'Occasion. La rencontre Spinoza-Machiavel*, Paris, Classique Garnier, 2012.

RABOUIN D., *Vivre ici. Spinoza, éthique locale*, Paris, PUF, 2010.

ROUSSET B., *Spinoza, lecteur des* Objections *faites aux* Méditations *de Descartes et de ses* Réponses, Paris, Kimé, 1996.

YAKIRA El., *Contrainte, Nécessité, Choix. La métaphysique de la liberté chez Spinoza et Leibniz*, Zurich, Éditions du Grand Midi, 1989.

YOVEL Y., *Spinoza et autres hérétiques*, trad. fr. E. Beaumatin et J. Lagrée, Paris, Seuil, 1991.

ZAOUI P., *Spinoza. La décision de soi*, Paris, Bayard, 2008.

Pascal et Spinoza. Pensées du contraste : de la géométrie du hasard à la nécessité de la liberté, L. Bove, G. Bras et E. Méchoulan (dir.), Paris, Éditions Amsterdam, 2007.

Spinoza/Leibniz. Rencontres, controverses, réceptions, R. Andrault, M. Laerke et P.-F. Moreau (dir.), Paris, PUPS, 2014.

Collectifs

Spinoza. La raison à l'épreuve de la pratique, J. Vicente Cortés et S. Lavran (dir.), Paris, Publications de la Sorbonne, 2013.

Spinoza et la psychanalyse, A. Martin et P. Sévérac (dir.), Paris, Hermann, 2012.

Lectures contemporaines de Spinoza, P.-F. Moreau, Cl. Cohen-Boulakla et M. Delbraccio (dir.), Paris, PUPS, 2012.

Spinoza transalpin, Ch. Jaquet et P.-F. Moreau, Paris, Publications de la Sorbonne, 2012.

Spinoza. Nature, Naturalisme, Naturation, Ch. Ramond (dir.), Bordeaux, Presses Universitaires de Bordeaux, 2011.

Spinoza et les scolastiques. Retour aux sources et nouveaux enjeux, F. Manzini (dir.), Paris, PUPS, 2011.

La théorie spinoziste des rapports corps/esprit et ses usages actuels, Ch. Jaquet, P. Sévérac et A. Suhamy (dir.), Paris, Hermann, 2009.

La multitude libre. Nouvelles lectures du Traité politique, Ch. Jaquet, P. Sévérac et A. Suhamy (dir.), Paris, Éditions Amsterdam, 2008.

Spinoza, philosophe de l'amour, Ch. Jaquet, P. Sévérac et A. Suhamy (dir.), Saint-Étienne, Publications de l'Université de Saint-Étienne, 2005.

Les Pensées métaphysiques *de Spinoza*, Ch. Jaquet (dir.), Paris, Publications de la Sorbonne, 2004.

*Fortitude et servitude. Lectures de l'*Éthique *IV de Spinoza*, Ch. Jaquet, P. Sévérac et A. Suhamy (dir.), Paris, Kimé, 2003.

Spinoza et la norme, J. Lagrée (dir.), Besançon, Presses Universitaires de Franche-Comté, 2002.

Spinoza, puissance et impuissance de la raison, Ch. Lazzeri (dir.), Paris, PUF, 1999.

Spinoza, *Kairos*, n° 11, Toulouse, Presses Universitaires du Mirail, 1998.

Spinoza, *Philosophique*, n° spécial, Paris, Kimé, 1998.

Spinoza et la Renaissance, S. Ansaldi (dir.), Paris, PUPS, 1998.

Spinoza et les affects, F. Brugère et P.-F. Moreau (dir.), Paris, PUPS, 1998

Durée, temps, éternité chez Spinoza, *Les études philosophiques*, avril-juin 1997.

Spinoza et la politique, H. Giannini, P.-F. Moreau et P. Vermeren (dir.), Paris, L'Harmattan, 1997.

Architectures de la raison : mélanges offerts à Alexandre Matheron, P.-F. Moreau (dir.), Fontenay-Saint Cloud, ENS Éditions, 1996 : on y trouvera la référence de tous les articles d'A. Matheron, tous recommandables.

Disguised and overt Spinozism around 1700, papers presented at the international colloquium, held at Rotterdam, 5-8 october 1994, W. Van Bunge and W. Klever (eds.), Leiden, Brill, 1996.

*Spinoza : la quatrième partie de l'*Éthique, *Revue de Métaphysique et de morale*, octobre-décembre 1994, n° 4.

*Spinoza : la cinquième partie de l'*Éthique, *Revue philosophique de la France et de l'étranger*, janv.-mars 1994, n° 1.

Spinoza : puissance et ontologie, M. Revault d'Allonnes et H. Rizk (dir.), Paris, Kimé, 1994.

Spinoza au XXe siècle, O. Bloch (dir.), Paris, PUF, 1993.

Spinoza by 2000, The Jerusalem Conferences, vol. 1, *God and Nature. Spinoza's Metaphysics* (*Ethica* I), Y. Yovel (ed.), Leiden-New York-Københarm-Köln, Brill, 1991 ; vol. 2, *Spinoza on Knowledge and the Human Mind* (*Ethica* II), Y. Yovel (ed.), Leiden-New York-Köln, Brill, 1994 ; vol. 3, *Desire and Affect. Spinoza as Psychologist* (*Ethica* III), Y. Yovel (ed.), New York, Little Room Press, 1999 ; vol. 4, *Spinoza on Reason and the « Free Man »* (*Ethica* IV), Y. Yovel and G. Segal (eds.), New York, Little Room Press, 2004.

Spinoza, Issues and Directions. The Proceedings of the Chicago Spinoza Conference, Ed. Curley and P.-F. Moreau (eds.), Leiden, Brill, 1990.

Spinoza au XVIIIe siècle, présentation O. Bloch, Paris, Klincksieck, 1990.

Spinoza. Science et Religion, Actes du Colloque du Centre Culturel International de Cerisy-la-Salle (20-27 sept. 1982), Paris, Vrin, 1988.

Spinoza, Les études philosophiques, oct.-déc. 1987, n° spécial.

Spinoza and the Sciences, M. Grene and D. Nails (eds.), Dordrecht, Reidel, 1986.

Spinoza's political and theological thought, International symposium under the Auspices of the Royal Netherlands Academy of Arts and Sciences Commemorating the 350th Anniversary of the Birth of Spinoza, Amsterdam 24-27 November 1982, C. de Deugd (ed.), Amsterdam, North-Holland Publishing Compagny, 1984.

Spinoza nel 350e anniversario della nascita, Proceedings of the first italian international congress on Spinoza (Urbino 4-8 oct. 1982), E. Giancotti (ed.), Napoli, Bibliopolis, 1984.

Spinoza (1632-1677), Revue internationale de philosophie, vol. 31, n° 119-120, n° spécial.

Spinoza. A Collection of Critical Essays, M. Grene (ed.), New York, Anchor Books, 1973.

Spinoza, Les études philosophiques, juil.-sept. 1972, n° spécial.

Revues et collections consacrées à Spinoza

Travaux et documents du Groupe de recherches spinozistes, Presses de l'Université Paris-Sorbonne, 8 vols., depuis 1985.

Studia Spinozana, 16 vols., depuis 1985.

Bulletin de bibliographie spinoziste, *Archives de philosophie*, depuis 1979.

Bulletin de l'Association des Amis de Spinoza, depuis 1978.

Cahiers Spinoza, Éditions Réplique, 6 vols., depuis 1977.

Chronicon spinozanum, Hagæ Comitis, curis Societatis Spinozanæ, 5 vols., 1921-1927.

Sites internet

AAS (Association des Amis de Spinoza) : http://www.aspinoza.com
ETHICA : gilles.louise.perso.sfr.fr
Hyper-Spinoza : http://hyperspinoza.caute.lautre.net
Rudolf W. Meijer : http://users.telenet.be/rwmeijer/spinoza/indexfr.htm
Spinoza et Nous : http://www.spinozaetnous.org

INDEX NOMINUM

TABLE DES MATIÈRES

Ce livre a été imprimé
en France par **ICN**

Zone Industrielle des Saligues
98, rue Louis Rabier
64300 Orthez

05 59 69 77 80
icn@imprimerie-icn.fr

Dépôt legal : Septembre 2011